藤原書店

歌手活動四十周年記念出版！

加藤登紀子 と 藤本敏夫

絆《きずな》

「朝日」(4/11)で
「獄中の夫 結んだ141通」
と紹介

初公開の獄中往復書簡、全141通。
電撃結婚から、長女誕生を経て、
二人が見出した未来への一歩……。

■東大生歌手・加藤登紀子は、獄中の元全学連委員長・藤本敏夫と電撃結婚。歌手活動を休業し、長女・美亜子の出産を迎える。

■新しい「いのち」と向きあう中で、女として人間として大きな転機を迎える登紀子。他方、敏夫は、学生運動が求めた社会変革の限界に気づき、「食」と「農」に真の社会変革への道を見出す。

■刑務所の内と外に引き離された二年半に交わされた書簡141通。内面の激しい変化が包み隠さず綴られた、三十余年前の二人のたたかいと愛の軌跡を、今、来るべき時代を担う新しい世代に贈る。

鶴見俊輔氏、推薦！
「ひとつの時代にしばられない彼ら」

第I部「歴史は未来からやってくる」（藤本敏夫遺稿）
第II部「空は今日も晴れています」（獄中往復書簡）

四六変型上製　五二〇頁　**本体二五〇〇円＋税**

子守唄は「いのちの讃歌」

別冊 環 ⑩
KAN: History, Environment, Civilization
子守唄よ、甦れ

目次

協力＝NPO法人・日本子守唄協会

KAN: History, Environment, Civilization

別冊 環 ⑩

子守唄よ、甦れ

松永伍一＋市川森一＋西舘好子
尾原昭夫
真鍋昌弘
鵜野祐介
北村 薫
原 荘介
林 友男
佐藤四郎
吹浦忠正
宮崎和子

松永伍一
加茂行昭
三好京三
上笙一郎
小林輝冶
もず唱平
藤田 正
村上雅通
もり・けん

小林 登
羽仁協子＋長谷川勝子
小林美智子
赤枝恒雄
高橋世織
中川志郎
西舘好子
ペマ・ギャルポ
春山ゆふ
ミネハハ＋新井信介
菅原三記
斎藤寿孝

協力＝NPO法人・日本子守唄協会

藤原書店

子もりうた

松永伍一

かあさんのいのちの暗い湖から
光を求めてこの世に産まれ出たあなた。
かけがえのないわたしの天使。
苦しみぬいて「かあさん」になった瞬間、
一粒の真珠の涙がこぼれました。

松永伍一用箋

「ありがとう」だけのつぶやきは、
メロディにはまだ遠い夜明けの契りうた。
五線紙が彩られるのはこれからです。
あなたがむずかって眠らぬ夜に、
あなたを抱いた温もりのなかで、
あなたに流れ星を教えたあとに、
うたいながら
かあさんと二人で織りあげる人生模様
それが子もりうた。
記憶のなかに咲きつづける祈りの楽譜です
「愛」という言葉は要りません。

Photo by Ichige Minoru

人間関係の根源を問い直すために……

松永伍一（詩人）
市川森一（脚本家）
西舘好子（日本子守唄協会代表）

【鼎談】

子守唄は「いのちの讃歌」

有史以来唄い継がれてきた子守唄は、その土地の風土や伝統風習を伝えるばかりか、人々の暮らしや生活の中から生まれた「心の唄」であり「魂の伝承」でもあります。その子守唄が、なぜ喪失してしまったのでしょうか。

子守や子守唄は「古くさい」と思われて、マニュアルや専門家に依存した子育てばかりが注目される時代が続くうちに、いつしか子守唄は唄われなくなりました。しかし、子供たちをめぐる不幸な事件が相次ぐ今、親子をはじめとする人間関係の原点を考えるために、もっと子守唄を前向きにとらえ、子守唄と人間のかかわりを見直していく必要があるのではないでしょうか。

人と人との豊かな関係の根源にある「子守唄」。今こそ、人間にとって子守唄とは何か、子守唄をどうやって甦らせるのかを考えてみたいと思います。（編集部）

目次

子守唄の受難の歴史

西舘　松永先生はほぼ半世紀近く子守唄に取り組んでいらっしゃったわけですけれども、私が拝見しましたところ、この一年間、先生の周囲におきました家族の問題、奥さまの病気やお孫さんの誕生、又は先生ご自身のお病気などふくめてまさに命との格闘をなさっているようにみえました。命の原点を体験なさっているようにかんじました。その中で改めて、基本は変わらないと思いますけれども、先生のなかで子守唄に対する感じ方が変わっていらっしゃったのではないでしょうか？

松永　変わってきましたね。生死と向き合ってきながら。また文化としての子守唄全般についても変わりました。私がいまから四十数年前、子守唄の本を出したときは、民俗学的なアプローチというのは新鮮さという点だけでは評価されましたけれど、こちらにプロデューサー的才能がなくて歌を通じてすそ野を広げていくというか、運動体みたいなものにはまったく広がっていなかったんです。それからすると今日の西舘さんを中心としてやっている仕事というのは、有史以来の大きな子守唄の復権運動だと思います。大きな意味があると思います。

ふり返っても、明治時代から子守唄は受難の歴史を踏んでいました。明治初期、学校教育がはじまったところで子守唄は犠牲者になった。戦争中もそうですね。「産めよ殖やせよ」という国策のなかで、どんどん産めというんですけれど、わが子をいとおしむという発想はやめろと、国のための人的資源なんだから。そして丈夫な兵隊になって死んでくれって、そういう発想のなかで子守唄は死んでいくんです。だから何回か子守唄の受難史がくり返されているんです。いまようやく弔い合戦みたいな意味で子守唄運動が行われている。私自身もあの四十年前の発想からずいぶん転換させられているなという気持ちがあります。

孤独な旅でしたから……。子守唄を見つけて、調べて、数を集めていくというのではなくて、子守唄とは何だろうということを自分の体験を通じて考えていましたからね。私のふるさとは柳川ですが、戦争中、大牟田の近くの軍需工場に学徒勤労動員で通っていました。その十五歳の少年に向かって、毎朝、「いってらっしゃい、これが今生の別れになるかもしれないね」と、まだ六十にならない母親が私を見つめるんです。私はそれを見たくないから、「いってきます」とわざと大きな声で逃げるようにして出ていってた。あの時の母の「今生の別れになるかもしれないね」というのは、子守唄だったんだな、口に出せない子守唄だったな、という思いが戦後しばらくしてでてきましてね。それから子守唄を真剣にやらなければいけないなと思ったんです。

西舘 明治以来、日本がたどってきた道のりは、ほとんど戦争の歴史じゃないですか、戦後六十年たった今も、それをずっと引きずったままだいる。時代には確かに罪があるかもしれないけれども、命の唄である子守唄そのものにはじつは罪はないはずなのに、なぜ受難を、というのはたんに個としての歌だから受難になったんでしょうか。それとも子守唄そのものに問題があったのですか。

松永 そうじゃないんです。近代化のなかでの脱亜入欧という発想でしょう。つまりアジア的なものではなくて、ヨーロッパ的なものに入っていく、それを取りこむことによって、近代化は進められるべきであるという基本的な発想がありましたね。そういう点で汚れた、ひなびた歌は、邪魔者なんです。子守唄のもっている個人性ではなくて土俗性なんです。土俗性が教育の中にしみこんではいけないから、それを排除して、上澄みのところでいこうという方向性にこだわったのです。沈澱したものはいけないという発想なんです。

松永伍一　まつなが・ごいち

詩人、エッセイスト。1930年福岡県生。1957年上京、以後文筆生活。著書『底辺の美学』『一揆論』『老いの品格』(以上、大和書房)『日本の子守唄』(紀伊國屋書店)『日本農民詩史』全5巻(法政大学出版局、毎日出版文化特別賞受賞)『天正の虹』(講談社)他。

西舘 日本人として恥ずかしかったんですか、そういうものを認めたり、残しておくということが……。

松永 文明志向からすると恥ずかしいと思われたでしょうね。こういう歌が巷にあふれていくことが。文部省が小学唱歌というのを選定します。それによって教育全体のベースを作っていこうとするときに、ひなびた、汚らしい言葉使いでは困るのです。その上に生活感や反逆性があふれていますからね。そういう歌を学校の中で歌ったら罰則が加えられる。教室に立たされるだけじゃなくて、バケツに水を入れて立たされたという、経験をしたおばあちゃんたちが何人もおられました。「私たちの時代もそうでしたよ」と。つまり明治の日露戦争のころの子供たちだって「学校でこんな歌を歌っちゃいけん」と言われたようです。

文字化されていなかった子守唄

松永　一九五七年に私が東京に出てきてまもなく、『中央公論』に書いた論文は、「正伝・五木の子守唄」というものだったんですけれども、あれを書くときには、結局、自分たちが歌いはじめたころに較べて、歌謡曲に近づく形でどんどん広がっていまして、非常にきれいな、哀愁に満ちた歌が「五木の子守唄」という常識になっていたわけです。

でも哀愁ってどこから出るんだろうか。個人の情感だけから出るはずはないな、もっと社会的な構造的な問題があるだろうと思って、その村里に入っていったら、まず驚くような恐ろしい空間だった。村の一パーセントぐらいしか耕せる土地がない。あとは山地と谷です。そういうところに這うようにして生きている人たちが、これから子供を産んでも育てられない。そうなると、ある程度まで育った子供は子守奉公に出して、少し口減らしをして手伝ってもらう。口減らしをすることが手伝い、親孝行という発想になるのです。そういうふうにして出て行った人たちの呪詛の歌というか、怨みの歌だということがわかってきました。

そこからこれは根深いものがあるぞと。熊本県の五木地方だけの問題ではなくて、日本全体にこういう貧困の問題があるんじゃないだろうか。いずれ旅をしてあちこちを取材したいなと思いましたけれども、二十七歳から二十八歳ぐらいの若者で、物書きをはじめたばかりでしょう。月給もない生活で、時々原稿料がわずかに入ってくるぐらいの生活でしたから、取材に行くのにまず旅費がないんです。だから大変困っていて、なんとか資料はないかと国会図書館に行っても、まず日本の子守唄というテーマの本が一冊もなかったです。民謡の研究をなさっている方たちは、楽器を使った地域の何とか音頭とか、そういう地域に密着した歌を含めてずいぶん集めておられ、楽譜もちゃんと整理されています。

しかし子守唄のように非常に個人性と地域の土俗性をいっしょくたにした怨みの歌なんて、本気で掘り起こそうという着眼も気運も空気もなかったわけです。だから文字化されてない。文字化されてないから、文献としてあつかうということすらできなかったですね。国会図書館に知り合いがいましたけれども、そういうのは国会図書館にないよというんです。柳田国男なんかを調べてみますと、口承文芸という口伝えの文芸として歌とか民謡についてはある程度書いておられますけれども、子守唄とはまた違った独特の発想と出発点をもっていますから、それを掘り起こすということをだれもやってなかった。詩人という看板かけてきたって詩で食えるわけじゃない日本ですからね。

　これは余談ですけれども、上石神井の同じ町内に松本清張さんが住んでいらっしゃったんです、私が東京へ出た直後に。九州にいた時に朝日新聞のある記者の方が、私の顔を見て、「松永さん、いい骨相をしてますな」といって笑ったんです。人相ではなくて骨相だというんです（笑）。「もう一人、骨相のいい男がいます」って、松本清張さんだったんです。ああ、この人のことだったのかと。四十いくつかで芥川賞を取られました。北九州の朝日新聞の校閲部か図案部かなんかにおられましたからね。会社を辞めなくていい、とにかく社員として残って小説を書いておられ、やがてベストセラー作家になられました。それが上石神井時代です。私はそんなこと知らないで、上石神井に麦畑を買って住んでいたんです。そうしたら八百屋さんが、私が毎日、大根おろしのために大根を買いに行くものですから、「旦那さん、何する人ですか」って（笑）。ごちそうは食べられませんからね。二十七歳でペン一本で生活しようと思って出てきてますからね。ネズミのしっぽみたいに長い根っこのが辛いんですよ。それを大根おろしにしてご飯の上にぶっかけるような、そういう生活をしていた時に、松本清張の話が八百屋さんから出たんです。すぐそばに住んでますよっていうから、それは大変だということになって、同じ福岡県でね。向こうは推理小説で必ず殺人がモチーフになっています。それならこっちは命が生まれでることをテーマとして追求してみようと考えて行動に出たわけです。単なる反発が、バネになりました。

西舘　たんに研究家とか学者とかではなくて、詩人である先生のテーマが子守唄になったということは、子守唄に受難の歴史はあったけれども、日本にとっては非常に恵まれたものがあるような気がしますね。心とか魂とか表現のあるものとして、詩人である先生を通して語られるというのは、子守唄にとって、日本にとっても、私は財産だったという気がしています。忠実な純粋性が保たれたような気がしますから。

子守唄のように非常に個人性と地域の土俗性をいっしょくたにした怨みの歌なんて、本気で掘り起こそうという着眼も気運も空気もなかった。（松永）

子守唄を生む土壌は残されているか

市川　このごろ感じるのは、つくづく子守唄の土壌というのが根底から失われているんだなと。そこでどうすれば甦るだろうかというのは、私も関心があるんですが、果たして甦るんだろうかという懐疑的な思いも、じつは強くありましてね。

市川森一　いちかわ・しんいち
脚本家、日本放送作家協会理事長、シアター１０１０館長。1941年長崎県生。日本大学芸術学部卒業。テレビ「淋しいのはお前だけじゃない」(第一回向田邦子賞)、舞台「黄金の日日」(大谷竹次郎賞)、映画「異人たちとの夏」(日本アカデミー最優秀脚本賞)他。

私は昭和十六年の生まれですけれども、私が小学生のころまでは学校で子供を背負った同級生が授業を受けておりました。身近なところでいいますと、役者で役所広司っておりますね。あいつは五人兄弟の一番末っ子で、長男が私の同級生だったんです。この間にはそうとうの開きが、十歳以上の差があるわけです。その同級生が十歳ぐらいの時に、赤ん坊である役所広司を背負って学校に来てました。つまり、子供が赤ん坊を背負ってあやす――それが子守奉公であれ、兄弟であれ、親子であれ――、おぶって歌うという風景がないところで、子守唄が育つというのは大変むずかしい。まず、私たちにはその風景が失われている。

逆説的に私が感じますのは、にもかかわらず子守唄が、松永先生のお仕事が火種になって、いまほんとに広がりをもっているのは、一つには貧しさへの回帰というんですか、物質文明の行きづまりのなかで、貧しさを経験したことのない私たちが、貧しさのなかからこんなに美しい歌が生まれいでたということを通して、何か物質社会では得られない、そしていまは明らかに失われてしまった世界を、その子守唄を通して偲んでいるのではないかと思える。私も、松永先生がおっしゃるように、本当に貧困と汚らしさのなかから子守唄は生まれたんだろうと思うんです。

　けれどもそういう受けとめ方をついにすることなく子供時代は育って、私たちが小学校のころ、すでに先生のお話にあった「五木の子守唄」が非常にロマンティックな情緒的な世界の歌として、

西舘好子　にしだて・よしこ

1940年東京生。82年、劇団「こまつ座」主催。劇団のプロデュースを手掛ける。85年第20回紀伊国屋演劇団体賞を受賞。87年(株)「リブ・フレッシュ」設立。88年、劇団「みなと座」主宰。94年、数多くの芝居をプロデュースした功績でスポーツニッポン芸術大賞受賞。99年、「日本子守唄協会」を設立、代表に就任。

一種の流行り歌になった。同時に私は長崎県の出身ですので、「島原の子守唄」という歌が歌謡曲並にヒットをしたりしまして、子守唄をどちらかというと情緒的な世界で体験してきているんです。だから、子守唄と聞いたときには、そういう失われた、なつかしい世界を偲ぶよすがにするくらいにしか認識がなくて、その前の、本当の美しい歌が生まれた貧しく汚らしい土壌というものは見えていない。

　最近、西舘さんが、たとえばわらべうたと子守唄とははっきり違うんだと強調されている。何が違うのか。「江戸の子守唄」を聞いているときにはそうも思いませんでしたけれども、よくよく聞くと、子供をあやす側の怨み、悲しみが歌われている歌が非常に多いということに、松永先生や西舘さんがこうやってきちっと分析をしてくださった段階で初めて気がついた。だからますます思うんですけれども、これがわらべうたの範疇にとどまるならば、復活もするかもしれない。しかし、子守唄が生まれた悲しみとか貧困というものが失われているこの土壌で、一度枯れて、朽ち果ててし

まった歌を、誰がどうやって歌いついでいくのか。そしてそれをどういう記憶のなかに残すのかということは、うかがってみたいところです。

母の子守唄と、子守娘の子守唄

松永 初歩的なことを言えば、子守唄は二つあります。母の歌う子守唄と子守奉公に来た人たちが歌う子守唄です。この二つは内容が逆転することもあるんです。母の子守唄には、自分がお腹を痛めて産んだ子供をかわいいといってだっこして、体温を分かちあう関係があるんですけれども、子守娘の場合は働かされているという被害者意識があり、体温を分かち合うどころか引き離したいという歌なんですね。引き離したいということは、自分もまだ幼いわけですから故郷に帰りたい、お母さんのところに帰りたいという歌になりやすいのです。

市川 「おどま盆ぎり盆ぎり……」五木の子守唄などは、まさにそうですね。

松永 子守娘の郷愁の歌になり、郷愁はまた裏返せば怨みの歌になって、なんで私をこんな子守奉公に出したんだと。そんな親が憎いというところまでいくんです。しかし憎いけれども親のところはまだここよりはいいだろうと。守をさせられている家では朝早くから起こされて、夜遅くまでつきあわされて、昼間は子供をおんぶしてて、おしっこを漏らされて気持ちが悪い、だからお尻をつねればまた泣く、泣けば守親から叱られるという、そういうくり返しのなかで、最後に行き着くところはノスタルジアの原点みたいな故郷だったんですね。せつなく悲しくなるわけです。

子守唄が母親のつぶやきの歌であったのが、子守娘の歌になると、自分が働きに来ているところから逃げ出したいという、遠くに向かって訴えるような叫びのメロディーになっていくんですよ。また、それをよく似た体験をしている人たちがまねて、共通の財産にしていきますから、それが広がっていく。また子守奉公に行った人は、務めがまじめだと守親から「よく働いてくれたね、うちからお嫁に行ってもいいよ」と。もうひとがんばりして子守からお手伝いさんに昇格して、今度は嫁に出してもらえるわけです。箪笥、長持の豪勢なものはないとしましても、ちゃんとした準備をしてもらえる。それを期待して子守娘が一所懸命働くというところがあるんです。そうしてお嫁に行く時に歌ってた歌を持って行くんです。川すじに沿って類歌が広がっていくのは、お嫁に行く行き先に関係があるんです。なかなか山を越えられないというような、通婚の関係が複雑で不自由だったということがありまして、道が自由に行き来できるところに歌の類似があって、広がりが出てくるんです。だから全部円環してるというか、循環してるんですね。

子守唄の伝搬

市川 民謡というのは海伝いに、海岸伝いに伝わっていった傾向がありますが……。

松永 民謡はだいたい労働歌ですから、漁師たちが歌う歌、農民たちが歌う歌で、働く時にリズムをとるために役に立つ歌なんです。子守娘というのは、あんまりリズムを取っちゃうと赤ん坊が寝ませんからね。結局、つぶやきになったり、怨みの歌になったり、子守だけが集まっているところで合唱になったりしていくんです。

市川 そのなかで「宇目の唄げんか」ですか、ああいうのもよく聞くと悲しいですね。お互いに悪たれをつきながら……。

松永 悪たれをつきあいながら、どこかでポロッと、目に涙を浮かべるんじゃなくて、目の裏側に涙をためたような、そういう歌になっていくんですね。

市川 あれだけ悪たれつきあいながら、お互いになぐさめあっているということですね。

松永 ストレスを解消してたんでしょうね。「おまえ、どこから来たんだ」、「どこそこから来た」、「おまえの顔は何じゃ、ぼたもち顔して」といいながら、「おまえもまたぼたもち顔じゃないか」とやり返してね。ああいうコミュニケーションで子守同士が仲よくなっていくんですよ。子守させられてる家にいるとまた別の仕事まで当てがわれます。「おまえ、ご飯ができるまでかまどの前にちゃんと座っていろ」なんて言われますでしょう。だから外にいるほうが極楽だったんですよ、子守娘たちは。あそこでいさかか開放された状態になっていますね。悪口をいうというのは、ほんとに憎しみあって戯れ歌を歌ったわけじゃなくて、あれは一種の自己解放の印なんですね。あんたも私も仲間という感じなんです。あの「宇目の唄げんか」というのは、非常におもしろい歌だと思いますね。

市川 歌の伝播の仕方が「宇目の唄げんか」なんかは本当にあの地方だけで、閉ざされた歌のように思いましたけれども、一方では「江戸の子守唄」みたいに津軽の人も九州の人もみんな歌ってるという、あの伝搬の仕方というのは、江戸時代、そうとうの

悪口をいうというのは、ほんとに憎しみあって戯れ歌を歌ったわけじゃなくて、あれは一種の自己解放の印なんですね。(松永)

すごい力だと思いましたね。

松永 地方分権という言い方は、江戸時代には通用しないんじゃないかと思いますが、子守唄があれだけ波及していくのは、中央で、つまり江戸でできあがったものだから何か値打ちのあるものだという思い込みが地方の人にあって、参勤交代とか、薬の行商とか、遊芸人とかいろんなところを行き来する職業の人がいますでしょう、ああいう人たちが持ち歩いて広めていくんですよ。

西舘 県別に子守唄を採譜するというよりもその地域性が色こくでていて。昔の、藩別で区分けするのがいちばんわかるんです。

市川 ああ、そうか。そうですねえ。

西舘 先ほど市川先生が、貧しさにたいする回帰、あこがれとおっしゃいましたが、いまは豊かだけれども、実はもっと貧しいことがいっぱいあるんじゃないかと思うんです。貧困からきてる日本人の心とか、命のリズムとか、「宇目の唄げんか」などにみる日本の風景、そういうものがどんどんなくなっている。その土地にしかない、日本人の暮らしが失なわれてきている……。私が日本子守唄協会をはじめるときに、子守唄を暮らしの基本になるもののなかで位置づけをしてください、と松永先生にお願いしました。そのとき、先生より子守唄はおおいなる「いのちの讃歌」でなければいけないというのをいただいたんです。子守唄をその「いのちの讃歌」という位置づけのなかに置きたいというのは、私の中でもいまも変わらないものです。

母守唄、孫守唄、子守唄

市川 いままさに子守唄を、失われた歌を、そういうふうに蘇生させるというのは、ほんとに正しいし、子守唄をそういうふうに使う、子守唄から失われたものを発見していくというのは大きな創作作業だと思いますけれども、ただ私の感じなんですけれども、当時、子守唄が歌われていた時代というのは、母が子供に歌っている風景というのが何も浮かんでこないんです。つまり今も昔も、母親は子供には歌ってなかったんじゃないかと。

西舘 歌ってませんね。

市川 子守であったり兄弟であったり、あるいはおばあちゃん、むしろおばあちゃんが孫に歌うというのは絵面としても浮かびますけれども、母親はたぶん……。

松永 多忙だったんです。

市川 あ、それだ。

西舘 そうなんですよ。

市川 それなんだ。

松永 忙しくて子供の守どころじゃないから、「おばあちゃん、ごめんね、ちょっと守しといて」と。少し年のいった子供がいると、「おねえちゃん、守しといてね」って。お母さんは台所の仕事もするし、洗濯もするし、夜も遅くまで夜なべをしたりしてたんですよね。

市川 だからいま、母と子が断絶しているから、母と子の絆の子守唄というのはちょっと違うかなという気もしますが、そのへんはどうですか。

西舘 基本的には私は母と子が歌わなくてもいいと思うんです。「子守唄よ、甦れ」というテーマについて先生とお話しした時に、時代も変わる、背景も変わるけれど、子守唄のエッセンスは変わらないというところにベースを置こうと。実際に母親は、私も母親だったのでよくわかるけれども、歌わないです。忙しいということがひとつ、それから、命がせめぎあう時の母親って子供と対等なんです。ところがたぶん先生もそうお考えだと思うけれども、孫ができると、命そのものにかわいさがでるんですよ。その時、わが子には歌わなかった、歌ってもインチキな歌ばっかり教えてた私が、孫に子守唄を口ずさんでいました。孫に向かっては無条件の愛を出せるんです。慈愛っていった方がいいかしら。子供には出せなかったのに。松永先生も双子のお孫さんをこの一年間、お育てになっていらっしゃいましたね。お電話すると、いつも「孫のところへ行ってます」「いま孫と散歩に行ってます」と(笑)。「えっ、先生がですか」っていうと「乳母車で双子を連れて町に出てます」って。

市川 そうすると、いま日本はどんどん高齢化社会になっていくから、そこでもう一回、子守唄が見直されていくのかな。

西舘 そうです。時代的には団塊の世代がおじいちゃん、おばあちゃんになることで、気付かされることがあるのでは。

松永 子守唄からはじまって、それから今度は子守唄を歌ってくれた母親が年取って、介護してもらうようになりますでしょう。そうすると介護する側の娘が、歌を聞かせてくれた母親にたいする「母守唄」を歌う時代がきたんです。それから同時に孫たちがいると、おじいちゃんおばあちゃんも長生きしますから、孫の守をさせられて「孫守唄」まで全部つながっていくんです。そうすると「いのちの讃歌」というのは相対的に根源的に「いのちの讃歌」であって、子守唄の枠が破れていく時期にきているかもしれないなと。男だって孫守唄を歌っていいんじゃないかという気持ちにいまなってるわけですよ。七十五歳のじいさんが、双子の孫

「いのちの讃歌」というのは相対的に根源的に「いのちの讃歌」であって、子守唄の枠が破れていく時期にきているかもしれない。(松永)

の守をしまして、名前を呼び込みながら何やら歌を歌ってやるんですよ。

孫への愛情

市川 松永先生ご自身は福岡で、ご記憶にある子守唄というのは何でございますか。

松永 全然、母親から子守唄を聞いたことがないんです（笑）。昔むかし、寺山修司君が「松永さん、子守唄を聞いたことある？」っていうから、「ないよ」といったら、「そこが問題なんだな」と。子守唄を聞いてなくて、その不足分というか、ほしかったのに聞いてなかったという怨みがエネルギーになって、こういう歌の研究に入ったんじゃないかと言われて、そうかもしれんと思いました。

市川 ああ、わかりますね。先生の周辺では子守唄の宝庫だったり、いろんな子守唄があったと思いますが、やはり全然なじみがないですか。

松永 いや、子守唄はあまり聞いてませんね。おばあちゃんみたいな人たちが縁側で、「はよねんか、はよねんか」というぐらいの、寝かしつけるおまじないの歌みたいなものは聞いてますけれどね。歌詞としてははっきり何も入ってませんね。

西舘 市川先生だってないんじゃないですか。

市川 もちろんないです（笑）。私なんか母親がとうの昔に死んでしまってますので、もちろん何もない。

西舘 母親というのは自分自身をかえりみても非常に残酷ですよね。若い母親なんか、命の再生に関しては、たとえ子供が死んでも、中絶されても、次に再生できるものを自分がもってるわけじゃないですか。そういう意味での残酷さというのを兼ね備えている。やさしくていい母親だけが母親じゃなくて、そうでないと育児はできないと思うんですよ。その意味で、命のせめぎあいというか、松永先生は「エロス」という言葉でもおっしゃってますけれども、命というのはもっと深くて、複雑で、残酷なんじゃないか。それを再生するという作業ができる女性たちこそ、子守唄とドッキングできるんじゃないかというんだけれども、私は母親はできないと思う。でも命の再生で孫にはできるんです。だから人間を生物としてみれば、孫を見てはじめて、人間として生きてきた役目が終わる時、死ぬことが納得できるんですよ。

松永 そうですね。自分の死というものが、その場合、自分の感情の奥のほうに出てきますと、自分の遺伝子をもったいちばん小さな生命のかたまりがすぐそばにいますからね。うちは娘が二人おりますけれど、娘にたいしては持たなかった愛情が、まったく突然、孫に向かって湧いてくる。

市川 それは不思議ですね、その愛情というのは。

松永 孫にたいする愛情というのは、なんとも……、自分の全生命というか全業績というか、そういうものを全部プレゼントしたいぐらいの気持ちになりますね。

西舘 何なんでしょうね。娘と孫が溺れているとき、どちらを助けるかといったら、問題なく孫たちですよね、おそらく。私はそうだと思うんです。少なくとも子供を産んじゃったあとの母親は助けない。しかしこの小さな命は助ける。私、孫を持ったほとんどの人は孫を助けると思います。そのぐらい深いものを命がもっているんじゃないかと。確かに先生のおっしゃるように、甦れといっても、古いものが復活すればいいということではないんです。エッセンスは戻ってきてほしいけれども、母親の生活を取り戻せというみたいな部分もすごくあるんじゃないかな。

孫を見てはじめて、人間として生きてきた役目が終わる時、死ぬことが納得できるんですよ。（西舘）

根源的なものへの祈りとして

市川 そうですね。言われてみると、確かに私自身も子守唄を歌われたことはないんだけれども、いまこの年になって子守唄を聞くとなつかしいのはなぜか。そのなつかしさというのは、たぶん記憶ではなくて、ＤＮＡというのかな、それこそ母の胎内にいる時のリズムと何か通ずるものがあるのか、先生にうかがいたいんですけれど。

松永 耳に受けとめて記憶したものとは違う何かが作用してるんでしょうね。

市川 ええ。

松永 生命自体が呼応しあうというか……。

市川 これは先生にうかがいたいんですが、その一つですが、岩手県の吉里吉里村の寝させ唄とか……。

あれを聞きました時に、日本の古代よりももっと前の先住民、アイヌの人の歌、あるいは北米の先住民のお祈りの歌のリズムを、私が勝手に感じました。古代以前の古い古い人類の太古のリズム、祈りというようなものがずっと伝わってきていて、それを私たち後世の人が勝手に子守唄と名づけているけれども、ああいう祈りのような歌を歌いつづけてきたのかなと。それがわれわれのなかにも残っていて、応えているのかなという感じもしたんですが。

松永 地の霊、つまり地霊というものでしょう。そういう地霊の上に風が吹いていきますね。そのなかで人が育って、生き死にしてきましたよね。そういう生き死にのあいだから生まれてきたものを文化といいますが、そのもっと根源的な地霊みたいなものの響きが、魂の底に生きている……。

市川 地霊ですね。

松永 地域性というものを、たんに行政の区画上の地方だとか、何とか県とかいうような分け方じゃない、もうちょっと大ざっぱにいうと北のほうとか、南のほうとかぐらいに大きく分けて、陽射しの豊かな南のほうの地霊と北のほうの地霊は質が違っていると思いますね。だから東北のほうがどちらかというと、そういうものが非常に層が深いところに息吹をふくめてもっていると思いますよ。

市川 だから西舘さんが命の大切さとおっしゃる、それはたんに人命尊重みたいな、そういうレベルの命じゃなくて、もっと根源的なところのものですね。子守唄を通して、そういう根源的な命の大事さみたいなものに気づくということは、いま私たちが非常に必要なことですね。

母音と子守唄

西舘 市川先生がおっしゃった「吉里吉里の寝させ唄」というのは、松永先生にもうかがったことがあるんですけれども、私は縄文時代のは子守唄の流れではと思うんです。これは先生にうかがおうと思ってたんですけれども、母音というのが最初の子守唄だったんじゃないかと思っているんです。そもそも母音というのはなんで母の音なのか。なんで「父音」と言わないのか。これはだれも言ってないけれども、縄文の勉強会で八幡平に行きました時に「あ・い・う・え・お」という日本の母音ができたのは、おそらく先生がおっしゃった地霊の発した声だと思いました。火山と向き合ったり、地震と向き合ったり、滝と向き合ったり、命をそこから守ろうとした時に声を発した、それが母音だったと思うんです。今われわれは「あ・い・う・え・お」というけれども、その当時は「あ」がどういう音だったかわからないけれども、母音という言葉は、お母さんの声をひびかせた音なんだ。そうすると縄文からすでに子守唄があり、子守唄の最初は母音じゃなかったかという仮説を立ててみたいのです。これは突飛でだめですか。

松永 いや、それは私がきょうお話ししたいなと思っている、つぶやきというものの骨格は母音だと思います。「あ・い・う・え」って、全部何か自分の気持ちが託されていく符号なんです。「あっ」というのは驚きの「あ」で、「いー」、「ううん」、「ええっ」、「おお、そうか」と納得がいく場合に「お」になりますね。そういう根源的なつぶやきが文字文化が発達しない段階にすでにあった、というところまで遡っていかないと、抽象的に愛の原理みたいな言い方をしたらうそっぱちになりますね。

なぜ母音的な子守唄の音質が失われていったかというと、歌謡の発達なんです。『万葉集』というのはすべて歌謡ですね。だから歌が出てきて、リズムが出てきて、七五調が出てきてそれが日本人のメンタリティと合致して体をなす。文学として体をなしますと、それが正統なもので、それ以前の土俗的なものは排除されていくという形になっていきますから。縄文的なものは、弥生時代以降の国家が制度をつくり国家のほめ唄を用意していくプロセスで『万葉集』のなかの、賛美歌みたいな部分が出てきたりする段階で、素朴で原初的な子守唄も、すでに縄文的なところから発展

いまこの年になって子守唄を聞くとなつかしいのはなぜか。母の胎内にいる時のリズムと何か通ずるものがあるのか。（市川）

していく芽を摘み取られたんじゃないかなと思いますね。
文字文化が発達することによって、口承文芸としての子守唄が衰弱していったというか、息の根を止められたという要素もありますね。だから、われわれが子守唄を根源的に考えるといった時には、母音の子守唄の原型にまで遡ってみて、それが時代とともに、日本人が文化を形成し、国家を形成した過程で、どんなふうに摘み取られたり、消滅させられたか、それはやっぱり追求していかなければいけませんね。男尊女卑なんていう尺度がでてくると、いよいよ子守唄的な空間というのは死んでいきます。それから王朝時代は乳母におっぱいを頼むでしょう。産んだ母親はおっぱいを与えないですから、乳母が全部めんどうをみる。だから他人の乳で育てられるんです。それから少し年を取ると里子にだされていくから、産んだ子供の成長を見ない母親たちが、とくに貴族社会の中ででてくるわけですね。そういう過程で日本の文化が非常に形だけは整っていきますけれども、大事なものを踏みつぶしてきているんですね。そして武士社会がでてきたら、男は役に立つけれども女は役に立たないという発想になってきます。

西舘 そうですね。私は今度、愛知の万博で「縄文の子守唄」って自分で書いたのをやるんです。それはどうしてかというと、「あ・い・う・え・お」という音は、母親がお産の時に全部使うんです。ほとんどきちっとした音声を使わないで、母音だけ使っているんです。
生まれる時は、驚きの「あ」だと思うんです、裂けるように。そして胎教のなかで呼吸法というのは、ほとんど母音ですよね。「うっうっうっ」とか、力みなさいっていった時は「ううん」とか、母音のなかで子供は生まれてくるんじゃないか。それでその歌を子供たちは聞いていたんじゃないか。いま私たちは母音にリズムをつけて言ってるけれども、もっと原始的なものとして使っていたのが子守唄ではなかったかと……。

松永 それは証明できませんけれどもね。

西舘 子守唄を研究したのは松永先生からはじまるから、仮説を立てちゃったほうが勝ちみたいなところがあるんですよ。

市川 説得力がありますよ。

『万葉集』はなぜ子供を歌わないか

西舘 いま外国では、子守唄を見直そうとした運動がはじまっているんです。これは外国からの取材でよくわかるんです。日本はまだだれもふりむいてくれてない。でも外国からの取材が圧倒的に多いんです。これはなぜなんでしょうか。

松永 外国の場合、「ブラームスの子守歌」とか「シューベルトの子守歌」とか「モーツァルトの子守歌」とか、いろいろありますでしょう。ああいう歌曲の背景は、キリスト教的な愛の精神で、それがパターン化、定型化してるんです。もののとらえ方自体として定型化しているんです。しかも歌曲では子供は寝ませんからね（笑）。あんなソプラノで歌えば、うるさいというぐらいでしょう。だから、子供といっしょに母親も眠るというぐらいの状態のつぶやきの子守唄が、日本独特のものなんです。しかも日本の場合、歌詞もなかなかおもしろいですね。厳密にいうと地域性もありますね。東北のものの野太さとか、荒っぽさみたいなたくましさも感じますけれども、西日本のほうがデリケートに言語構成をやっています。どっちかがいいかは別問題ですけれどね。

市川 歌謡の発達が子守唄を滅ぼしたというのは、象徴的な感じですね。

松永 『万葉集』には、子守唄的な、わが子を抱きしめていく歌というのはないんですね。愛情を伝えあう相聞の歌、恋の歌はいっぱいありますね。それは成人した男女の恋の歌なんですよ。それ以前の子供たちはどうしたのかというと、歌の対象にまったくなってないですね。

市川 その前の『古事記』の、たとえば「久米歌」なんかも、戦いの歌であったり、祭事用の歌だったりするものが、律令体制の主導の下で、国の文化として文字化されていく。『万葉集』もその流れの中にあったんですね。

松永 『万葉』の歌の主調になっているのは、相聞の歌――恋の歌――と、挽歌――別れの歌――ですね、死者を弔う歌。だから命を粗末にしてたとはまったく思いませんが、命がこの世から消えていくのを悲しみながら、嗚咽したり、慟哭したりする歌というのは『万葉集』にいっぱいありますけれども、子供は対象にならないんです。なぜ子供を対象としてあつかわずにきたのかという問題も、本来は国文学者の人たちが早く発見してテーマとしてだすべきだったと思いますね。

市川 いまおっしゃった歌はすべて文字化されて、だから残ってきたんでしょうね。

松永 そうです。文字化されて残るということを覚えていくと、文字化されたものの価値はでてくるものの、文字化されてないものはもうゴミ屑以下だと思ってしまうんですね。やっと江戸時代の中ごろ、十八世紀に『山家鳥虫歌』という民謡集がはじめてできるんです。この中で子守唄がいくらか入りこんでくるんで

子守唄を根源的に考える時には、日本人が文化を形成し、国家を形成した過程で、どんなふうに摘み取られ、消滅させられたか、追求していかなければいけない。（松永）

す。江戸中期まで出てきません。それ以前の平安時代の『梁塵秘抄』に収められたわらべうたは非常におもしろくて、日本人のメンタリティというのがよくわかるような素材が山積しているんです。でも子守唄はないですね。だから子育て、命を育てていく時、歌をどんなふうに活用したかというのが、まったく日本文学史の中では空白になっている。

西舘 あまりに当たり前にありすぎたんですか。それともそれを重要視しなかったんですか。

松永 いやいや、ありすぎないでしょうね。『梁塵秘抄』の場合のわらべうたは、巷にうんと広がっていたから残されたという面もありますけれども、仏教的な要素があるものと、人生を傍観するというような、そういう要素もあります。ちょっと宗教くさいところもあります。選者であった後白河法皇にしてみれば、自分の好みで選んだということもありますでしょう。後白河法王だって自分で子供はぼろぼろ生ませてますけれども、自分で「これがおれの子か、かわいい、かわいい」と褒め讃えたことはなかったと思いますね。男として子守唄なんか歌ってませんからね。だからあの人がもし子守唄を歌った経験があったら、『梁塵秘抄』の選の内容が変わってきただろうと推測できますね。

西舘 産むのと子育ては女という限定が長いことされていましたし、権力者はとくに育児などにかかわりをもたなかった。生ませることに意義をもち、血を存続させる能力を力と思っていたのでしょう。

市川 上流階級ほど親兄弟の絆が希薄ですね。

松永 とくに庶民の歌の世界は、日本の文学史の上層部の人たちが編纂した歌からは全部差別的に扱われてきましたね。この慣行はずっと明治時代まで残ってきたと思います。江戸後期あたりで人の往来が激しくなりますと、類歌がどんどんできていく。だから模造品ができていきます。その代わり地域の特色みたいなものをお互いが知り合う情報としても役目を果たしていくようになるんです。それくらいたくさん、わらべうたも子守唄もつくられたにもかかわらず、それを編纂するという方向とか努力とかがなかったですね。

北原白秋が集めた童謡

松永 私の故郷の大先輩の北原白秋が、昭和十八年に『日本伝承童謡集成』という試みをやるんです。日本の巷に残されているわらべうたを集められるだけいまのうちに集めておこうと。十八年というともう太平洋戦争がはじまっていますから、戦時色濃厚な時期にそういう、ある意味で保守的、裏返せば革新的なことを思いついて、自分たちの雑誌に広告記事をつくり、昭和十九年から二十年ぐらいにほとんど集まるんです。全六巻の計画の中の、第一巻に子守唄が入っているんです。その他、歳時唄とか遊び唄とかいろんなのがあって、六巻の構成で、一冊三センチくらいの厚さです。これは戦中には出版されず戦後まもなく活字になったんですが、その中にＧＨＱのおとがめを受ける要素がでてきたんです。沖縄県というのが入っていたからなんです。昭和十八年の段階では沖縄県はあったわけですが、昭和二十一、二年の段階ではアメリカの占領下で沖縄県はないから、こういう本はいけないと。ここでまた、初めて子守唄の集大成が活字化されようとした直後に、発禁になるんです。

市川　いまはもう復刻されているのですか？

松永　復刻されました。

西舘　私も、それを二、三日前に読み終えたばかりなんです。それには譜面はなくて、詩だけですが。沖縄というのもありました。北海道は一曲しか入ってないんです。東北・北海道編というのがあるんですが「赤い山青い山」一曲しか入ってない。

市川　それには全曲で何曲あるんですか。

西舘　三千詩ですね。

市川　いまは四千曲採集されたと言われてますね。

西舘　もっとあると思います。ただあの本だけでも三千ぐらいの詩があると、その本をまとめた人が、ここに三千というのが入っているというので……。

市川　それで北海道は一曲なんですか。

西舘　北海道は一曲なんです。それで「五木の子守唄」は、ばらばらにいろんな歌として入っていて、「五木」のわれわれの歌ってる詩も全部入れてあるんですけれど、どういう集め方をしたのか、とちょっと不思議に思いながら読んでいたんです。

松永　学校の先生なんかに協力を仰いだんです。あの段階で、北原白秋がとにかく失われつつあるものをいまのうちに集めておかないと困ることが起こるよ、という発想ではじまっているんです。だから協力した歌のお弟子さんたち、編集者たちも、白秋の真意をどこまで理解したかよくわかりません。そしてまた、そんな本をいまどき何でやっているのかと、国賊だと言われそうな気配もあったんですから。昭和十七、八、九年ぐらい、ちょうど私が中学に入ったころですけれども、あのころの単行本というのは、大東亜共栄圏の実態を知らせるような本が多ございまして、アジ

庶民の歌の世界は、日本の文学史の上層部の人たちが編纂した歌からは全部差別的に扱われてきましたね。（松永）

北原白秋は、同時にそのころ、愛国詩人でもありました。戦争協力的な仕事もしながら、一方では庶民の心のなかに入っていく作業をしていた。（松永）

アのデータをつかむための本はたくさん出たんです。国内の戦争に消極的な対応をしてるような空気のある本なんかできなかったんじゃないでしょうか。『万葉集』自体も、改竄されたわけではありませんけれども、『万葉集』の恋の歌なんか入らないというか、戦争の時代によくないんですね。

日本文学報国会の有名な歌人たちが中心になって、『愛国百人一首』というのを編纂するんです。その『定本愛国百人一首解説』を、私は弁当箱の下に敷いて軍需工場に行って、毎日一首ずつ覚えたりしてたんです。それは『万葉集』からはじまって幕末の志士まで、愛国の情熱に燃えたものばっかりが集まっています。

そういう風潮のなかで、子守唄もふくめたわらべうたの本なんかを、出そうというのはむちゃといえばむちゃなんです。しかしやるべき仕事ではあったんです。全六巻、戦後かなり経って復刻版が三省堂から出まして、私も子守唄の研究家ということで帯の文章を書いて、出していただいたんですけれども。進駐軍から発禁処分を受けた。その一冊の、紙が変色したようなものをめくりながら子守唄の本を書きましたので、あのお蔭で一歩も二歩も前に歩けたなという思いがありました。北原白秋というのは、同時にそのころ、愛国詩人でもありましたからね。神武天皇の東征を賛美する「海道東征」というのを書いて、戦争協力的な仕事もしながら、一方では庶民の心のなかに入っていく作業をしていた。大詩人といえば大詩人ですけれどもね。

西舘　このあいだ、北原白秋の「機械讃歌」、機械を愛そうという戦争中の歌がいっぱい出てきたんです。よく考えてみると、子守唄をやっていることと、戦争讃歌はどうも全然一致しないんだけれども、なんでこういうのが出てくるんだろうと思いました。

松永　でもそういう「機械讃歌」みたいなものとか、「海道東征」というのは自発的に書いたというよりも、むしろ依頼作、委嘱作になります。

西舘　反対できなかったわけですね。

松永　文学の世界に生きる著名な人の力を借りて、戦争協力の気運を駆り立てようという空気のなかで仕事は進んでいますから。でも白秋は、大正時代から昭和の初めにかけて童謡をたくさん書きましたでしょう。書きながら、日本人の持つ言葉の美しさを強調してきた流れとして、自分たちの先祖はどんなものを作って残しているだろうかというのをきちんと検証しなければいけないという、自分の切なる欲求があったから、あれ自体も正直な気持ちの現れだったかもしれません。

私は白秋が嫌いで、白秋の家と私の家は家も近所で屋号も同じなんです、油屋という屋号で。向こうもジョンという名前で呼ばれていましたからね。私もジョンと呼ばれていたんです（笑）。そういうのがかえって、少し年取ってきて文学をやろうというときにやっかいで、頭の上にたんこぶができているようで、それを排除したい排除したいと思ってたんです。一所懸命、白秋嫌いになろうと思って、白秋の悪いところばっかりあら捜しをした時期もありました。ある程度年を取ってみて、そういう子守唄の基礎的な蒐集の仕事をしたということで、敬意を抱きはじめまして、いまでは、なるほど、お蔭様で（笑）、ずいぶん助かりましたという気持ちがありますね。

子守学校の子守唄

松永 さきほどの話にちょっと戻りますけれども、子守をしながら学校に通っていたというのがございましたでしょう。実は子守学校というのがずいぶんあったんです。

市川 えっ、子守学校。それは知りませんでした。

松永 明治三十年ごろ、それはかなり整備されまして、長野県ではその子守学校の実態をまとめた本も出ている。長野県のある地域に取材に行った時に、子守学校に通ったというおばあちゃんから聞き書きを取ったことがありました。

そこでおもしろい問題が出てきたんです。ふつう、土俗的な歌、ひなびた歌、猥褻な歌は、学校に持ちこんではいけないという風潮がずっとありましたでしょう。それは文部省側としてはかなり成功したんですよ。小学唱歌、文部省唱歌、いろんなものを歌わせて、みんな生徒たちはそれを歌うようになりましたから、ひなびた歌は消えかかっておりましたけれども、子守娘たちは、そういうものをもったまま学校へ行くんです。それを守する時に歌うんです。すると先生が怒るわけです。ふつうの生徒とは違って、赤ちゃんをおんぶして来ると、教室を一部屋空けて、そこが託児所みたいになっちゃってるんです。そこでは平気で歌っていた。しかし、そういう歌も歌うなというおふれが出てきまして。子守学校の歌を歌えと命じられる。「守は言葉も行儀も大事／背の子供の手本ぞや」自分の働いている役目は、小さな子供の見本にならなきゃいけないという上から与えられた子守唄です。ですから子守学校における子守唄の研究というテーマも、おもしろいですね。

市川　おもしろいですねえ。

松永　これは長野県だけじゃなくて、全国にあったらしいんです。赤ん坊を連れた子が、おんぶしてきたりした子だけを一つの教室に集めて……。ふつうの生徒といっしょのところに赤ん坊を連れてきたら授業にならないでしょう。ギャアギャア泣きだしたり、駆け回ったりしますから。

市川　それだけ多かったということですね。

松永　それから母親が農作業したり、いろいろな多忙をきわめておりますと、だれか働き手を雇ってでも子守してもらおうと、それで子守娘の数が増えるわけです。

市川　ああ、そうか、兄弟とは限らないんだ。

松永　家のなかの者とは限りません。はじめのほうでお話ししましたように、子守奉公に出ていくと口減らしになるんです。これが大きなことだったんです。ある程度、豊かな暮らしをしているところに、「あんたのところでうちの娘を雇ってくれんか」「食事はきちんと与えるから」みたいな口約束で、盆正月にだけ心付けをもらう程度です。私が二百人ぐらいのおばあちゃんたちに取材したなかで、だいたい半数近くは子守体験のある人でした。お給金はどうだったのときいたら、現金でもらったことは一度もないという人が圧倒的に多かったですね。盆正月に里帰りをする時に、反物をちょっと、「これをお母さんに持って行きなさい」って。そうするとまたお母さんが喜ぶわけですよ。こんないいものをいただいて、おまえもちゃんと勤めなければだめだよというお説教の材料になって、それでがんばらせる。

子守唄のことばの高度なイメージ

松永　それから東北にはほとんどありませんでしたけれども、九州地方に多かったのは、からゆきさんです。この人たちの歌はみんなおもしろかった。自分たちが熊本、長崎方面で歌ってた幼い子守娘時代の歌をそのまま持っていっています。その歌をまた持ち帰ってますけれども、あの人たちはいっぺん外国の生活をして、外国語をしゃべるような人が多いですからね。すぐ外国のどこそこの町、マカオの町でこうだったとか、シンガポールでこうだったという話をしますでしょう。そういう話のなかの、国際的なイメージのなかに自分が位置づけられて、そこではなぜか貧乏してたという感覚がおばちゃんたちのなかにないんです。でも、もっと前の子供時代のことを回想するときになると、多くの人が泣きました。

市川　「ジャガタラお春」の話は伝説的に聞いてますけれども、いまのようなからゆきさんの歌は、どういう形で編曲されてこっちへ伝わったかというところまでは、まだ聞いたことはございません。

西舘　でも熊本、長崎あたりは子守唄の数が非常に多いんです。

市川　ああ、そうですか。私はあんまり知らないですね。

西舘　子供の時はどうだったんですか。

市川　いやいや、子供の時は、本当に子守唄というのは聞いたことがないですから。後年ですよ。むしろ成人してからですね、長崎県の子守唄なんかに関心をもちだすのは。

西舘　ああ、そうですか。そういえば先生は、脚本の中で子守唄は一回しか使ってないっておっしゃってましたものね。

市川　ええ、そうです。それは長崎の子守唄じゃありませんでした。長崎の場合は「金巾《かなきん》ばい赤っかとばいオランダさんかもろたとばい」とか、あれはしかし子守唄かどうかちょっとわからない。長崎はわらべうたはいっぱいありますが、昔からの子守唄となると、やはり、外から流れこんできた唄が多いんじゃないかなァ、「江戸の子守唄」とか。「ねんねんころりよおころりよ」。長崎でもその歌は子供時代に知っていました。

ところで、「竹田の子守唄」を原曲を聞いたときには、こんな明るい歌かと思ってびっくりしたんですけれど、私はどうしても

土俗的な歌、ひなびた歌、猥褻な歌は、学校に持ちこんではいけないという風潮がずっとありましたでしょう。それは文部省側としてはかなり成功したんですよ。（松永）

フォークグループの「赤い鳥」が歌った「竹田の子守唄」の印象があったので……。だから哀調のある悲しい歌だなあと思っていましたら、原曲は非常につっけんどんなもののようですね。

松永 そうですね。

市川 「竹田の子守唄」は被差別部落にかかわっているそうですが、私はそれを知らないでドラマで使おうと思ったら、民放でストップをかけられたことがあったんです。その時はじめて、歌っちゃいけない子守唄があるんだということを仕事のうえで知らされて、憤慨したことがありました。そういう被差別の人が歌っていた歌だから歌ってはいけない、放送で流してはいけないという歌がいくつかあるんでしょうか。

西舘 歌詞に問題があるのか、被差別部落で歌われていたことなのか、どっちが問題か、じつはわからないんです。被差別の方の人が問題にしたこともあるし、使うほうが問題にしたこともあるし、見てるほうの人が問題にしたこともあるし、とにかくどっからか問題が出てくるというのを避けるために禁止にした。

市川 ただ歌詞の内容がどうだからということではないんじゃないでしょうか。やっぱりその被差別部落で歌っている歌は全部だめと。

西舘 そういうのは無難なところまでは歌うんですよね。「むこうにみえるは親の家」までは歌うけれど、その先に差別用語がいくつか入ってる子守唄は……。

市川 現実に全国の被差別部落の中に「竹田の子守唄」みたいな歌はたくさんあるんでしょうか。

松永 ないですね。

西舘 「五木」はどうなんですか。

松永 「五木」だって厳密にいえばそれに類したものですね。いくつあるか数はわかりませんけれども、五十だとか七十だとか。その多くの唄がなんとなく流浪してる人の生態みたいなのがイメージとして出てくるようになっています。子守娘がたんに生まれた家から働き口のあるところまで移動するというのじゃないんです。もっと本格的に流浪してるような、親たちも流浪する木挽きさんとかね。

でも「五木」の場合には、それがにおいとしてありましたけれども、「五木の子守唄」を歌うときに、なんとなくわからないまま、すましてきたところもありますね。それは歌詞がうまくできているからです。「花はなんの花　つんつん椿」とか「水は天からもらい水」とありますでしょう。ああいうイメージが美しいんですよ。椿の花に自分の生を託した人たちが、どういう出自の人であったかというようなところまで追求しないで、美的なイメージを見定めてきたんです。でも「水は天からもらい水」というような発想は、外国の子守唄の中にはまったくないと思います。あれは文学的にもかなり程度の高いイメージ処理ですね。詩人なんか書けるものじゃないですね。明治以来ないですね。明治の島崎藤村があれだけイメージの豊かな愛の歌、恋の歌を書いていますけれどもね。詩語にこだわらなくてあんなにきれいにカッティングしたものは他に例がないんじゃないでしょうか。

市川　「蝉じゃござんせん　妹でござる　妹泣くなよ　気にかかる」。「気（木）にかかる」って、シャレでかけているんでしょうか。

松永　五木の村から川辺川の下流にそって一本の道が通って人吉につながるわけですね。人吉というのは人を雇っていけるような生活環境だったんです。お金持ちの人も多いし、大きな農家もあるし、しかも城下町です。そういうところにあちこちから子守娘が集まって来て、たまっている。天草から出稼ぎに来た人たちも人吉に集まってくる。天草の歌を人吉にもってくる。天草とは質の違う五木の歌が逆に天草化していくということもある。出稼ぎと婚姻関係によって子守唄は混交していくんです。だから類歌というのともちょっと違ったものがありましてね。

私が行きました四十年ほど前は、戸籍簿を調べることができました。そして天草の福連木《ふくれぎ》の人たちが、いかにして五木の人たちと交流する機会をもったかというのは、戸籍でわかる。いま戸籍簿は他人はめくれませんからね。通婚圏というのがわかるんです。そこで歌が交じりあって、浸透していって、似通いながら福連木は福連木独特の歌い方になるし、五木は五木の歌い方になる。節回しも似てるようですけれども、聞いたあとの感じが違うものになります。それが本当の意味の風土性だと思います。

グレゴリオ聖歌と子守唄

市川　さっき西舘さんが長崎の歌のことおっしゃったので思い出しましたけれど、長崎には「オラショ」がありますね。あれはやっぱりもとは「グレゴリオ聖歌」と。

松永　そうです。長崎の「グレゴリオ聖歌」の名残りということで、本格的な研究調査が進みまして、「グレゴリオ聖歌」を伝えた宣教師がスペイン人なのか、ポルトガル人なのか、というところまで詮索した人がおりました。いまも残っている生月《いきつき》のものだったと思いますけれども、セビリア訛りがあるんですって。セビリ

「水は天からもらい水」というような発想は、外国の子守唄の中にはまったくないと思います。あれは文学的にもかなり程度の高いイメージ処理ですね。（松永）

アの原語で「グレゴリオ聖歌」を歌って、そして長崎の方言とミックスして、それでもなおセビリア訛りがニュアンスとしてでてくるという。

市川 ほぅー。あれは大発見でしたでしょうね。最初、明治に生月でカクレ（隠レ）が発見されていく時に、どうも歌っている歌が御詠歌のような……。あの御詠歌が祖先なんでしょうか。おっしゃるように、分析したら「グレゴリオ聖歌」に行き着いたという、この歌の歴史もなかなか泣かせるんですよ。

西舘 先生のところでいま「オラショ」という話があって、『長崎風土記』という本の中に、生まれた子供をキリシタンにするという儀式があるんです。隠れてその儀式をする。その時、子守唄があるんです。

市川 それは今度は「オラショ」が子守唄化したんでしょうか？

西舘 それはわからないけれども、その中にその子守唄を何日か連れてきて、そこでこの歌を歌って、それでいってみると、生まれた子の洗礼をさせる、という時に歌う歌が子守唄なんです。それは何といったか……。

市川 ああ、調べてみます、すぐ。

西舘 松永先生のおっしゃった白秋の本の中には、「一つ積んでは親のため」とか、御詠歌に近いようなものがいっぱい入っています。母親とか女の人が歌った歌を、たんに子供たちに歌ったのを子守唄としたのかどうか、ちょっとわからないんですけれど。

松永 洗礼の時に歌う「オラショ」は、それ自体が子守唄になるんじゃないですか。隠れキリシタンの人たちの歌いぶりからするとつぶやきのようになっていきますからね。日本語化して、土俗化していくうちに、つぶやきの本質に近づいていったんじゃないですか。キリスト教の世界からだいぶ脱落・逸脱した状態で日本化したということでしょう。本当に日本化したというのは、日本人の感性にふれあう状態になったということかもしれませんね。

市川 ええ、そうですね。

松永 土俗化というのはそういうことだと思いますね。

市川 まさにカクレ（隠レ）の基本にあるものは、母のおっぱいですものね。

西舘 そうですね。

市川 日本だけじゃございませんか。マリア様がおっぱい丸だしなのは。

松永 生月の取材をしたことがございまして、隠れキリシタンのリーダーの方のお宅だったんですけれども、納戸神を見せていただきました。開けた瞬間パッとおっぱいをはだけたマリア様が観音様の化身として現れてくるんです。まさに「マリア観音」そのもの。

市川 非常に衝撃を受けますよ。

松永　「モーツァルトの子守唄」とか「シューベルトの子守唄」とか「ブラームスの子守唄」の中にあるキリスト教的な愛の精神みたいなものとはちょっと違って、むしろ日本化された生々しさとか、魂の息づかいみたいなものがより切実に伝わってくるものになっているんです。

市川　ええ。遠藤周作さんもいってますね。本当に日本にキリスト教を宣伝しようという時に、とにかくキリストよりはマリアの愛だと。マリア崇拝のほうが日本人には受けいれやすいという、作戦的にマリアを広めたという話は有名です。

松永　日本にザビエルを連れてきたヤジロウという者がおりますけれど、ヤジロウが、キリスト教の神に質問されて、日本でいえば、大日如来だといったんです。大日如来といいますと真言宗のとらえ方になりますけれども、そういうのでは当時の人びとは納得しなかったんです。むしろマリア様の愛を説いた時、はじめて島津の殿様が、それなら心配ないと。殿様のお母さんが密かに画像を大事にして枕元に置いていたということで、そのあと鹿児島に布教ができるようになるんです。

つぶやきとしての子守唄

西舘　「子守唄よ、甦れ」というのがこの別冊のタイトルですが、先生はこの「甦れ」ということを、どういうふうに受けとめられますか。

松永　自分がいまここにいるというのは、大きな力からもらい受けたエネルギーによって生きているんだと。そのいちばん近いところでいただいたのは母親だと。だからその母親の愛を自分は受けとめていこう。その愛は歌ではじまっていたんじゃないか。歌で表現するのがいちばん適切だったというので、母親がつぶやいていたんじゃないだろうか。そういうつぶやきを自分はいまもっているだろうか、という問いかけになる。それから自分の夫と、二人で協力して子供をつくっている、その子供にお母さんだけが子守唄を歌えというのではなくて、子守唄の体をなしてなくてもいいから、愛の讃歌を夫婦で子供に向かって歌うということ。

さきほどの話に戻りますけれども、弱っていく母親の最後まで、母守唄を歌って寝かしてあげるとか、それから未来に向かっては

母親の愛は歌ではじまっていたんじゃないか。歌で表現するのがいちばん適切だったというので、母親がつぶやいていたんじゃないだろうか。（松永）

孫守唄で、これからの豊かな未来を期待して、命がまっとうできるように祈るとか……。

あの「中国地方の子守唄」の美しさというのは、あれは歌曲の美しさもありますけれども、「きょうは二十五日さ　あすはあの子の　宮参り」。「宮に参ったらなんというて拝むさ」「一生この子のまめなよに」。親の愛情の典型というか、情感のエキスが盛られている。ああいうものを根幹に据えていって、わが子を見つめていきたいものですね、ということを言いつづけるしかないですね。

だから子守唄のすぐれた歌を上手に歌いましょうなんていう問題じゃないと思いますよ。台所でも、自分が眠くてしょうがない時、自分が寝たいために子守唄をつぶやいて、お母さんが先に寝てしまったっていいんじゃないか。そういう関係のなかでスキンシップをふくめて、愛の讃歌は歌いつがれなければいけない時代だと。だから生命を軽んずるいまの世相というか、風潮にたいして一人一人ができることというのは、そういうことなんでしょうね。ペットはかわいがるけれども、よその子供をかわいがらない、いま近所の子供に声もかけないというようなお母さんたちが多いですね。赤ちゃんに子守唄がいるだけでなくて、近所の小学生の子供たちが学校に通っていく時は、車がバンバン来てあぶないような時に、近所のおばさんたちが何かできることをしてあげたり、「気をつけて元気に学校へ行ってらっしゃい」と言えるぐらいのやさしい声をかける、そういう世の中の風というのもないと、乳呑み児を持つお母さんたちにだけ過大な要求をするのではいけないと思いますね。高齢化の問題というのが大きいですから、高齢化が進んで親の介護をしなければいけない、ちょうど世代的にまん中のお父さんやお母さんたちは、これから大変ですよ。自分の体重と同じぐらいの父親を抱えたりしてる姿を映像で見ることがありますけれども。

母が口に出せなかった子守唄

松永　ちょっと私事になりますが、私の母親が八十五歳で亡くなって、間引きの背景が見えてくるような辞世の歌を書いていたんです。私は戸籍上八番目の子でも、上のほうが途中で死んでましたから、生き残ってるのは私が五人目なんですけれども、八番目のわが子を間引きしそこねて、それで私が生まれてたんです。母は四十四歳でした。間引きというのは、話は聞いてましたけれども、子守唄の調査をしてるうちに、意外と間引きの歌に出会うわけです。育てられなくて間引きしたり、この子は育つ力を本来もたない子だとわかるから間引きしたり、いろんなことを知ってましたけれど。調べていって、その時は『日本の子守唄』によその事のように書いていましたら、今度は母が亡くなった時に、一番上の姉から、「あんたはほんとは生まれてくるはずじゃなかったのよ。お母さんが間引きしようとして、水風呂に入ったり、木槌でおなかを叩いていたりしてた」というのを、聞いた時、ああ、子守唄を書いてよかったなと思いました。そのことを先に聞いて本を書いたんじゃなくて、子守唄の本を書いてから、その母の悲しみにふれる結果になって、文学者になってよかった、詩人になってよかったという思いをもったんです。

母が亡くなる少し前に、故郷にちょっと見舞いを兼ねて帰りました時に、一人の姉と兄と私と計四人生き残っておりましたから、その四人で座敷のまん中に寝てた母親を布団のまま縁側に連れだして、母親の体から生まれ出た四人で、生きてるうちに体を全部きれいに拭いてあげたんです。その時、ものすごくエロチックな感動を覚えましたね。母親のここから生まれてきたんだなという。これは特別な感動でした。

だから母から子守唄を聞かなかったということは、子守唄にもならないようないろんなつらい思いをたくさん抱えながら、いまこうして八十五年の生涯を終わろうとしているんだと。そんな感動を与えてくれて亡くなりました。その母が辞世の歌を書いていたんです。

「暗きより暗きに移るこの身をばこのまま救う松かげの月」

暗いところから暗いところに移っていく、この私のような極悪非道な人間こそ、如来の慈悲に救われるでしょう……。親鸞の悪人正機を理論的に解明したりとか、分析したりするようなことではなくて、自分の生きてきた悪をこのままの状態で如来様は見てくださるという意味でしょうか。その時、ああよかったなと思いました。母親が死んで悲しむというよりもうれしかったですね。

市川　立派なお母さまですね。辞世の歌をお作りになるなんて……。

子守唄の本を書いてから、その母の悲しみにふれる結果になって、文学者になってよかった、詩人になってよかったという思いをもったんです。（松永）

松永　亡くなったという知らせは東京で聞きましてね。昔、『太陽』の書評委員会があって、市ヶ谷かどこかで食事が出ましたので、終わってから実家のほうに電話を入れたら、四時過ぎに亡くなったという。あれ、待てよ、私が今度行く時は葬式だろうからと、香水線香を伊勢丹で買った時間だったんですよ。その時間と符合しましてね。ああ、この時間に死んでくれたんだと思った。こちらの思いが、死ぬ瞬間に届いたんだろうと思って……。

翌日の福岡行きの飛行機の切符が取れませんで、その晩、死んだ母に手紙を書きました。越前和紙の便箋のまん中に書こうとしても、でてこないんですよ。

市川　お母さま宛のお手紙を……。

松永　ええ。もう死んでるわけだから、今度はお棺の中に入れる最後のラブレターを書こうと思って。東京の私に届けられた母の手紙が三百六十通ありましたが、それを全部取ってありましたので、最後に母に私が手紙を書く番だと。「母上様」と書いて、「私を生んでくださってありがとうございました」と。これ一行でした。

市川　ウワァ、素朴な……。

松永　素朴単純で。だから子守唄は聞けなかったけれども、口に出せない、歌えない子守唄がいっぱいあった人だろうなと思いました。それをお棺の母にもたせて。だから私たちの身内、兄弟たちは何もその中身を知らないんです。私と母だけの密約のような最後のラブレターなんです。

あれこれ思いめぐらしているうちに中学三年生の軍需工場に行く時、毎朝「これが今生の別れになるかもしれないね」と呪文のように唱えていた、あれが子守唄だったんだ。だからおれはあそこからエキスをいただいて、子守唄の研究の道に入ったんだなと。私の『日本の子守唄』は、あれは私事ではじまった一冊の書き下ろしの本だったんです。

市川　「私を生んでくださってありがとうございました。」

松永　そして下に「伍一」と。すべて一行に全部入っちゃったんです（笑）。

西舘　でも、お母さんが亡くなることによって母親と一体になれるみたいな安心感というのは、年の恵みみたいなのがあると思うんです。そういうほっとした気分というのはおありですか。

松永　ありますね。どういうふうな死に方を親がするかというのは、こわいような想いでもありますよね。それは同時に自分がどういう生き方をし、どんな死に方をするかという宿題を解かなきゃいけない男の務めでもありました。だから母と私は、向こうは女性、こちらは男性で性が違いますけれども、命が生きていき、命が滅びるというのは、まったく厳粛な意味で同じですから、母の死から学んだことは大きいです。あれからずっと売れない本ばかり百五十冊書いてきたけれど、スタートの本としての『日本の子守唄』があったから、ミステリーを書いて当てようなんて一度も考えたことがなくて、今日までこれたなと思います。

西舘 最大のパイオニアですよね。ほんとにあれがなかったら、ほぐす糸もないわけだから、あれはすごい名著だと思います。私たちはバイブルだなんていっているんです。

松永 掘り起こす作業、発掘する作業というのが、やっぱり好きなんです。子守唄を書いた直後に『日本農民詩史』という六千枚の本を八年かけて書いて、農村に埋もれている、戦前の農民詩の書き手たちを追求して回って、言葉を生みだしてきた人たちの戦いのプロセスを見つめながら、自分は何をしなければいけないかということをつねに問うてきましたから、ああいう長いものを書いて、ひとのために書いたんじゃなくて、自分のために書いたんだという気がしますね。

西舘 でもたぶん、自分のために書くというのが基本かもしれませんね。

松永 そうですね。

西舘 それじゃあ、いま、お孫さんに子守唄をお書きになって……。

松永 書きたいですね。書きたいというか、もうすでに何かぶつぶつ歌ってますけれども、最後には孫たちへのメッセージみたいなので人生を締めくくりたいなと思いますね。童謡、童話でもいいですけれどね。今回の鼎談も、体調を壊している時だったから、鼎談なんかとてもできる状態じゃないからと最初はお断りしたんです。でも西舘さんに、遺書のつもりで、遺言のつもりでやってくださいと言われて……。

西舘 本気でいったんです。私も、ある部分あきらめています。いつどうなってもいい命という感じがあるから。中途半端に終わらないで、遺書だけはきちっと残していってください、これから書くものは全部遺書だって。それは孫への遺書だって。そうやって読ませる相手をもてる先生って幸せだと思うの。いざとなるとだれもいないという人も多いと思います。それは先生のお母さんに通じますよね。お母さんはやっぱり辞世の歌をだれよりも松永先生に読んでいただきたかったと思うんです。だから今はわからなくても、孫は必ず受け取る時期が絶対来ると思っているので、孫への遺書ですといってしまいました。

子守唄が人生観を変えた

松永　私が子守唄の研究をはじめた時は、いま申し上げましたように、母と私の人間の向き合い方がベースになってスタートしてますけれど、だんだんいつのまにか高度経済成長の時代に入って、そういう発想自体が古いという、カビのはえたようなことをいまさらやらなくたってと言われてきましたし、私自身が組織化とか、文化の普及という面でも方法論みたいなものをもたずにいましたので、なんだかこれだけではまずいなと。

それでビクターでＬＰ四枚の『にっぽんの子守唄』（一九七六年）を作りました。いまもおばあちゃんたちの顔が浮かんでくるんです。あの当時、二十数年前ですけれど、おばあちゃんたちが何かこの世に残したいという思いで歌ってくださっているんです。話もけっして上手じゃないんですが、私事をしゃべりながら、歌をきれいに絡ませてくださる。これはテクニックじゃないんです。おばあちゃんはいくつの時に子守にでましたかときいたら、七つの時だったとか、八つの時だったとか、だいたい十よりもちょっと前ぐらいでしたね。十四、五歳ぐらいからもう違う出稼ぎに行ったり、紡績女工になったり、からゆきさんになったりとか、いろんな形で子守をやめていきます。ちょうど思春期の入口のところで味わった人生のつらさ、社会の仕組の矛盾、それから自分の親のもとに帰りたいというノスタルジックな気分、若い魂のなかで、攪乱されている状態だったんです。

だからそういう唄を思い出し、その状況を、たとえば七十五歳の人だったら六十年前の話ですね、八十五歳だったら七十年前でしょう。その時間をたぐりよせるまなざしというものをそばからじっと見てきました。人間は回想する時、なんて美しいまなざしをもつかということがわかりました。だからテープを目の前で回すというのが大変失礼ですから、苦労もありました。いきなり「子守唄は知らん」と言われたり、「子守唄か、いくつか知ってるけれど」「じゃあ、おばあちゃんちょっと歌ってくれる」って、隠しカメラならぬ隠しテープで、カバンのチャックを開けて、そして録りました。そういう場合もあります。名前を入れて公表するといろいろな問題が起こりますから、なるべく仮名にしたりしてレコード化しました。

その人の個人史をきいていくんです。個人史をきいていくうちに必然的に時代というものがくっきり見えてくるんです。貧しい立場で子守奉公に出た人たちが体験した話から、日本の底辺の実態が見えてくる構造になっているんです。いちばん感動しましたのは、天草のからゆきさんのおばあちゃんでした。日露戦争が終わった直後に旅順に行って喫茶店で働いていて、二〇三高地の死体片付けの仕事をやったと言うんです。乃木大将が凱旋した後、兵隊は死んだままの状態になって、無数の屍がさらされているわけですから、それらを日本で食うに困って出稼ぎに旅順まで行った天草の娘さんたちが、死体片付けの仕事をした、と。

「山のはずれに一人の兵隊が寝とった」というんです。見るとも う頭蓋骨で、ロシアの兵隊の帽子だとかすかにわかるぐらいです。半分腐った帽子が、ロシア人か日本人かわからなかったけれど、ロシア人も日本人も同じ状態で死んでいるんです。その時、日本人だから日本の兵隊の死体だけ片づけようという気にまったくならないと。戦争でみんな悲しんで死んだと。それならいっしょに葬ってあげようと。こういうことを小学校も通ってなくて文字もろくに書けない娘さんが、そういう人生の重要な部分を発見したということを、さりげなくわれわれの若い世代に伝えてくださったんだなと、本当にありがたくいただいたという感じがありますね。「戦争反対です」というのは簡単ですけれどもね。「ロシアの兵隊も日本の兵隊もいっちょんかわらんとですばい」っていって……。

西舘 いい言葉ですね。

松永 子守唄の取材というのは歌を集めて回るという形を一応とってましたけれども、それぞれの自分史にふれて話を聞かせてもらって、私の人生観を変えていただいたという気がします。だからお会いしたおばあちゃんたちの顔ほとんど全部、三十数年経ったいまも甦ってきます。

忘れものを取り戻そう

市川 でも子守唄の意味って、なんとなく、先ほどのようなお話からしみじみ、またあらためて感じなおしますけれども、先生のような方ですら間引きされそうになったということは、この国でほんとにいかに多くの子が生まれ、同じぐらいの数の子が死んでいって、ごくひとにぎりが生きることを許されて、その命を一生懸命周りが真綿にくるむようなかで生まれたのが子守唄、そういう祈りに通ずるものだったんだなということを、あらためて教えられますね。

西舘 教えられますよ。今だって間引きを合法的な中絶という名前に変えて、生まれるよりも多くの子が亡くなっているんです。

子守唄の取材は歌を集めて回るという形をとってましたけれども、それぞれの自分史にふれて話を聞かせてもらって、私の人生観を変えていただいたという気がします。（松永）

いずれこの人類というものが滅んでいく時に、その鎮魂歌はたぶん子守唄なのかなと、お話をうかがいながらふっとそんなことを思いました。(市川)

闇に葬られていく。それにたいして母親の痛みとか悲しみというのを、いまの若いお母さんたちに要求してもないんです。冒頭にいったように、命にたいして悲しいとか思いが深いということがなくなった貧しさって、今はあるんじゃないですか。

市川 いまはもう生きることがあたりまえになってますからね。

松永 「不足という状態」が不足しているんです。物が足りないとか、これがほしいとか、思うことは少なくなりましたね。あり余っています。本当に人間が自分に向かいあいながら、何かが足りない、これを補いたい、満たしたいという願望があるから、不足というのはエネルギーになっていくし、自分を支えるんでしょう。欲しくなればすぐ手に入る不足のない時代というのは、逆に不幸な哀しい時代ですね。

市川 いずれこの人類というものが滅んでいく時に、その鎮魂歌はたぶん子守唄なのかなと、お話をうかがいながらふっとそんなことを思いました。私はもうちょっと物質文明から解放された、貧しくてもいいから幸せでありたいというところに回帰をしたいという、子守唄を聞くとそういう気持ちに誘われるんです。だから本当に貧乏になってしまいたいということではなくて、あまり物をほしがらない精神みたいなものになっていけないかしらんっていうくらいのレベルですが、たぶんしかしそれも無理だろうと、人類は。ニーチェじゃないけれど、ひたすら最後に行き着こうとする川の流れのような生き方しかできないとすれば、その最後に歌われる歌が子守唄なんだということは、一抹のなぐさめにはなりますね、私には。

西舘 私は日本人の心の忘れものだと思うんです。忘れものを取り戻しに行くという感じ……。

市川 ああ、なるほど。いいフレーズですね。今日この場には、一曲の子守唄も流れなかったけれども、子守唄のお話をうかがうだけで、自分の体内で流れている唄があります。いろんな懐しい唄がじつは流れている。本当にこういう話題のひと時だけでも、それこそ忘れていたものを思い出すような思いがします。

(二〇〇五年四月十七日　於・松永伍一邸)

I

子守唄とは何か

北原白秋『トンボの眼玉　絵入童謡集』挿絵（あるす、1919年。ほるぷ出版『名著復刻　日本児童文学館』所収）。
提供＝尾原昭夫

【インタビュー】

子守唄とは何か

尾原昭夫

（わらべうた研究家）

〈聞き手〉編集部

暗い、さびしい、哀しい……、子守唄には、どこかそういったイメージがつきまとっている。

だが、ほんとうに子守唄は「暗い」のだろうか。

日本のわらべうたを網羅的に研究してきた尾原昭夫氏に、わらべうた採集の研究史の中で見えてきた日本の音楽の状況を語っていただき、子供たちの未来に向けた「明るい子守唄」についてお話をうかがった。

（編集部）

●尾原昭夫　おばら・あきお

わらべうた研究家。一九三二年生。島根大学教育学部特設音楽科卒業。音楽理論・作曲。著書『日本のわらべうた室内遊戯歌編』『同・戸外遊戯歌編』（社会思想社）『日本の子守唄五十曲集』（音楽之友社）『近世童謡童遊集』（柳原書店）他。

目次

わらべうた研究との出会い

―先生はこの半世紀わらべうたに注目して研究してこられたそうですが、何故そういうお仕事をやってこられたのか、まずそのあたりをお聞かせいただければと思います。

尾原　もともと私は、主に音楽の理論だとか作曲だとか、そういう勉強をやってきたんです。大学は島根大学の特設音楽科で主に作曲と理論を勉強してきたんです。東京へ出てきてから、小学校の子供に音楽の専科で教えたり、つねに子供が目の前におりました。

　音楽の勉強は、どうしても理論も楽器も歌も、西洋音楽を中心に学ぶことになる。私の作曲の先生は坂本良隆先生で、とっくにお亡くなりになりましたが、ベルリンの音楽院で日本の民謡を編曲するという勉強をだいぶなさっていたんです。それで音楽之友社から小さいけれども二冊、『日本民謡合唱曲集』という、日本の民謡を合唱で歌うという形で、ピアノの伴奏で楽曲の編曲をされて、それを大きな仕事としてやっておられたんです。やはり外国へ行っていると、アイデンティティの問題ですね。外国の理論で外国風な曲を作っていて、それが果たして自分の作曲なのかとか、自分の日本人としての作曲ということで後ろめたいというか、だいたいの方が、西洋音楽一辺倒でやってきているなかで、ひょいと思うことなんです。そういう下地がありまして、坂本先生が作曲・編曲された日本民謡を私どもも合唱で歌ったりしてましたしね。

　それで自分の生涯の仕事として、もちろん子供に音楽を教えるというのが第一にはありますが、それだけではなくて自分のめざすものは何かと考えたとき、私の田舎は出雲大社のある膝元で、神話の国でもありますから、民謡とかお囃子とか神楽だとか、つねに耳にしてきているから、日本の民衆が歌ったり演奏したり聞いたりしている根っこにあるものが一番大事じゃないかということで、いろいろ研究してみようと。

―それは何年ごろですか。

尾原　昭和三十六年ごろですね。それでテーマをいっぱい考えていって、当時、私は三畳の部屋を借りて住んでいましたが、どんどん墨でテーマを書いていったら、ダーッと長押《なげし》いっぱいになっちゃったんです。これだけ全部できるわけはない、と。民謡関係の研究では、私の尊敬する一番大先輩の町田嘉章先生がいらっしゃって、町田先生の一番の大著に『日本民謡大観』（全九巻）というのがあります。最初はお一人ではじめたということで、体も弱くて徴兵検査も合格しないような弱い体だったんですが、その当時、戦争前から戦争中にかけて、重い重い録音機を特別に造ってもらって、それを持って全国を歩いて、膨大な録音を集められ、全部楽譜にされた。さらに、それぞれの曲の歴史とか、どういう変遷をたどったとか、伝播の経路だとか、ありとあらゆることを研究しておられたんです。江戸時代の民謡の記録など古文書もよく調べておられて、当時の流行り歌がどういうふうに民謡になっていったかとか。一人の人では一生かかってもとてもできないほどの大仕事なんですけれども、ある程度NHKの支援があったにしろやっておられた。

それがあまりにも偉大で、私なんかちっぽけな人間が何ができるかと思った時に、目の前に子供がいるものですから、まずわらべうたを考えた。私は上のきょうだいが男ばっかりなものだから、あんまりわらべうたを歌って遊んだ憶えはないんだけれど、妹たちが縄跳びをしたり手まりついたりしてるのは耳に残っている。母親の里は農家なんですけれども、行くと、女の子ばっかり、いとこにあたるのが五人ぐらいいたんです。そうするとその子たちといっしょに縄跳びして遊んだりとか、そういう経験が自分にもあるんです。

そういう歌が頭に残っているところへ、今度は東京の子供のわらべうたを引き出すといっぱい出てくるわけです。そのころは、あっという間に四十ぐらいの歌を、目の前の子供たちが歌うんです。そんなわけで私は島根のわらべうたもある程度知ってる、東京の子供のわらべうたも、録音して集めて、楽譜にしたりして、その調子で町田嘉章先生と同じようにして全国を調べよう、と。長野県ではどうだろうとか、沖縄ではどうだろうとか……。沖縄の民謡は日本の音階とはちょっと違うのですが、子供はわらべうたで遊ぶとき、その音階で歌っているだろうかとか、興味と疑問が湧いてきて、町田先生は民謡でそういう大変なお仕事をされたから、その万分の一でもいいから自分はわらべうたでやってみようかなと大決心をしたんです。

当時、貯金が十万円ぐらいしかなかったんですけれども、それを全部はたいて中古の電スケ（肩掛け式録音機の俗称）や本を買った。神田へは毎週のように通ってました。『日本民謡大観』だとか、武田忠一郎という東北の大変偉い人が『東北民謡集』という各県ごとに厚い本を出しておられるんですが、そういうのを買うのにも、その当時でも一冊一万円近くするんです。安月給で貯金はそんなにないのに、あり金はたいて、ありとあらゆる本を買っていました。町田嘉章先生と武田忠一郎先生という二大大家の後を、少しでも追いかけてみようというところですね。

そのころは、あっという間に四十ぐらいの歌を、目の前の子供たちが歌うんです。

松本で「ぼんぼん」に出会う

そのころは小学校にお勤めで、先生をやりながら全国あちこちを歩き始めた、と。どこから行きましたか。

尾原　とりあえずは、夏休みにどこかとにかく歩いてみようと、中央線で名古屋まで行って、それから私の田舎は島根ですから、どうしても田舎へ帰りますね、お盆なんかで。だからどうせ行くなら途中下車を何べんもして、そのデンスケを持って、どの程度、子供の歌が録れるかどうか試しにやってみようと。それでまずまっさきに松本に下りたんです。これがまた不思議なご縁というのか、松本に下りて、松本城の公園のほうへ行ったんです。そうしたら子供たちがいたものですから、知ってる歌を歌ってくれないかといったら、すごい歌を歌いだしちゃったんです。「ぼんぼんとても今日明日ばかり　明後日はお嫁のしなれ草　しなれた草をやぐらに乗せて、下からおみればぼたんの花」――「ぼんぼん」という歌ですが、それを歌いだしちゃって、止めどもなく歌う。いや驚いちゃってね。小学校の五年、六年生ぐらいを頭にして、あと四年、三年から小さい子も。遊んでいたのがいっせいに歌いだした。たまげちゃったんです。そうしたら、その晩にその「ぼんぼん」をやるという。子供があっちこっちの町内から十何人とか集まって、浴衣に帯を締め、提灯を持って行列をして、その歌を歌いながら歩くんです。その行事を今日やると言われたんです。その日はお盆ではなくて、松本城開府三百年祭か何かで、そのお祭りで特別にその行事をやるという日だったんです。本当に奇遇でした。

子供がこんなすごい歌を知ってて、また行事もやってるということに、本当に感激して、一生の最初の宝になりました。その他にも、いまふつうに歌われている手まり歌だとか縄跳び歌だとか、いっぱい歌ってくれたんですが……。

この「ぼんぼん唄」、後から調べたんですが、江戸でも「盆々」というのです。釈行智さんの記録にも「盆々」として、その「ぼんぼんぼんはきょうあすばかり」の歌詞が入っている。もとは江戸で流行っていたんです。江戸の『浮世風呂』なんかに生き生きとその唄のことが書かれていますし、当時の「盆々」の様子を絵にも描いています。江戸では完全に明治以後もう消えてなくなったんですが、江戸の唄を参勤交代なんかで松本のほうでは残していて、今でもやっているんですよ。それをたまたま私が知らずに松本で下りたら初っぱなにそれに出くわして、夜は実際に演技するところを見て……。

そのあとは、松本から名古屋に行くあいだに木曽福島――「木曾節」の町ですね――でも歌ってもらったり、名古屋に下りたりとか。福知山線に乗って兵庫県の香住という日本海側の港町に夜行で行って、朝早く六時ごろ着いて、しばらく待っていたら、子供たちがラジオ体操で集まってるついでに、またそこでも歌ってもらったり。当時は、テレビはあったけれど、それぞれの家にあるわけじゃなくて、町の電気屋とかにテレビが置いてあると、人だかりで力道山を見てるという時代ですからね。まだまだ子供たちにテレビの影響がない時代ですね。むしろラジオでした。子供がまだマスコミからの影響を受けないで、地域で子供から子供に伝わる唄を伝承して歌い遊んでいるという時代。テレビが普及して、テレビでわらべうたがでてくるのを聞いたりとか、教科書に「通りゃんせ」とか「かごめかごめ」とかが載るようになるちょっと前ですね。本当にそれぞれのところで、それぞれの味のある歌が録れたんです。

わらべうたを集めて全国行脚

尾原　それで確信を得たというか、これでますますやろうと思ったんです。さいわいに文部省に研究費助成の申請を出したら許可が出たんです。その当時で一万なにがしとか、わずかな金なんですけれど、それでも旅費ぐらいは出た。昭和三十七年から研究補助をもらえたもので、今度は日本海沿岸をずっと秋田、青森まで一挙にまわった。翌年は四国から九州へというのでまた申請したら、前年の実績があるものでまた認めてくれて、近畿、四国、九州あたりをずっと回ったんです。屋久島だとか種子島、五島など、島もなるべく回った。

　それから今度は沖縄もどうしてもやりたいと申請すると、また通った。ですから昭和三十七、八、九と三年連続継続で補助が出たんです。それで沖縄地方へ行きまして、その当時、飛行機はありましたけれど、まだアメリカ軍の統治下でパスポートがいる時代でしたが、鹿児島から一晩かかって船でまず那覇まで行くんです。那覇から、今度はまた船で石垣島まで、石垣から小浜島というところまで行きまして、また戻って石垣島。そこでちょうど竹富島の民謡発表会があったので、民謡も見せてもらったりして、また船に乗って宮古島で下り、宮古島を採集してから、また鹿児島まで戻る……。そういうふうなことでやっておりました。

子供がまだ地域で子供から子供に伝わる唄を伝承して歌い遊んでいるという時代でした。

── 当時は子供たちはどこでもそういうふうに歌って遊んでいたんですか。

尾原　そうですね。どこでも最低限度の子供自身の伝承してるわらべうたがありました。それから、もちろんおばあさんとかどんな方でも。当時、昭和三十六、七年ごろですが、ちょうど小泉文夫先生が芸大のゼミナールで、東京都区内の子供を対象にわらべうたを総ざらいして調査しておられたんです。それは後ほど小泉先生のグループで研究して、すべてを手書きの楽譜にして大きな二冊の『わらべうたの研究』という本になりました。私は町田先生のお手本があるものですから、文献もなるべく江戸時代、あるいはもっと前に遡ってあさった。土日は神田通いで古本を買ったり、日比谷図書館に行ったり国会図書館へ行ったり。図書館でもコピーなんかない時代ですので、一所懸命手書きで写したんです。

「日本わらべうたの会」を始める

尾原　当時、音楽之友社の『教育音楽』という月刊雑誌にわらべうたについて書かせてくれないかといったらいいというので、毎月毎月、そうやって集めたものを原稿二十枚ずつ書いていたんです。わらべうたの歴史の流れだとか、地域性だとか、いろんな角度から見て「わらべうた風土記」というのを書いていました。それでだんだん尾原という者が「わらべうた」をやっていると世間に知られて、一時、新聞に出たり、NHKとか民放のテレビに出たりしたんです。

　そのうち、わらべうたで論文を書いた早稲田出身の方がうちへやって来て、わらべうたの会を作りたいので是非協力してといってきた。私は自分でこつこつ個人的にやっているタイプの人間なんですが、ぜひ研究者が集まる会を作りたいというので、結局その代表をやらされちゃった。それで町田嘉章先生とか浅野建二先生、東北の武田忠一郎先生、童謡では藤田圭雄先生、そういう偉い先生を顧問にして「日本わらべうたの会」というのを作ったんです。それが昭和四十三年ぐらいです。全国のわらべうたを研究してる人がそこへ集まりました。それで、わらべうた研究の雑誌を出すということにして、五年間で十号まで出したんです。年に三回とか、きびしかったです。

■ その会はやめられたんですか。

尾原　十冊出したところで、オイルショックがきたんです。ティッシュペーパーにも列ができるような時代になっちゃった。印刷費とか何かと費用がかかる中、会員は百人ぐらいしかいないから会費はわずかしか集まらない。ただでさえ大変なところへオイルショックとなって十号で廃刊にしちゃったんです。廃刊にすると、とたんに会の存続自体があやふやになってしまって、解散宣言をしないうちに事実上流れ解散みたいになってしまった。

『日本わらべ歌全集』刊行への苦労

尾原　「日本わらべうたの会」には、いまは亡くなられた大阪の右田伊佐雄さんがすぐ会員に入ってくれたので、右田さんと知り合ったんですが、右田さんから柳原書店へ「日本わらべうたの会」があるということが伝わった。やはり会員だった三重県の倉田正邦さん――『三重県民謡集』『三重県民謡集わらべうた』をすでに出されていた民俗学のほうの先輩ですが――がたまたま柳原書店さんと話をしている時に、わらべうたをやったらどうですかと。それでわらべうたの全集を作ろうという大変な大事業が起こってきたんです。結局編集に右田さんが大阪から入り東京からは尾原がということになりました。

　まず企画を立てろということになって、私は右田先生のところへ寝泊まりして、右田さんは右田さんで私のところに寝泊まりして、二人で日本全国のわらべうたを集めるという企画の原案を練りあげていきました。浅野建二先生と町田嘉章先生がちょうど『わらべうた』（岩波文庫）を出された時期で、浅野先生にもその原案を監修していただくことになりました。また、京都の高橋美智子さん、実際に子供を集めて「アイリス合唱団」というのをもっておられ、京都のわらべうたを自宅で子供に教えておられる先生ですが、この方にも入っていただいて編集委員会を作った。また、音楽の監修者として平井康三郎先生、「平城山《ならやま》」などを作った方にお願いした。「平城山」はすばらしい名曲で、日本音階を使ってこれぐらいいい曲は、なかなかないんです。また、わらべうたも「ずいずいずっころばし」とか「通りゃんせ」とか「手まり唄」だとか、いろいろ編曲もなさっていたんです。それから監修の文学、歌謡史の面は浅野先生に見てもらった。古文書など、何の字なのかわからないような毛筆の字を、浅野先生にお願いして見てもらって、さすがの文学大家でも頭を悩ますということもありました。

「わらべうたの会」に入っていた方の名簿を下地に、鹿児島の久保けんおさんや更科源蔵さんなどそうそうたる方がおられて、県別にそういう方に書いていただくという前提でやりましたが、各都道府県の全部にそういう方がいるわけではない。たとえば千葉にはそういう方がいらっしゃらなくて、お前やれということで、私が東京のほかに千葉もやるというふうな感じでしたね。

わらべうたに関しては『日本わらべ歌全集』が集大成した貴重な本ということになります。

―― そのなかで、いまでも続けていらっしゃる方は……。

尾原 執筆者でお年をめして亡くなられた方は多いですよ。執筆間際に亡くなられたりとか、書いてまもなく亡くなられたりとか。結局、監修していただいた浅野先生も、全集がまもなく完結するというころに亡くなられましたからね。

―― 完結はいつごろですか。

尾原 企画をはじめたのが昭和五十年代の初めの頃で、全三十七巻、私がまず範を示せと言われて、第一冊の「東京のわらべうた」をやりました。これが昭和五十四年に出たと思います。完結にはそれから十六年ぐらいかかりました。平成四年ぐらいまでは続いてますね。大変な仕事でした。

民謡では『日本民謡大観』が大変なものですけれど、わらべうたに関してはその全集が集大成した貴重な本ということになります。完結したら毎日出版文化賞をいただけたんです。

子守唄とわらべうた

―― わらべうたを収集してるなかで、子守唄も必然的に集まってくるんですね。

尾原 そうです。子守唄をわらべうたの範疇にふくめるのは、日本の一種の伝統で、江戸の後期に浅草の釈行智という修験道の偉いお坊さんがいらっしゃって、その方が子供の歌に注目して、自分の記憶やその当時の子供の歌っている歌もふくめて、『童謡集』というものを書かれたんです。それが日本で最初と言われているわらべうたの収集記録です。その中にもちゃんと子守唄が入っている。

　後の世の人は、歌う者を主体として考えて、実際に歌うのは子供じゃないんだから、わらべうたではなく大人の民謡の一部だという考えもありますけれど、子供が歌おうが歌うまいが、おぎゃあと生まれてすぐ聞く歌でもあるということですから、これは子供の歌以外の何物でもない、と行智さんがまず『わらべうた集』の中に子守唄も入れて、寝させ歌と目覚め歌と遊ばせ歌とに分類しておられるんです。それから「かごめかごめ」の類だとか、その他いろいろな子供の遊びの歌、それから行事の歌だとか、お月さんなど自然現象を歌った歌だとか、その当時のものをうまく集められているんです。それから明治時代には『日本民謡大全』とか『日本歌謡類聚』など、文明開化でガラガラガラとひっくり返すように、古いものがなくなっていく時代には、なんとかして古い時代の伝承を残しておきたいという動きが起こったんです。ただし、いまみたいに録音機もなければ、音楽を聞いて楽譜にする力のある人もいないので、もっぱら歌詞を集めるということになった。でもそれがとても貴重な事業になって、明治の後期、三十年代に全国からそういうものを集めるということがやられたんです。

■子守唄も集められた？

尾原　子守唄ももちろん、仕事の歌など大人の民謡や、子供の歌としてわらべうたも集められた。それから大田才次郎という人が子供の遊び方も貴重だから、遊びの方法も記録しておこうというので、『日本全国児童遊戯法』という本を二冊出しています。

　それがみんな私どものネタになっていて、たとえば昭和の子供が歌っているわらべうたの楽譜や記録を作ると、遡って明治時代には、江戸時代にはこう歌っていたということがわかってくる。私はなるべく昔の記録と現代とを結びつけてその変遷をたどるようにしています。それからもう一つは地方地方によって歌い方や遊び方が違っていたら、それはどう違ってきたか。タテ（時間軸）とヨコ（空間軸）と立体的に見ていくということです。それは町田嘉章先生が民謡でやっておられた研究方法なんです。研究すると同時に記録に残すという両方の仕事ですね。今は絶対にできないです、これは。今からいくらやろうとしても、伝承者そのものが亡くなっておられる。

わらべうた収集法

■わらべうたの場合、子供が歌っているのを聞くのと、大人が歌っているのを聞くのと、どちらが多いのでしょう。

尾原　それは半分半分です。古いわらべうたが主に頭にある人は、その当時ですらいまの子供はだめだと思っておられて、いまの子供のわらべうたなんて、もう時代が変わってて記録する価値もないし、やはり明治時代あるいは大正時代までの歌じゃないと記録する価値もないと。当時、古い感覚で集めている人はそういう感覚だった。だけど私は現実に目の前にいる子供たちの歌っているうたも知ってるし、いくら現代化したとしても、現代の時点でのわらべうたであることはまちがいないんだから、それはやはり捨てちゃいけないんだというので、なるべく現代の子供にも、数は昔から比べればずっと少なくなっているんだけれど、とっておこうという考えだったんです。

その代わり、年配のおじいさんおばあさんでも、わらべうたを知っている方にはなるべく録らせてもらおうということにしていました。

何にもないところへ取材に行くと、ってもないわけですから、ぼけっと突っ立ってしまって、それじゃあまったく困る。町田先生は民謡を採集するのに、放送局とか役場に前もって通知を出して、民謡を歌える人を集めておいてほしいと。それで歌える人が一堂に集まっていて、そこへ乗りこんでいくというやり方をされるわけです。ぼくなんかそんな行政的な力がないから、行ったらどうするかということになって、反応があるかないかは別として、まずアンケートをとりました。だいたいことというのを全国の学校名鑑からポンポンポンと拾って、駅になるべく近いところで、行ってすぐ録ったらまた次の汽車で次のところへ行けるというふうに考えて、だいたい目星をつけておいて、そこへ百通とか二百通とかバーッとアンケートを出すんです。

―― 個人ではなくて学校に？

尾原 学校です。私も学校の教員ですから、それで教員宛に出す。そして教員の方から子供に一旦そのアンケート用紙を配っていただいて、自分が知ってるものも書く、それからおじいちゃんおばあちゃんの知ってるものも書く、さらに近所の方でこういう歌を知ってる方というものをそこへメモしておいていただく、というやり方をしたんです。そうすると半分も返ってこないんです。

―― 半分でもすごく効率がいいですね。

尾原 まだそのころはそういう時代だったのかな。昭和三十年代というのは、まだそういういい時代だったんですね。

日本の伝統音楽をいかに教えるか

――その当時、歌というのは力があったんですね。子供たちの歌にもおそらく。

尾原 教育的にはだれも評価してないんです。小泉先生は、日本の音楽の根幹はわらべうただとものすごく声高にいいだされた。その根はもともと広島高等師範付属小が音楽の基本的なものはやはりわらべうたとか民謡にあるというので、全国から楽譜を集めたものをすでに二冊も著書として出しておられたけれど、その考えを実際に教育的に実践しようという考えは、戦争に敗れていったん途絶えたわけです。

結局むずかしいということなんですね。一番やりやすいのは、明治時代からの唱歌とか、そのあとできた童謡で、それを中心に教えること。唱歌教育を百年近くやったので、その地盤ができてる。

――伝承だからむずかしいということですか。

尾原 日本の音階ひとつを考えても、日本の音階の童謡は、いい曲を作るという点でなかなかむずかしいんです。日本人に一番大事な日本の音階で作ることならだれでもできるはずじゃないかと思うかもしれませんが、わらべうただったらだれでも歌えちゃうけれど、わらべうたを越えた、しっかりした童謡とか歌曲とかを日本の音階を使って作ろうと思うと、意外にできないんです。そこがまた一番壁にぶつかるところなんです。それは今でも依然として同じですよ、その壁が大きいから。

日本の音階のもとはわらべうたにあるという、小泉先生のおっしゃることは本当にそのとおりなんです。小泉理論というのがあって、日本音階というものはテトラコルドの積み重ねでもって日本音楽をすべて解釈するということで、私も目からうろこが落ちたみたいな立派な研究をされたんです。ところがそれはわかるけれども、いざ子供にわらべうたを教えたら、その発展がどうなるかというところがとてもむずかしいことになっちゃうんです、具体的な問題では。

日本の音楽とか民謡とか、そういうものを根っこにした音楽教育があって、そこへ西洋の音楽だとか、それにもとづいてできた唱歌だとか童謡も並行していくということは、当然、だれでも考えるんです。そうすると日本の音楽の教育と西洋音楽の教育と二つが成り立つことで、一人の子供に国際的な感覚もつけられるし、日本人としてのアイデンティティにもとづく人間性も、両方兼ね備えた人格を育てていけるんじゃないかと。しかし、実際にどういう教材でどうやっていくかということになると、とても現実にはむずかしい問題がでてきます。

――たとえば言葉とか、表現とか……。

尾原 いまでも文部科学省の指導要領の中にも、中学校なら中学校では日本の楽器をやりなさい。前にはやるといいぐらいに書いてあったのが、もう数年前から「やるようにしなさい」となったわけです。それであわてちゃって、いま、琴とか三味線とか笛だとか太鼓もふくめて、実際にやりはじめてますけれど、それはそれでなかなか現実の問題としては大変だから、すんなりとはいってないわけです。でも初めてですよ、そういうのを公的に取り上げることになったのは。いままではまだ鑑賞としてレコードで雅楽を聞くとか、箏曲とか、あるいは民謡とか、わらべうたを聞きましょうというのが入っていたんです。

――民族の危機感というのもあるんでしょうね、ある部分では。

尾原　あまりにも西洋一辺倒だという音楽教育に対する批判というのはずっとあるわけです。それはすでに広島高等師範がわらべうたや民謡を集めて本を作った昭和初期の戦争前の段階でも、そういう人はもういたということですね。それはその本の序文を見れば明らかにそれが書いてあります。

わらべうたを越えた、しっかりした童謡とか歌曲とかを日本の音階を使って作ろうと思うと、意外にできない。

日本人である以上、日本の音楽や日本の民謡を土台としなきゃいけないということはちゃんと書いてあるんです。それはだれでも思いつくことなんです。北原白秋さんたちが童謡運動をはじめたのも、出発はまったくそれなんです。日本にはわらべうたや子守唄や日本伝承のもので立派なものがあるじゃないかと。それをなんで童謡の中に取り上げないんだと。それで北原白秋さんは、日本中のわらべうたを集めようと、お弟子さんの組織を作って、編集委員とし、それを文学的な視野からやろうとした。

譜面は一つもない。けれども地域ごとの市誌だとか民俗誌がいっぱいありますから、これを洗いざらいあげる。それからもちろん声をかけて、その編集者が採集するということもあるでしょうし、それからいまいったように、明治時代に全国から集めたものをたいした分類も検討もしないで、とにかく集めたら活字にだけはしておこうというやり方でもって集めて、活字になっています。それから引っぱりだして、これは何県の子守唄だとか、これはどこそこの「かごめ」だからここに入れようというふうにして、北原白秋さんのお弟子さんたちが苦労しながら『日本伝承童謡集成』を何冊も出された。それも結局は基本的には広島高等師範が音楽で考えたことを、文学において、子供のものを中心に、伝承を土台にしなきゃだめだよという、白秋さんの考えから出たんです。

ところが現実にそれをもとにして、山田耕筰さんとか中山晋平さんといった作曲家が作曲をしたときに、日本の音階をもとにした童謡がどれだけできたか。それはなかなかむずかしい。山田耕筰さんでもだれでも多くは西洋音階で作っちゃう。西洋音階はそれだけ作りやすいんです。

明るい子守唄を取り戻そう

西洋音楽が入ってきて伝統的な日本の音階がだめになったということと、もうひとつ、子守唄は暗い、泥臭い、あるいは土着すぎるとかマイナスの印象が日本にすごく強いんです。私たちもそういうふうに思っていた。しかし尾原先生は実はそうじゃないよとおっしゃっていますね。

尾原　それは私は確信をもって言えますね。悲しい子守りのみじめな、陰湿な心情を反映した子守唄というイメージが、あまりにも日本中に行き渡りすぎたんです。

その功罪をいちいちあげるのも悪いけれど、「五木の子守歌」が全国に流行ってしまったことがある。これは要するに、バックにそれを流行らせたいという人がいたということ。レコード会社を中心にして、なんとかして民謡歌手に歌わせてヒットさせたいという願いがあり、それが現実になってヒットしちゃったわけです。それだけ日本人が共感をもったということではあるんですけれど、それは一つの要素でしかないのに、今度は子守唄をすべてそのような感覚で受けとめてしまう傾向に走ってしまった。だから流行歌化したものに子守唄が乗っかってしまうというのは、大変大きいマイナス面もある。

私は、現実にはそういう暗い子守唄を歌って育った人というのは、ごく限られていると思うんです。全国のほとんどの方は、お母さんやお姉さん、お父さんやおじいさんやおばあさん、あるいはおじさん、おばさんなど、家族を中心に関わる方に育てられますよね。そのなかで歌われていたものが、そんな陰湿な歌であるはずがない。もっと明るくて、やさしいものだったはずなんです。

現実に、私はいま二千何百曲の楽譜を集成してますけれど、いわゆる「守子歌」と称する「五木の子守歌」に代表的な雇われ子守の歌った反抗の歌は、別にしているんです。本質的に赤ちゃんに聞かせるための子守唄として、「寝させ歌」とか「遊ばせ歌」とかを分けてみますと、いわゆる「眠らせ歌」のほうが分量的にもほとんどです。ところが子守唄は何か暗いというイメージがあまりにもはびこっちゃっている。

たとえば三十何年前に、当時の皇太子さまと美智子さまとが結婚されて、いまの皇太子さまが生まれたので、それを祝って『日本の子守唄集』というレコードをだすんです。しかしその中でも、「ねんねんころりよ」とわが子に母がやさしく歌う子守唄が半分ぐらいで、〝子育ての歌としてはふさわしくない〟と私は思っている歌が必ずぶちこまれているんです。「五木の子守歌」「島原の子守歌」や「竹田の子守歌」など、守子の歌のもつ哀感が日本人にグッとくるところもあるもので、そういうのを「日本の子守唄」というレコードには必ず載せる。私はその時から、嫌だな、なんで日本の子守唄に半分近く、こんな陰湿な子守唄を入れるのか、と。ずっとものすごく抵抗を感じています。子守唄は、赤ちゃんのためにこそ歌い、聞いてもらいたい、覚えてもらいたいという願いでいるんです。

　ですからかつて私は、音楽之友社から『日本の子守唄五十曲集』というのを出しましたけれども、それには絶対にそういう子守唄は入れませんでした。本当に赤ちゃんに聞かせてほしい歌しか載せてない。だから五木のほうの子守唄を載せるときにも、いわゆる流行歌の「五木の子守歌」とは曲もまったく違う子守唄を載せたんです。

　たとえば音階にも、西洋流でいくと長調と短調というのがありますね。長調にたいして短調というのは暗いんです。ああいうレコードになっているような陰湿な曲というのは短調なんです。それがちょっとみじめな、いじけたような内容と合う。一種の哀愁を好む日本人の国民性というのもあるでしょう。それはそれでいいんだけれども、赤ちゃんのことを考える場合は、考え直さなきゃいけない。

五種の子守唄

尾原　たとえば、「ねんねんころりよ」というのを、江戸では古雅で上品な感じで、「ねんねんころりよ　おころりよ〈ファファファミファラファミ　ドミファラファミ〉」と歌うんです。これはとってもしんみりと、グッと胸に深く入ってくる子守唄です。でも三味線も何も関係ない田舎では、「ねんねんころりよ　おころりよ〈ラララソラドラソ　ミソドラソ〉」という感じでやる。日本音楽には、陽音階と陰音階というのがあります。小泉文夫さんの言い方では、陽音階にあたるのが「民謡音階」、陰音階にあたるのが「都節音階」というんです。それで民謡音階で歌うと明るくて、「ねんねんころりよ〈ラララソラドラソ〉」という感じで、三味線の都節の音階に影響された江戸の歌は、「ねんねんころりよ〈ファファファファミファラファミ〉」となるんです。だから陰音階で歌うより陽音階で明るく歌うほうが、できればいいんじゃないかということです。ただ、東京なんかは伝統的に都節音階で歌う、百何十年、二百年、江戸時代からずっと続いていますので、それはそれとして江戸の歌い方でいいと思います、いわゆる「江戸子守歌」で。それが伝統を重んずる一つの方法です。歌詞の面では、いわゆる守子歌の「おどま盆ぎり盆ぎり盆から先ゃおらんど」とか、自分が死んだら花生けてくれとか、道ばたに埋めろだとか、そんなもの赤ちゃんに聞かせる意味はまったくないんです（笑）。「ああ、いい子だいい子だ」と歌ってあげなきゃいけない。

　ですから私は、まず「ねんねん歌」というのがあると思うんです。子守唄の一番最初で「ねんねんねんねん」とか「おろろろろ」だとか、口で簡単にただ「ねんねんねんねんねん」、それだけでいいんです。そういう歌を私は「ねんねん歌」としまして、歌詞

悲しい子守りのみじめな、陰湿な心情を反映した子守唄というイメージが、あまりにも日本中に行き渡りすぎた。

はなくてもいいの。そういってるだけで、いい子守唄になる。簡単に歌えるそういう歌を、どのお母さんにも歌ってほしいと。

　そしてもう一つは「ほめ歌」。「○○ちゃんはいい子だ」とか「いい子いい子」といって歌う。明らかに、他のだれかじゃなくて、ほかならぬ自分に歌ってくれる歌。お母さんでも、お姉さんでも、おばあさんでもいい、男の人でもいいですよ、自分に歌ってくれてるんだという、それで赤ちゃんにとっては自分のお母さん、だれのお母さんでもない、自分のお母さんであり、姉さんであると伝わる。「ねんねんころりよ　おころりよ　○○ちゃんはいい子だ　ねんねんしな」、それだけでいいんです。どなたでも簡単に歌えるはずなんです。

　もうひとつ「お祈り歌」というのは、たとえば「中国地方の子守唄」のように、どうかこの子が一生まめなようにという。いまここに「アガロウザ節」という資料をいただいています。これは沖縄の宮古島や石垣島の歌なんですけれど、めんめんとずっと歌詞が続いているなかで何を歌っているかというと、その赤ちゃんが立派に育って、立派な人になりますようにという祈りが本当によく歌ってある歌なんです。そういうほめ言葉とお祈りの言葉とを混ぜた子守唄があったら……。実際に伝承にはありますよ。そういうふうになってほしい。

　それから「おはなし歌」。これは「ねんねんねこのけつにありが入りこんだ」とか、簡単だけれど小さいおはなしになっている。そうすると子供にとってはそこに夢があるし、しぜんとそのおはなしの世界に引き込まれていきます。「サルが三びき」だとか、そのサルがどうしたかとか、おもしろいおはなしの歌もいっぱいあります。

　あと「ごほうび歌」というのがありまして、おみやげに何あげようとか、よくねて起きたらおいしいおやつをあげますよ、という歌があります。ところがそれはあんまり本当じゃなくて、実際に寝ても翌朝おいしいものをくれなかったりしますけどね（笑）。

　あと「おどし歌」がありますが、そういう「おどし歌」とかこわいものはやめてほしいということですね。寝ないとお化けが出てこわいよとか、そういうのはやめて、いまいったような、暖かく包みこむロマンのある子守唄にしたいというのが、私の願いです。それを提供するためにいま一生懸命やっています。

■ ありがとうございました。

（二〇〇五年四月六日　於・日本子守唄協会本部）

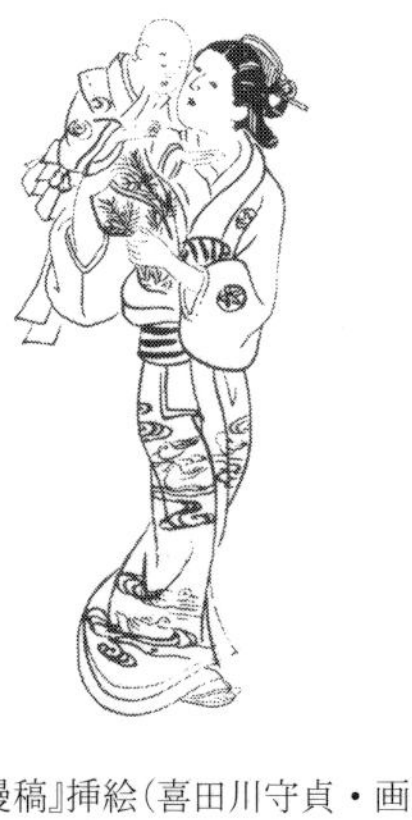

『守貞漫稿』挿絵（喜田川守貞・画）
提供＝尾原昭夫

竹久夢二『あやとりかけとり』(ノーベル書房、1975年)挿絵。提供＝尾原昭夫

●子守唄の基本的な性質と、その歌謡史上における位置・意味への関心と論究がこれからの課題である

子守唄とはどんな唄か

【童謡・民謡・唱歌との比較から】

真鍋昌弘

Manabe Masahiro

まなべ・まさひろ　奈良教育大学名誉教授、関西外国語大学教授。一九三八年生。立命館大学大学院修了。国文学（日本歌謡史）。著書『中世近世歌謡の研究』（桜楓社）「閑吟集」「山家鳥虫歌」（『新日本古典文学大系』56・62、岩波書店）他。

1　子守唄と伝承童謡

子守唄をその機能で分けると、「寝させ歌」と「遊ばせ歌」になる。行智が『童謡古謡』（文政三年・一八二〇。江戸における伝承童謡書留）において、「ねェ〵んね引んねんねこよ　ねんねのお守はど引こ行たァ……」を「寝させ歌」、「う引さぎ兎　なによ見て跳る……」を「遊ばせ歌」と注を入れて書き、順序としてはその間に、「お引月さ引ま引いくつ　十三七つ……」を置いて、これを「目ざめ歌」としていることはよく知られている。子どもが目覚めてから遊びへと現実に戻って行くとき、当時の母親達がこの「お月さまいくつ」をよく歌っていた実際を見聞していて、このように記したのは、大切な機能面を重んじた行智の認識の結果としておもしろい分類である、ということになるが、しかし「お月さまいくつ」以外にどのような歌を目覚めの段階で歌ってやっていたかとなると、これもまた明瞭ではなく、「遊ばせ歌」との融合の程度もいまだはっきり掴めないので、ともかく中世以後近代現代に至る子守唄を分類する時は、まず「寝させ歌」「遊ばせ歌」の二種としておくのが

よかろう。

　さて、「寝させ歌」は、「ねんねんねんねこよ」「ねんねんころころ」「おろろんころろん」など、子どもをはやく深い眠りに導くための呪詞がまず最初にあり、全体が豊かな呪歌として機能をもってその子どもに作用する。背負うた子どもや膝の上に置いた子ども、その子どもをとんとんと軽く叩き、時には体をリズミカルに動かせて、その「寝させ歌」の魔術的効果をさらに確実なものにしてゆくのであり、母親はこうした歌をうたい、身体行動を起して子どもを眠りへ誘導することになるのである。自然界の鳥虫草木・月星風雪、あるいは異界から来る神霊とも交感することのできる子ども達の、原始的心性へ響いてゆく歌ということになる。つまり母親と子どもの関係は、よく見ると、子どもと動植物・天体気象との関係と共通したところがあるということになるのである。

・とんびとんびまいまいせ　高知の町で袴買うちゃるぞ
（高知・高岡郡。『土佐郷土童謡物語』）

・ねんばーじょ　とまれーじょ　蠅《へー》打っち喰はしゅーで
（長崎・壱岐。『全長崎県歌謡集』）

・風々吹いてくれ　めんめえお方呼んでやる
（長野・諏訪地方。『諏訪の民謡』）

相手に命令して〈舞え・止まれ・吹け〉などと言い、またこちらの命令に従ったら、おまえの好きなもの〈袴・蠅・かわいいお嫁さん〉を与えようと歌っている。動物や気象へのこうした唱《とな》言《ごと》・ハヤシ文句の発想と表現は、「寝させ歌」の、ねんねをしたら、里の土産の「でんでん太鼓にしょうの笛」をおまえに上げようと歌っているところと同じである。これら子守唄と唱言・ハヤシ文句の根底にある民俗意識は、アニミズム（animism）の世界の原始的心性あるいはそれにひじょうに近いものであると見てよいのである。子守唄には、子どもの体内の、波打ち寄せるように生き続けている精霊をコントロールする力がある、ということにもなる。伝承童謡として括って考えられている諸種の歌謡群の中でも、もっとも原始的心性を保っているその種の唱言・ハヤシ文句と、まったく切り離してしまうことはできないのである。

　もちろん一方では、子守唄は大人あるいは大人に近い年齢の娘が、子どもに向かって歌って聞かせるのであるから、子どもが自ら蝸牛《かたつむり》や月星に呼びかけたり唱えたり、あるいはハヤシたりする種類と（右に述べた如く根底では通じているが）、即座に一つにしてしまうこともできない。すなわち歌い手・唱え手・ハヤシ手の年齢的な差がある。強いて言うならそこに人間的な愛という高度な親の心の参入がある。また奉公する娘の子守唄などになると、子をあやす子守りの身体的行為を伴なって歌われる面もあって、なるほど子守唄ではあるものの、その歌われる内容は、わが身の辛さ苦しさであり、木挽歌や馬子歌などにも近い雰囲気の仕事歌であったりするわけである。子守唄にはこうした一面もあるということになる。

　ともかく、子守唄と、伝承童謡の内、右に言う動物植物や天体気象への唱言・ハヤシ文句の分野においては、近代現代にも生き続けている原始的心性による呪的な発想・表現が共通し、重なり融合していると見ることができる。子守唄をこのように捉えておくこともできるのである。

2　子守唄の類型伝承

　口承文芸を広く客観的に理解する上で、まず発想表現の類型を把握しておくことが基本である。口承文芸は、類型で表現する、類型の範囲の中でのみ表現してきた、ということである。すなわちこの類型性こそが、口承文芸の本質をよく物語っていると言える。類型を捜しあて、類型を整理し、類型を一つでも多く蒐集して、時代の流れと地域の広がりをふまえて、そこに脈絡を発見することは、特に重要な研究であり方法である。そこを確実に踏まえておくなら、どこが変化しどこが新しいか、どのようなバリエーションがどれほどあるか、といった面も確実に見えてくる。右に言った呪術的特質とも深く関わっている。

　子守唄においても、個々の類型を一つでも多くタテとヨコで整理して、その初見をはっきりさせ、地域ごとの特質を見ながら、類型伝承辞典に近いものを作成しておかねばならないと思っている。次にこのことに関連する事例として、具体的に二つの系統について述べてみたい。

◆1

　かつて岡田希雄「鎌倉時代末期の子守唄」（『歴史と地理』第十九巻一号）によって紹介考証された『聖徳太子伝』（十巻本・寛文六年〔一六六六〕刊）の中の子守唄は、子守唄の最古の記録としてよく知られている。

・寝いれねいれ小法師　ゑんの〱下に　むく犬の候ぞ　梅の木の下には目木羅々のさぶらふぞ　ねんねん法師にをゝつけて　ろろ法師に引かせう　露々法師にをゝつけて　ねんねん法師に引かせう　御めのとはどこへぞ　道々の小川へむつき濯《すま》しに　ねん〱〱〱ろゝゝゝ　梅の木の下には目きらゝのさぶらふぞ

　岡田氏の考証では、ほぼ鎌倉時代の極末期、後醍醐天皇の御代にうたわれていたものということになっている。この時代説はさらに検討を要するものと思われるが、ともかくこれが中世期の子守唄であるということは間違いないと思われる。こうした成立時期をはじめ難解な語句・解釈については、以前、簡潔に『わらべうた』（昭和五十二年〔一九七七〕桜楓社）に述べておいたのでここには省略する。

この項目に関連して、今述べておくべきは、「御めのとはどこへぞ　道々の小川へむつき濯しに」の部分である。岡田氏は「この子守唄が或ひは現在でもどこかでなほ歌はれて居るやうなことはあるまいか」と論考の最後にその伝承を知りたい旨の一言を書き添えておかれた。しかし全体としてこれと同型は残念ながら、いまのところ指摘できていないのであるが、一部分、つまり右の特色ある歌詞については、次のように歌われてきたことがわかった。

まず『朝岡露竹斎先生手録子もり歌手まり歌』には、

・ねん〳〵よころ〳〵よ　ねんねかもりはとこいた　あっちの〳〵下川へ　むつきやしめしを洗ひに　洗ってとこに懸といた　お寺の御門の柿の木に　さあかけ〳〵ほしておいた（下略）

とある。露竹斎は朝岡宇朝のことで、尾張における歌人・俳人。天保十一年歿。加えて次の二例も添えることができる。

・ねんねんようようおこらりよ　ねんねんもうやはどこへ行た　あっちのあっちの木曽川へ　しめしやむつきをああらいに　あゝらい川でああらって　さあらし川でさあらいて　お寺の茶の木にかけといた（下略）

・ねんねのお守はどこ行った　襁褓むっつうああらいに　洗って来たらどこに乾す　お寺の門前桃の木に（下略）

前者は、昭和十二年（一九三七）刊『尾張童謡集』所載、後者は、昭和二十一年（一九四六）刊『日本伝承童謡集成』・子守唄編の「愛知」に見えるものである。全体ではないにしても、中世の子守唄が、近世から近代現代にまで流れて来て、尾張地方に根付いたことがわかるのである。これが子守唄の一つの類型の脈絡である。どこまで遡れるか、どのように断片化したか、ということである。民衆文化の伝承という広い意味でも、今後一つ一つについて考証が必要であろう。

◆2

・向いの山を猿が三匹とおる　前のやつはもの知らず　後のやつももの知らず　いっち真ん中な小猿がものよう知って　鯰川へ飛び込んで　鯰一匹おさえて……（京都）

・西の山を猿が三匹通る　先の猿は物知らず　後の猿も物知らず　いっち中の小猿が物知りで　いざや友達花折りに往こまいか　花は何花　牡丹芍薬木瓜の花……（岐阜）

前者は鯰川へ飛び込む型、後者は花折りに行く設定である。ともに手鞠歌としてもうたわれるが、その多くは子守唄として伝承している。すべて三匹の猿が山や峠を通ってゆく風景から、三匹の内、中央の猿が一番利口で適切な行動をおこすことになっている。三匹連れのお猿さんは幼い子ども達が一番喜んだ動物である。鯰川へ飛び込む型は、京都・和歌山・奈良・三重・岡山・広島・鳥取・山口などに歌われていて畿内から西が多い。花折りに行く型は、岐阜・愛知・福井・島根・長野・新潟など、どちらかというと中部地方に多い。両型を合わせると京都を取り囲む地域、つまり中部・近畿・中国の各地域に分布していると言える。

しかし猿以外で歌う地方もあって、三羽の雀〈山口・長崎〉、三羽のこん鴉〈福岡〉、三羽の鶴〈大分〉、三羽の雁〈東京〉、三頭の牛〈秋田〉、三匹の狐〈岩手〉が確認できる。つまり京都を中心とする畿内から見ると、三匹の猿のさらに外縁部にこれら三羽の鳥類や三匹の牛や狐で歌われる地域があることに気付く。もちろんともに真ん中に居る鳥や獣が知恵を持ち行動をおこすことになるのは、共通している。そしてさらに次の伝承が認められた。

・京から〳〵比丘尼が三人下って　先の比丘尼物知らず　後の比丘尼物知らず　中の比丘尼よう知った……

（新潟・佐渡。『佐渡の民謡』・子守唄）

・上から上から比丘尼が三人下る先の比丘尼も後の比丘尼も物知らず　中の比丘尼物知りで……

（秋田。『日本伝承童謡集成』・子守唄）

・今日から比丘尼が　今日から比丘尼が来ると聞き　何人づーれで来ると聞き　三人づーれで来ると聞き　先の尼も物いわず　後の尼も物いわず　中のこびっちゃが言うときに……

（熊本。『肥後昔話集』附載「わらべうた」）

「今日」は、「京」の意味。「上」も京都を中心とする上方の意味で歌っているのである。「こびっちゃ」は、年端も行かぬ小娘の比丘尼のことを指して言っているのであろう。

三匹の猿の子守唄が類型を堅持しながら、その中でこのようにほぼ三段階の変化があった。三羽の鳥類や三匹の獣類が通過してゆく類型以上に、これら三人比丘尼の旅姿に注目されねばならない。京都を中心とする上方からすれば、もっとも外縁の辺土に、しかも東西対称的に、〈秋田・佐渡〉と〈熊本〉にそれらが認められた。俗信を背負った妖しい三人の比丘尼が京から下って来たのである。村人にとっては異郷の人々であった。これが本来の、起源となる歌い方であったとしてよいのである。このスタイルが、この子守唄の原姿であろう。その歌が古様の文化を残存させる辺土に残ったのである。つまり三匹の猿の子守唄は、三人の比丘尼を象徴するものであり、結局は子ども達のよろこぶ身近な動物のおもしろい歌として親しまれ定着していったのである。類型伝承の内部における変化を見付けることもまた重要であった。子守唄は類型伝承とそのバリエーションの把握から出発し、かつそこに帰着する方法が見落とされてはならない。背後には、三つあるものの「中」の信仰も関係するのであるがここには省略する。

3 『山家鳥虫歌』に見える子守唄
——子守娘の子守唄——

明和九年（一七七二）刊『山家鳥虫歌』は、近世民謡を蒐集したわが国はじめての全国郷土民謡集である。山城からはじめて、遠く壱岐・対馬までの、盆踊りや仕事の場でうたわれた歌謡を三九八首伝えている。書誌・内容・特質等については、新日本古典文学大系六二巻『田植草紙・山家鳥虫歌・鄙廼一曲・琉歌百控』所収、「山家鳥虫歌」解説に述べたので、ここには省略する。右に民謡集と一応は述べたが、流行歌謡が多いという判断も可能なので、この『山家鳥虫歌』は近世期全国民衆歌謡集と呼ぶこともできる。

さて、この『山家鳥虫歌』に、子守唄、あるいは子守唄らしき歌がいくつかある。たとえば「人は羨《け》なりや」ではじまる、五六番（河内）・一〇〇番（摂津）・二五一番（丹後）は、父母の元を離れて暮す娘達の気持を歌っているもので、仕事歌とともに子守唄としても常に歌われていたと見ることもできるであろうし、「こちの旦那殿からかさ育ち」「こちの旦那殿臭木育ち」などと雇主やその妻を揶揄する、三〇〇番（備中）・三〇二番（同）などの系統も、たとえば博多子守唄などと同様のもので、当時の子守唄とすることができる。

そうしたなかで、少なくとも明和時代以前からの、子守奉公娘達の子守唄であると決定的に言えるのは、

・勤めしやうとも子守はいやよ　お主にや叱られ子にやせがまれて　間に無き名をたてらるゝ　（志摩・一三七）

である。これは子守唄としてもっとも広く流布している種類であろう。

・二度とせまいぞ子守奉公だけは　親に責められ子に責められて　人に楽なよにおもわれて　（三重。『桑名市史』）

・守というもの楽なよで辛い　親にせめられ子にせめられて　人に楽なよに思われて　（愛知。『愛知県地方の古歌謡』第二集）

・ねんねこ子守はつらいもの　オカンから叱られ子にゃなかれ　人から楽なよと思われて　（大分・姫島。『大分県の民謡』第一集）

こうした子守唄群の一つとして、もっともはやく書き留められたのが『山家鳥虫歌』所収の一三七であり、このあたりから順次、子守娘の子守唄も書き留められてゆくようになる。

さて、こうした子守唄は、座敷や囲炉裏端で歌われたのではなかった。歌われる場・機会は、他家の軒下であり大道や露地の道端であった。歌の場の問題である。それが歌の中にも見えている。

・ねんねん子守はつらいもの　雨風吹いても宿はない　人の軒端で日を暮らす

（群馬。『里見村誌』）

・守というものあさましものよ　道や街道で日を暮らす

（三重・伊勢地方。『日本民謡大全』）

・やかましかろけど暫しの間　守も歌わな日がたたぬ

（同）

・西の町から東の町まで　歌うて歩くは守の役

（同。『三重県民謡集——わらべ唄』）

たとえばこれらが子守唄の場をよく伝えているものであるとともに、子守娘達が子守唄で暮し、子守唄が不可欠であったことをよく示しているのである。軒下歌謡であり道の歌謡でもあって、次の二首も、子守娘と子守唄の関係をよく示している。

・歌ぢやものまた歌はなかろ　歌に遠慮がいるものか

（三重・紀州長島『三重県民謡集・わらべ唄』）

・唄なと唄うて浮き浮きせねば　気から病の出るわいな

（同）

「そうなのよ、わたし達には歌が大切なのよ、歌わないではその日が過ごせないのよ、道であろうと軒下であろうと、歌うことに遠慮などいるものかよ」と言うのである。何人かの子守娘が集って歌ったのであろうが、民衆生活の中のめずらしくない風景だったのであろう。同類の歌もかなりの数があって、それらを引いて、子守娘達の暮しを語る解説書も少なくない。

子守娘の子守唄であと一つ加えておきたいことは、しばしば恋の俗謡が歌われてきたということである。思春期の子守娘にはやはり男女の恋への関心も大きかったのである。一人の子守娘がうたう一連の子守唄の中にも、誰からともなく聞き及んだ流行歌つまり色歌が入っている。

・来るか来るかと浜へ出て見れば　浜の松風音ばかり

（愛知・丹羽郡。『愛知県地方の古歌謡』第二集）

・紅葉踏み分け鳴く鹿の声　恋のふみ書く筆となる

（同）

・わしとあなたは小藪の小梅　なるも落ちるも人知らぬ

（静岡。『日本伝承童謡集成』）

たとえばこうした色恋のポピュラーなものである。聞き覚えたのであろう。たとえばこれらは『山家鳥虫歌』『延享五年小歌しやうが集』『浮れ草』など、江戸時代後期の歌謡集にしばしば認められるものであった。

これらは流行歌謡をそのまま取り入れて歌っている例であるが、

一方では、恋の歌の語句を少しく替えて子守唄として歌った例もある。

・この子守してこんだけ痩せた　二重廻る帯三重廻る
（『愛知県地方の古歌謡』第二集）

・この子寝たかと枕に聞けばさ　枕正直ねんころろ寝たと言う　枕正直寝たと言う
（『日本伝承童謡集成』）

たとえばこの二首は、それぞれ次の流行歌謡の系統をわずかに変化させたものである。

・こなた思ふたらこれほど痩せた　二重廻りが三重廻る
（『山家鳥虫歌』・河内）

・寝たか寝ぬのは枕が証拠　枕もの言へはれやかに
（『鄙廼一曲』・淡海の国杵唄臼曳唄にも諷ふ唄）

「こなた思ふたら」を「この子守して」に、あるいは男女共寝の枕を、この子の枕に置き替えて歌っていて、恋の痩せや恋の枕には無関心でいるかの如く装って歌っているのである。

子守娘の子守唄の発想表現、その場と機会等については、すでに多くの研究者の関心が寄せられている。一部分を恣意的に取り上げるのではなく、全体的に流行歌謡・仕事歌・踊歌などと比較させて再度整理してかかる必要もあると思われる。

4 子守唄と成女叙事歌・生産叙事歌

子守唄として成女叙事歌（成女謡）をうたっている地方がある。胸に抱き背に負うて、わが子の健やかに成長してゆくことを願って歌う次の類型を言う。

・一つでは乳をのみそろ　二つでは乳にはなれて泣きそろ　三つではお爺さんお婆さんのお茶の給仕を見習ひそろ　四つではよりこよりそろ　五つでは糸をとりそろ　六つでは機を織りそろ　七つでは綾を取りそろ　八つではこのはたおりそろ　九つではこよめにこがれて　十で殿御へもらわれた
（静岡。『日本伝承童謡集成』）

これでは、静岡とのみあって詳しくはわからないが、その後、小塩紘典『静岡県の民謡　駿遠豆のさとうた』（昭和五十九年〔一九八四〕）によると、静岡県伊豆半島の大仁町あるいはその周辺にも伝承していたことがわかる。

この成女叙事歌は手鞠歌として、東北地方から九州まで広く歌われていることは、以前の『わらべうた』で述べたが、ここに最も西の、壱岐に伝承する事例を一つ加えておきたい。

・一つではちっちの飲み初め　二つではちっちの離れ初め　三つでは紐の解きぞめ　四つでは筆のにぎりそめ　五つでは管

を巻きそーろ　六つではころばた織りそーろ　七つでは綾を織りそーろ　八つでは錦を織りそーろ　九つでは嫁にとられて　十《とお》でわが家を定めたり　定めたり

（『全長崎県歌謡集』）

めざましい成長を段々と重ねて、最後は「十で家を定めたり」とうたうのは、あきらかにわが子への予祝の完結として歌っているのである。

子どもがこのようにめざましい成長を遂げてゆくのを歌う成女叙事歌と同様、物の生産過程を丁寧に歌ってゆく生産叙事歌を子守唄の中に取り入れている場合もある。伊藤祐忠『越前地方の童唄』（昭和十八年（一九四三）刊）から引く。冒頭は「ねん〳〵やあおぼろんや　ねんねのお守はどっちいた」ではじまる寝させ歌である。

・……ああすは京都へ詣って来て　麻種三粒を買って来て　屋敷のぐるりへ蒔いておいて麻が三本生へたなら　一寸のびたら肥かけて　二寸のびたら灰をまき　三寸のびたらあさぐすり　五寸のびたら刈り取って　うんでつむいで機にして　チヤリンコカタンコ機織って　こうやさん〳〵　染めとくれ　お色は何に染めましょか　紅色だちに染めとくれ　明日はこの子の宮詣り　行燈の明りで髪結ふて　白粉ぬって紅さいて　肩から裾まで真赤のごちょうの総散らし

麻種を蒔くところから、宮詣りの晴れの衣装を作りあげるところまでを歌っている。『若越民謡大鑑』（昭和四十八年（一九七三））は鯖江市、林友男『岐阜のわらべうた　いまむかし』（平成三年刊（一九九一））では、西濃地区・藤橋村の例が出されている。ともに事細かく麻が伸びてゆくところや機を織ってゆくところが、活気ある仕事の雰囲気をともなって、その晴ればれとした豊かさをたたえて歌われている。

この生産叙事歌は田植歌として歌われていて、特に中国地方の備後系田植歌にかなり長い典型的なものが認められる。「麻苧十七流れ」などと呼ばれている。たとえば新藤久人『田植とその民俗行事』（昭和三十一年（一九五六））から一部分引く。

・十七が広めておいて何をする　広めておいて麻を蒔く
十七が麻蒔く頃は何時の頃　三月土用の入に蒔く
十七が前なる畑で何をする　麻なる種子を今下す
十七が蒔たる麻の生え様は　美事に生えたの二ツ葉に

（広島県比婆郡）

以下、麻布・紺屋での染め・衣装に仕立てて、やがて名所への旅に出るところまでを歌う。また、ここには省略するが、中国地方田植歌には田の神等の成長と繁栄を歌うナガレ形式があって、成女叙事歌の発想に近いものである。田の神も順調にどんどん成長してゆく。

生産叙事歌と成女叙事歌は、その歌われている場や機会等をまとめて、詳細にそれぞれの来歴と性格を検討する必要があるが、ともに子守唄として取り入れられ、子ども達の成長を願う予祝性の強い子守唄が生まれていたことも注意しておいてよい。祭礼・儀礼・遊戯での集団予祝歌謡が個人の育児の歌謡に持ち込まれたのである。

5 子守唄と創作子守唄など

近代の詩人・歌人によって童謡が創作され、一つのジャンルを成すまでに至り、近代以後の民衆生活の中に広く浸透してゆくが、そうした中で、子守唄も或る程度作られてゆく。この近代創作子守唄を、日本歌謡史研究の側から見るとき、その基礎的な考証として、やはりここに言う伝承の子守唄との関係を精査してかからねばならないのは当然である。単語の段階まで見て、あるいはその抒情の質の面で、どこまでが、あるいはどれほどがその詩人の子守唄に成り得ているかということである。ここには具体的に薄田泣菫の子守唄と北原白秋のねんねこ歌を具体例としてその手法を述べる。

泣菫の一連の子守唄の書誌は、滝沢典子『近代童謡作家研究』(平成十二年刊〔二〇〇〇〕)に詳しいが、ここに引用の歌詞は『薄田泣菫全集』による。後の白秋・露風・八十などの童謡に先行する試作とも言われ、作者は「子守唄は明治四十一年頃の作です。クリスチナ・ロゼチの『しんぐ・さんぐ』を読んで、こんなのを作ってみたらと思って試みたものです。」(全集・二巻)と言っている。かつて拙著『日本歌謡の研究――『閑吟集』以後』に入れた「民謡・童謡と泣菫」に、事例として出した十種から三種取り上げる。

・お山育ちの鶯が　たまに都へのぼるとて　ひと夜の宿をかりかねて　梅の小枝で昼寝たら　花が小声でいふことに……(うぐひす)

(「梅の小枝」で昼寝するところまで各地に伝承する手鞠歌をほぼそのまま使用。本来この系統は、瀬戸内海を中心とする西日本の海洋を行く船乗り達が歌った酒宴祝歌。「花が小声で言ふことに」以下が泣菫の詩。)

・とんとん敲くはどなたさま　向う横町のおよねさま　今頃何しにごうざった　十五夜お月様よい程に　二人見よとてやってきた……(十五夜お月さま)

(「とんとん叩くは誰さんじや　新町米屋の徳兵衛さん　今から何しに御座った……」(京都・舞鶴地方『日本伝承童謡集成』)。「とんとんたゝくは誰さんぢや、新町鍛冶屋の乙娘　今頃何しにおいでたな……」(伊勢。『日本民謡大全』)。ほぼ手鞠歌として伝承。

人名のみ各地異なる。伝承では何しに来たかという質問に対して、雪駄を捜しに来たと答えて、さらに展開する。十五夜のお月様を見ようとてやってきた、と答えるところからこの詩人の発想表現である。）

・山の頬白鳴くことに　一筆啓上つかまつる　故郷を出てから
まる四年　まめでそなたもおゐでかと　ついぞ忘れた事もない……

（ほほじろ）

（ほほじろの鳴き声は、関東以西で「一筆啓上仕候」。これを取り入れ、頬白の物語をふくらませた。「まめで」「ついぞ」など副詞を加え、懐しい哀感を添えた。）

この三例に代表されるように、泣菫の創作子守唄は、伝承している子守唄をほぼそのまま取り入れ、その伝承の子守唄を、物語的展開の発端として据える手法を用いている、と言える。つまり子守唄利用の実際が明確に見えるのである。

これに対して白秋の場合どうであろうか。子守唄として創作したのであろうことが明確な歌を少しく引いてみる。

・ねんねん　ほろろん　ねんほろよ　坊やはよい子だ　ねんねしな　ねんねのお鳩が歌ひませう　泣かずに　ほろほろ　ほろりこよ

（「ねんねのお鳩」。『とんぼの眼玉』）

・ねんねのお唄はいいお唄　ねんねのお唄を聴いてれば　桃いろお月さまかすみます　ねんねのお国へまゐります

（「ねんねのお国」。『祭の笛』）

・月夜の屋根の窓硝子　寝てゐりや　さみしい　なつかしい
月の光がは入《い》ります

（「ねんねん唄」。『祭の笛』）

この他「げんげ草」（『祭の笛』）、「ねんねの騎兵」（同）、「夢買い」（同）、「揺籠のうた」（同）、「ねんねこ唄」（同）、「ねんねのお里」（『花咲爺さん』）、「おころり小山」（同）、「おねんね、ねんね」（同）などがあって寝させ歌としての意識で書いたものであろう（もちろん白秋の童謡の多くが、寝させ歌や遊ばせ歌になり得る可能性はおおいにあるが、これらは明らかに子守唄として書いたと見られるものだけである）。

白秋の子守唄は、「ねんねん」「ほろろん」などの、寝させ歌の呪詞を多用し、それが子守唄であることを明示し、かつ作者自身の意識をはっきり示しているものの、よく見ると、本稿に言う伝承子守唄に見えている伝承の語句は、ほとんど使用していない（右では「坊やよい子だ」を使用しているのみ）。また伝承童謡の中の語句もほとんど現れない。「ねんねん」ではじまったり、「ねんねん」の題名が見えるが、しかもその中に、古く懐しい伝承世界の風のようなものが吹き、草や花の匂いが漂いながら歌は進むが、しかし伝承の子守唄や童謡の語句はほとんど認められないのである。つまり白秋の子守唄は白秋独自な世界であり、強いて言えば「ねんねん」のこの呪詞を通してのみ、伝承の子守唄との関係が認められるとも言える。実は白秋の童謡すべてにおいて、白秋編『日本伝承童謡集成』所収歌謡すべてを対照させておく仕事がこれから必要である。また一方では白秋小唄と伝承歌謡との関係の考察（拙稿「日本歌謡史から見た白秋小唄」〔『日本歌謡の研究――『閑吟集』以後』所収平成四年刊〕はこの問題を論じた）も充実させる必要がある。つまり日本歌謡史における白秋の小唄・童謡の綿密な考証は、私の中ではまだ満足なものではないのである。

6　子守唄に関わるいくつかの課題

◆1

唱歌は、明治時代以後、学校教育の音楽の時間で歌われた歌曲のことで、その教えることの精神は、「凡唱歌ヲ授クルニハ児童ノ胸膈ヲ開暢シテ其健康ヲ補益シ心情ヲ感動シテ其美徳ヲ涵養センコトヲ要ス」（小学校教則綱領。明治十四年五月）というところにある。実際には、文部省音楽取調掛編纂によって、明治十四年十一月廿四日の日付で『小學唱歌集　初編』が刊行され、ここで具体的に歌謡史上、まさに新しい近代としての歌謡の分野が誕生することになる。その後、文部大臣の検定制が生まれ、たとえば『明治唱歌』など多くの唱歌集が次々刊行されてゆく。

子守唄と唱歌の接点をたくさん見付けて比較してゆくことはかなり難しい。一般家庭で、唱歌を子守唄として歌っていたであろうことは、もちろんなかったとは言えないが、歌謡としてのその性格はずいぶん異なっているのである。ともに特色は認められるが、近代の民衆生活の中で、この二つの分野がどのように関わって展開したか、どのように離れて存在したかを、具体的な聴き書きなどを通して民衆生活の中の実際として、綿密に調査してゆく必要性がまだ残っている。唱歌は自然や人事のハレの感動を歌うすぐれた詩歌群である。詩型に、七・五（八・五）の四句形式、つまり今様調あるいはそれに近い歌がかなりあって、おおらかな雰囲気が認められるが、子守娘が歌った子守唄に至っては、そのほとんどが近世俗謡の七七七五型で統一されている。その内容は簡単に3項の中で述べたところである。もちろん唱歌の世界とは意識が異なり、唱歌の抒情に対しては、常に背を向けて、かたくなにその世界を守らざるを得なかったのである。

◆2

江戸時代以来、浄瑠璃はまさに民衆の中で生き続けてきた。その作品群の多くにおいて、筋書は複雑かつ意外な展開を見せる。捩れ縺れの人間模様が、だらだら坂を登り降りするように展開してゆくのであるが、その物語の折りおりに、子守唄が挟み込まれていて印象的な場合が少なくない。拙著『日本歌謡の研究――『閑吟集』以後』の「順礼歌謡と浄瑠璃作品」の章では、附録として子守唄が認められる作品を十五種揚げておいたが、それらを見ても、物語展開の上で、作者は子守唄を巧みに利用していることが見て取れる。いまのところ、一つは、母が幼ない我が子を置いて去ってゆく場面、二つには、幼な児を連れた人目を忍ぶ旅の道行においてである。驚くほど生まれた浄瑠璃作品に利用された歌謡として、子守唄には特に注目しておいてよいのである。これも一言述べておいたが、古浄瑠璃作品群には、ほぼ子守唄は認められないと言ってもそれほど過言ではないのに対して、近松そして近松以後は、この子守唄の抒情を作品内にしばしば利用していると言える。浄瑠璃作品の中の子守唄は、観衆の涙を誘うためには、やはり無くてはならない素材であった。

以上述べてきたことについては、すべて今後の研究課題として検討を要するところである。子守唄を、愛情の最も典型的な形として現代に蘇らせるためにも、基本的な性質とその歌謡史上における位置・意味への関心と論究はまだまだ必要なのである。

●子どもを抱いて、おんぶして、自分の声で子守唄を歌うこと、それが親として何よりも大切なことだ

子守唄の種類と地域性

鵜野祐介

Uno Yuusuke

うの・ゆうすけ　梅花女子大学文化表現学部児童文学科助教授。一九六一年生。京都大学大学院教育学研究科博士課程単位取得退学。教育人類学。著書『生き生きごんぼ――わらべうたの人類学』(久山社)他。

――子守唄はきわめて自然な形態のうたであり、あらゆるうたの始祖とも呼ぶべきものである。にもかかわらず、子守唄について書物に記されることはこれまでほとんどなかった。

(Iona & Peter Opie 筆者訳[1])

はじめに

今回、本誌において「子守唄よ、甦れ」というテーマが選ばれた大きな理由として、今日のわが国において子守唄[2]を聞く機会はほとんどない、また歌う人もほとんどいない、という現状認識があるように思う。けれども本当に子守唄は歌われていないのだろうか。その時にイメージされている子守唄とは、一体どのようなものなのだろうか？

大半の先行研究に見られるように、歌い手の側からこの言葉を定義すると、「子どもの守りをする時に歌う唄」となる。しかし、聞き手の側から解釈するとそれは、「やすらぎや癒しを覚え、眠りへといざなわれる唄や音」ということになろう。そう考えると、子守唄のイメージは遥かに広がってくるし、私たちの生活のごく身近なところにあるものとして感じられる。

1　子守唄の進化論

さて、子どもが最初に聞く「子守唄」とはどのようなものだろうか？　それはいうまでもなく、胎児の頃に聞く母親の血流音や肉声であろう。特に、一定のテンポで同じ程度の音量とピッチ（音の高さ）で出される血流音は、人間のみならず胎生動物に共通の、最も始原的な子守唄といえるかもしれない[3]。それから、妊婦である母親が繰り返し聴き、リラックスできるような音楽――いわゆる「胎教音楽」――も、母親のみならず胎児にとっての子守唄にもなるだろう。さらに、胎児期から乳児期にかけて日常的に聞こえてくる音、例えば昔であれば小川のせせらぎや潮騒、家畜や小鳥の鳴き声、機織りや紙漉きの音、今日であればテレビやCDの音声、電車・自動車の騒音、あるいは「パチンコセンター」の場内音などですら、子どもにとって「やすらぎや癒しを覚え、眠りへといざなわれる唄や音」になるかもしれない。これらをまとめて、「環境音の子守唄」と呼ぶことにしよう。これを、子守唄の進化の第一ステージと見なすことができる。

「環境音の子守唄」は、歌い手もしくは発信者が聞き手に対して「守りをするため」と意識していないものであるが、次にそれを意識したものが生まれてくる。例えば、子どもが心地よいと感じられそうな音を繰り返し鳴らし、同じ音声を繰り返す。「ルルルルル」「バーバー」「オロロンバイ、オロロンバイ」「ホーイチョガ、ホーイチョガ」……、やがて「赤ちゃん」「寝なさい」といった意味の言葉がこれに付け足され、ごく単純な旋律（フシ）が付く。「ネンネンヨー、よいこだよ」「ハッシャ・バイ・ベイビー」……。一般に「あやし言葉」と呼ばれる、言葉の意味よりも音の響きとリズムの心地よさを重視した「音の連なり」を、「子守」の担い手は聞き手に対して発信し、その繰り返しが「子守唄」となる。いわば進化の第二ステージ、「原初の子守唄」である。この種の子守唄もまた、単純な形であれば人間に限らずサルやイヌ、イルカなど、さまざまな哺乳類が共有していることが観察されている[4]。そして、たとえ自分の両親や祖父母から子守唄を聞いた体験を持たない今日の母親や父親であっても、これは子どもを軽く揺すったり叩いたりしながら簡単に口ずさむことのできる子守唄である。

さらに、第三の段階になると、一定のまとまりをもつ意味内容を備えた歌詞が、特定のメロディに乗せて歌われる。そこでは、歌詞もメロディも「子守」に相応しいと考えられるものが創作される。あるいは別の人に依頼して特定の聞き手のために作ってもらい、これをその子どものために歌う。もしくは既存のうたの中から自分の気に入ったものを選んで歌う。先に述べた「原初の子守唄」が、歌い手の身体から自然発生的に湧き出してくる「心地よい音の連なり」だったのに対して、この段階では歌い手が歌詞の内容を意識し、また聞き手である子どものことを意識して歌う。ただしそれは、歌い手や創作者の私的な感情や心情を表現したものであり、そのうたが特定の社会の成員に共有されて、〈われわれのうた〉という意識には到っていないものである。これを「私的な子守唄」と呼ぶことにする。例えば、「シューベルトの子守歌」や「ブラームスの子守歌」をはじめとするクラシックの音楽家が創作したもの、歌謡曲やジャズなどさまざまなジャンルにおいて「……の子守唄（ララバイ）」の題名を持つ楽曲の大半が、この「私的な子守唄」といえる。[5] さらにいえば、たとえ題名や歌詞の中に「子守」に類する言葉や内容が盛り込まれていなくても、ある歌い手と聞き手にとっての子守唄となった〈うた〉は実際、無数に存在するだろう。これらもまた、「私的な子守唄」と呼んでいいかもしれない。

そして最後に、先に述べたような「そのうたが特定の社会の成員に共有されて、〈われわれのうた〉という意識」に到ったものがある。これを子守唄進化の第四ステージ、「伝承文化としての子守唄（伝承子守唄）」と呼ぶことにしよう。そのうたの創作者や最初の歌い手が誰であり、当初どのような心情が込められていたかは忘れ去られても、あるいはまた、その歌詞やメロディが、よそ者には「子守唄」に似つかわしくないと思えるようなものであっても、特定の地域社会や民族において一定の年月をかけて「子守唄」として伝承される。その時そこには歌い手の個人的な感情や心情を越えた、多数の歌い手と聞き手との間に共有されてきた奥深い叡智が息づいているように思われる。

残念ながら、今日の日本において、このような「伝承子守唄」はもはやほとんど消えてしまった。冒頭に述べた「現状認識」とは、以上のような意味における「伝承子守唄」の消失を指すものといえるだろう。ただし、これまでに述べてきたその他三種類のもの、すなわち「環境音の子守唄」「原初の子守唄」「私的な子守唄」は今日でも決して消えていないし、これらの「子守唄」が聞き手である子どもに及ぼす影響をないがしろにはできないことを銘記しておきたい。[6]

2 子守唄を歌う二つの状況と「守り子唄」

ところで、歌い手の立場から子守唄を「子守りをする時に歌う唄」と規定するとき、次の二つの状況が想定される。つまり、①聞き手である子どもを眠らせようという状況と、②機嫌が悪い子どもに対して、身体を動かして遊ばせたり、物語になった唄を聞かせたりして喜ばせようという状況である。実は日本の子守唄の研究史において最もポピュラーなのが、この二つの状況に対応する「①寝させ唄（もしくは眠らせ唄）」、「②遊ばせ唄（もしくはあやし唄）」という二種類の子守唄と、そしてもうひとつ、後述する「守り子唄」と両者との位相をめぐってのさまざまな分類案である。その経緯をかいつまんで紹介しよう。

わが国における子守唄の分類は、一八二〇年の釈行智著『童謡集』が嚆矢とされる。本書には四編の子守唄が紹介されており、そのうち①「ねんねんねんねこよ／ねんねのおもりはどこいたァ」に始まる、いわゆる「江戸子守唄」が「寝させ唄」として、②「お月様いくつ、十三七つ……」が「目ざめ唄」として、③「うーさぎうさぎ、なによ見てはねる……」が「遊ばせ唄」として注記されている。なお、もうひとつ「おらがとなりのぢいさまが……」も「子もり哥」として挙げられているが、前三者のような注記はない。(7)

歌詞の内容を見ると、いずれも物語仕立ての唄になっており、それぞれのタイプとの結びつきは見えてこない。したがって、それぞれの状況において実際によく歌われていた唄と解釈すべきなのであろう。ただし、「目ざめ唄」とは「目をさまさせるための唄」なのか「目ざめの時に歌われる唄」なのか、意味が判然としない。そのせいか後世の分類にはあまり用いられず、残る「寝させ唄（もしくは眠らせ唄）」と「遊ばせ唄（もしくはあやし唄）」の二つに分類するのが慣例となった。

たとえば柳田国男監修『民俗学辞典』（一九五一年）の「子守唄」の項目をみると、最初に分類の問題が述べられている。「概括的には幼児の守をする時に歌う唄を総称するが、これには眠らせようとして歌う場合と、ただ遊ばせるために歌う場合との別があり、前者を眠らせ唄、後者を遊ばせ唄として区別することもある。（後略）」（二一四頁）

ここで、一般に「守り子唄」と呼ばれる、「子守娘」ないしは「子守奉公人」が歌う唄、もしくは彼女たちが置かれた状況を投影していると思われる内容を含む一群の唄をどう位置づけるかという問題が出てくる。『民俗学辞典』の定義では、「守り子唄」の位置づけに関する明確な判断は示されていないが、柳田自身、別の著述においてこれは「遊ばせ唄」に相当するものとし、さらに「眠らせ唄」と「遊ばせ唄」の音韻論的な特徴（前者は七五調長型、後者は七七七五調短型）、成立年代の差異（後者の方が遅く近世以降）などについて言及している。(8)

このような柳田の見解は、北原白秋編『日本伝承童謡集成』第一巻「子守唄篇」（一九四七年）、町田嘉章・浅野建二編『わらべうた』（一九六二年）、大塚民俗学会『日本民俗事典』（一九七六年）などにおいても引き継がれている。「①眠らせ唄（親などが幼児を寝かせつける時の唄）と②遊ばせ唄（子守娘などが赤子をあやしながら歌うもの）とに分けられる。ともにわらべ唄に含まれて来たが、近年は大人の

労作唄の一つとされる。（後略）」（牛山杲執筆、『日本民俗事典』二六八頁）

だが、この分類では、「遊ばせ唄」という言葉が本来持っていた「子どもをあやし、遊ばせる時に歌われる唄」という意味合いが失われる。守り子が「眠らせ唄」を歌う場合や、親が「遊ばせ唄」を歌う場合も考えられよう。そこで、近年は、「守り子唄」を「眠らせ唄」「遊ばせ唄」と同格にし、三つに分類することがより一般的となっている。例えば浅野建二他監修『日本わらべ歌全集』（一九七九年）がこの分類を用いている他、福田アジオ他編『日本民俗大辞典』（一九九九年）でも次のように定義されている。「本来的には子どもを寝かせるための唄である眠らせ唄をさす。そのほかに遊ばせ唄と日本独自の子守奉公人の境遇を歌った唄も存在した（後略）」（岩井正浩執筆、上巻六四九頁）。

一見するとこの分類は、歌われる状況、歌う主体という二つの「コンテクスト」、（歌詞と旋律からなる子守唄という「テクスト」が成立する文脈や背景）を基準としているものと映る。だが同時に、これは「コンテクスト」ではなく「テクスト」、つまり歌詞の内容を基準とした分類であるようにも思われる。簡単にいえば、子守唄の歌詞は「①子どもを眠らせよう」、「②子どもを遊ばせよう、喜ばせよう」、「③子守仕事は大変だ」の三種類に大別される、という帰納的かつ便宜的な分類なのではないか、ということである。したがって、その唄が歌われる状況に関係なく、「寝なさい」という歌詞が含まれていれば「寝させ唄」に、子どもが喜びそうな語句や物語や、所作をうながす語句が含まれていれば「遊ばせ唄」に、そして歌詞の中の一人称が守り子であると判断されれば、それはすなわち「守り子唄」と見なす。この分類方法は、確かに実用的で一定の目安にはなるが、例えばひとつのテクストに前述の①〜③全ての要素が含まれているものもあるわけで、分類作業の主観性や恣意性を免れない。

以上のような意味において、現在よく用いられているこの三分類は、客観的な妥当性を欠くものと言わざるを得ない。こうした矛盾点を批判した上で、右田伊佐雄は、〈歌唱者〉〈歌唱対象〉〈歌唱目的〉〈歌唱手段〉を分類基準とする、四つのカテゴリー（「直接寝させ歌（ママ）」「間接寝させ歌」「遊ばせ歌」「守り子歌」）、一六のグループからなる次のような分類案を提示した[9]。この分類案は確かに「苦心の作」ではあるが、細分化しすぎているきらいがある。実際には一つの唄がさまざまなモチーフの歌詞から構成されており、複数のグループにまたがるものも少なくない。また、他の分類案にも共通することだが、歌い手が自分の境遇や心情を吐露する子守唄は、私自身が調査してきたスコットランドをはじめ諸外国に散見され、これを「守り子唄」と呼称することはできない。したがって、もっと別の視点からの分類方法が考案される必要があるだろう。

図1　右田伊佐雄の分類表

歌唱者	歌唱対象	歌唱目的		歌唱手段	グループ	カテゴリー
母親 父親 祖母 祖父 姉 兄 その他家族員 村人 里親 うば 雇い守り子 その他の雇い人	乳児 幼児	遊んであげて喜ばせる	知能・体育の訓練を兼ねる		15. 教え歌 Training songs for babies	D. 遊ばせ歌 Humoring songs
			ゲームを楽しませる		16. おさな遊び歌 Game songs for infants	
		すぐに寝させる		「ねんね」「泣くな」などの語句を繰り返す	1. くりごと歌 Repeating lullabies	A. 直接寝させ歌 Directly make-sleeping lullabies
				母親・神などが守っているから安心して眠れ，とさとす	2. まもり歌 Guarding lullabies	
				すぐに寝る子はよい子，とあらかじめほめる	3. ほめ歌 Praising lullabies	
				すぐに寝る子にほうびをあげる，と約束する	4. ほうび歌 Rewarding lullabies	
				すぐに寝ない子は恐ろしいめにあうぞ，とおどす	5. おどし歌 Threatening lullabies	
				すぐに寝なければいけない他の理由を述べる	6. ことわけ歌(理由歌) Reasoning lullabies	
	少し大きい幼児	歌を聴かせる	その結果、幼児を寝させる	家族員についてうたって聴かせる	7. 家びと歌 Family lullabies	B. 間接寝させ歌 Indirectly make-sleeping lullabies
				おとぎ話その他のストーリーをうたう	8. 話し歌（譚歌） Story-telling lullabies	
	歌唱者自身	歌唱者自身のなぐさみにうたう		寝させるための快いムードや歌唱者の心情をうたう(赤児讃歌もふくめる)	9. こころばせ歌(抒情歌) Lyric lullabies	
				尻取り，語呂合わせなど，ことばの遊びをうたう	10. ことば遊び歌 Word-playing lullabies	
				子守に無関係な歌を独白的に自由にうたう	11. ひとり歌(ひとりごと歌) Monolog lullabies	
守り子（母親も？）				歌唱者自身のつらい立場をうたう	12. なげき歌(ぐち歌、身の上歌) Sighing lullabies	C. 守り子歌 Nurse-children' s songs
				雇い主などに対する反抗心をうたう	13. さからい歌 Opposing lullabies	
			幼児を忘れて遊ぶ	まりつき，悪口ゲームなど歌唱者自身が歌いたわむれる	14. たわむれ歌 Nurse-children's own game-songs	

（右田伊佐雄『子守と子守歌』90 頁より）

3　歌詞のモチーフによる分類

そこで考えられるのが、子守唄テクストの歌詞に見られるさまざまな内容を「モチーフ」として抽出し、この「モチーフ」によって分類するという方法である。「モチーフ」という概念はフィンランドの民間説話学者アールネ Antti Arrne によって提唱され、後にアメリカのトンプソン Stith Thompson によって実用化された、口承文芸の国際的な比較分析のための道具となるものである。[10] 本稿では、全ての唄がそれぞれの「物語世界」を持っていると考えて、「モチーフ」の概念を「歌詞が表現する物語世界の内容や主題を構成する要素」との意味で用いる。言い換えると、「一つもしくは複数のモチーフによって、その唄の物語世界の内容や主題が構成される」ということになる。

筆者はこれまで主に日本と英国スコットランドの伝承子守唄を研究する中で、アメリカの民俗学者ブレイクレィ Theresa C. Brakeley の分析結果（一九五〇）を参考にしながら、次のようなモチーフを抽出することができた。[11] ①あやし・眠らせ、②愛しさ・誇らしさ、③安全の保障、④約束・ほうび、⑤幸運の予言、⑥不運の予言、⑦脅し、⑧子守仕事の疲れ、⑨（子守とは直接関係のない）悲哀、⑩（子守とは直接関係のない）幸福、⑪その他、の以上一一項目である。[12]

具体例を挙げてみよう。「江戸の子守唄」の場合なら、「ねんねんころりよ、おころりよ」は①、「坊やはよい子だ、ねんねしな」は②、「坊やのお守はどこへ行った、あの山越えて里へ行った」は③（つまり「心配しなくてもいい」ということ）、そして「里の土産に何もろた」以下は④となり、この唄はモチーフ①・②・③・④から構成される物語世界を持っているといえる。なお、「⑪その他」には、動物などの物語唄になっているもの（「お月様いくつ、十三七つ」など）や、しぐさ遊びの所作を指示するもの（「ちょちちょちあわわ」など）があてはまる。

次にこれら一一のモチーフをグループ化してみる。英国の研究者デイケン Leslie Daiken はその著『ララバイ・ブック A Lullaby Book.』（1959）の中で、子守唄には「外に向けて歌うもの［singing outward］」、つまり聞き手である子どもに向けて歌うものと、「内に向けて歌うもの［singing inward］」、つまり歌い手である自分自身に向けて歌うものがあると指摘する（一三—一八頁）。これを一つの対立軸とする。それから、そのモチーフが幸福感・安心感と結びついた「明るさ」を持つものであるか、不幸感・不安感と結びついた「暗さ」を持つものであるか、をもう一つの対立軸とする。これら二つの対立軸をクロスさせると四つの象限（グループ）ができる（図2）。

図2　11のモチーフのグループ化

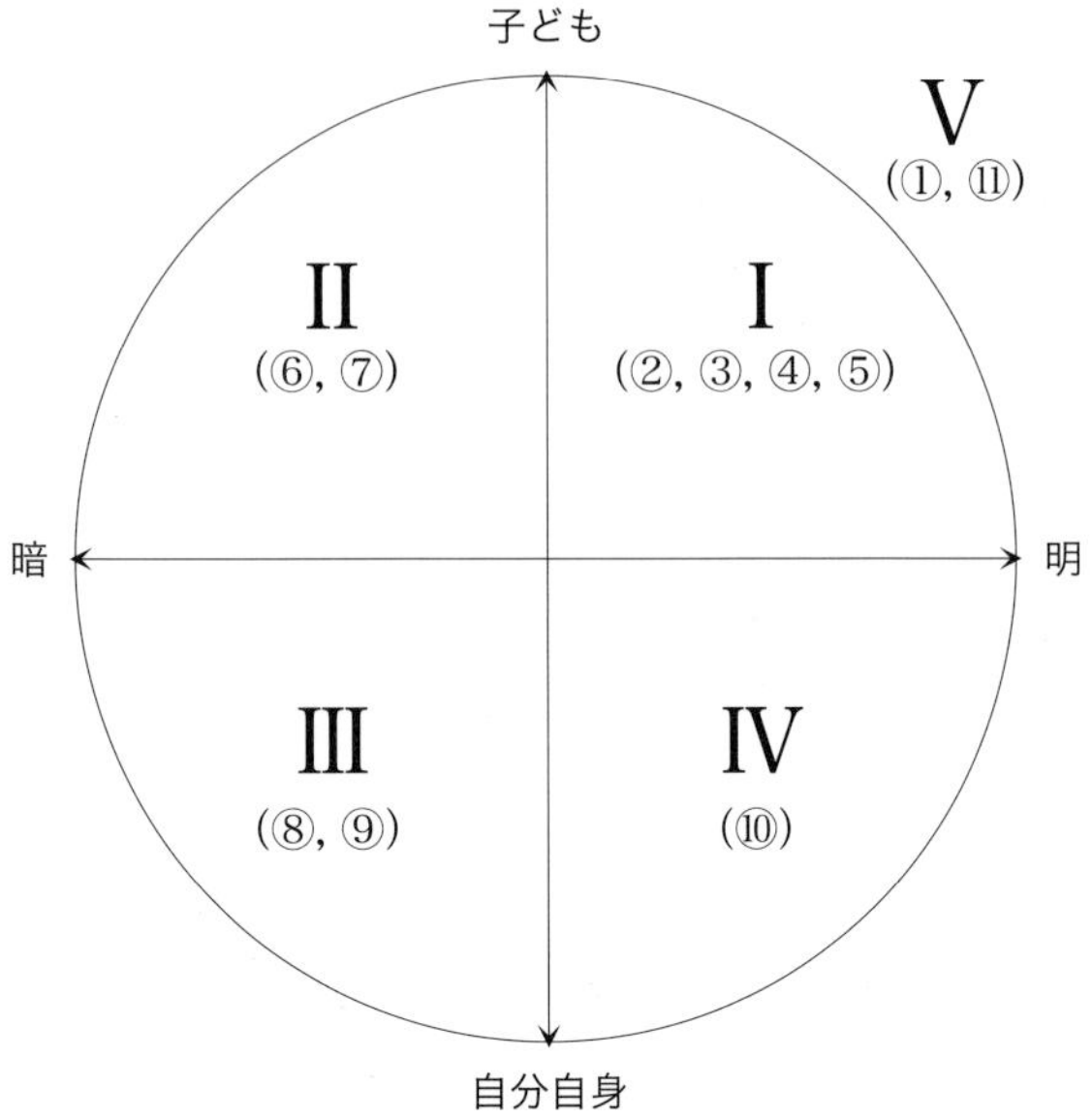

グループⅠ：子どもに向けての明るさ
グループⅡ：子どもに向けての暗さ
グループⅢ：自分自身に向けての暗さ
グループⅣ：自分自身に向けての明るさ
グループⅤ：その他、判断の困難なもの

先に述べた一一のモチーフのうち、②・③・④・⑤はグループⅠ、⑥・⑦はグループⅡ、⑧・⑨はグループⅢ、⑩はグループⅣ、そして①と⑪はグループⅤに該当する。通常一つの唄は複数のモチーフから構成されており、それらが相異なるグループに属することもあるので、必ずしもひとつの唄がひとつのグループへときれいに分類されるわけではないが、おおよその傾向は把握できる。

以上のような「リトマス試験紙」を用いて、日本の伝承子守唄、スコットランドの英語圏およびゲイル語圏の伝承子守唄の三者について分析した結果、いずれにおいてもグループⅠに属するものが最も多いが、その他のグループのものも決して少なくないことが分った。日本の場合、グループⅡに属するモチーフ⑦「脅し」、グループⅢに属する⑧「子守仕事の疲れ」や⑨「（子守とは直接関係のない）悲哀」、そしてグループⅤに属する⑪「その他」が多い。またスコットランドでは、英語の子守唄においてモチーフ⑥・⑦・⑧が、ゲイル語の子守唄において、モチーフ⑨や⑪がよく見られる。このような結果は、日本の子守唄が「暗い」ことの理由を「子守奉公」制度の悪弊に求める従来の解釈が不十分であることを示唆している。つまり諸外国にも「暗い」子守唄は数多く伝承されてきたのであり、それはただひとつの歴史的・社会的な出来事によって生じるものではない。むしろ子守唄の歌唱という行為（パフォーマンス〉に内在する固有の〈装置〉や〈思想〉がこうした「内向性」や「暗さ」を生じさせていると考えられるのである。

4 歌うことの目的と機能

人は何故、何のために子守唄を歌うのか、また歌い継いできたのか。子守唄を歌うこと、伝承することとは、歌い手・聞き手という個人において、また家族・地域・民族といった社会集団において、どのような機能を果たしてきたのだろうか？

「子どもをあやし、寝かせつけるため」という誰しも思いつく答えは、前節で紹介したモチーフ①「あやし・眠らせ」だけがすべての子守唄から抽出されるなら、これだけで事足りるであろう。しかし、その他のモチーフ②から⑪までの存在や、グループⅡからⅤまでの存在を知った今、この答えだけでは納得できないことは自明である。

冒頭に紹介したオーピー夫妻の章句にあるように、子守唄が「あらゆるうたの始祖［genesis］である」とすれば、子守唄を歌い、伝承することの目的と機能を探ることは、すなわち〈歌う〉という行為そのものの存在意義を問うことなのかもしれない。限られた紙面の中で、この問いに対して具体例を挙げて周到かつ精緻な回答を示すのは、きわめて困難であるため、前述の拙論（学位論文）で展開した議論の結論のみ、素描するにとどめておく。

子守唄歌唱および伝承の機能には、（0）聞き手に安らぎを与えること［あやし・眠らせ］の他に、（1）聞き手の無事や幸福を神聖な存在に祈ること［祈り］、（2）聞き手に自分を取り巻く世界のことについて、特に日常世界を超えたもうひとつの世界の存在について教えること［環境教育］、（3）歌い手自身が癒され慰められること［癒し］、（4）聞き手と歌い手がともに、唄の物語世界や、歌いながら行うしぐさ遊びを楽しむこと［娯楽］、（5）支配者・権力者（強者）・多数者などに対して風刺・批判すること［風刺］、（6）歌い手と聞き手や歌い手同士の間の、また同じ唄を伝承してきた社会集団における絆を深めること［連帯感の育成］、（7）地域社会や民族が経験した歴史的事象を記憶し次の世代に伝えること［歴史教育］、少なくとも以上七つのものがある。[13]

このような機能は、他のジャンルの唄の歌唱や伝承においても見られるものもあるが、子守唄ならではの、歌われる場面や状況における固有性に起因するものもあるように思う。主に集団で歌われる子守唄もあったが[14]、基本的には子守唄はひとりの歌い手がひとりの聞き手に向けて歌うという行為である。次に例外もあるが、多くの場合、歌い手は女性であり、聞き手は言葉の意味を十分理解しない乳幼児である。そしてもうひとつ、子守唄が夜、室内で歌われる場合、歌い手と聞き手のまわりにはしばしば聞き手の子どものきょうだいたちがいて、その唄に耳を傾けていた[15]。このような状況が、先に述べた七つの機能の成立を可能もしくは容易にしたといえるのではないだろうか。

5　子守唄の地域性

最後に、子守唄の地域性について述べてみたい。ただしこの問題についての総合的・体系的な分析は、管見の限りまだ行われておらず[16]、筆者自身の研究もまだ不十分であるため、あやし言葉に限定して述べることにする。『日本わらべ歌全集』全二七巻を用いて、あやし言葉を地域別に調べてみると、興味深い結果が出てきた。もっともよく登場するあやし言葉は、「ネンネン」「ネンネンコロリ」「ネンネンコロリヨ、オコロリヨ」など、「ネンネン」系のもので、沖縄県を除く全都道府県に見られる。次に多いのが「オロロン」「オロロンバイ」「ベロロンヤ」など、「オロロン」系で、これは沖縄県を除く九州全域の他、石川・富山・福井・愛媛・和歌山・山形の各県に、この系統のものが見られる。また「ネンネンヤ、オロロンヤ」（福井）のように、「ネンネン」系と混合している場合もある。上記の地域が比較的に見て文化的周縁に位置することを考えると、「オロロン」系は「ネンネン」系よりも古層のあやし言葉なのかもしれない。この問題を考える時に注目すべきは、アイヌ民族の子守唄（「イフムケ」と呼ばれる）の中で、舌や喉の奥を震わせて出す「ルルルル」（子音rの連続音）というあやし言葉である。これは特に「ホロルセ」と呼ばれ、カムイ（神）の使いとされる鳥の鳴き声を模したもので、悪霊から子どもを守る「魔よけ」効果があるとされる。また北海道に移住した「和人」の子守唄に「コロコロコロコロ」のみのものも収録されているが[17]、これは「ネンネンコロリヨ」の変形というよりもむしろアイヌ民族の「ホロルセ」を模したものかもしれない。そして「オロロン」もまた、この「ホロルセ」と関係があるのかもしれない。この仮説の検証については別稿を期したい。

一方、沖縄には独特のあやし言葉が伝承されてきた。「ホーイチョガ、ホーイチョガ」「ホイホイホイ」「ヘイヨー、ヘイヨー」などである。他県に類例が全く見られないわけではないが[18]、際立っている。また、沖縄の子守唄は総じてあやし言葉の部分が多く、その合間に一定の意味を持った歌詞があやし言葉に挿み込まれるように歌われる。ちょうど、寄せては返す波のように繰り返される独特のあやし言葉は、沖縄の風土と、また本土とは異なる独自の豊かな文明を十七世紀初めまで築いてきた沖縄の歴史を物語っているように思われる。ちなみに沖縄と並んで、あやし言葉の比重が大きい子守唄が数多く伝承されているのは東北地方である。本稿の最初に述べた「原初の子守唄」の両地域における豊かさを

図3　世界の子守唄のあやし言葉

LULL-WORDS FROM THE WORLD'S BABY LANGUAGE AS USED IN LULLABIES

A-a-a	LITHUANIA
A-hay, hay, hay	GITKSAN INDIAN, CANADA
Ai-ha, zu zu	LATVIA
Ai lu lu	POLAND
Arroro ro ro	SPANISH-SPEAKING COUNTRIES
'Awe 'awe	SUNI INDIAN, USA
A-ya ya	TRINIDAD
Baloo, baloo	SCOTLAND
Bayu bayu	RUSSIA
Bissam, bissam	NORWAY
Bom pe, bom pe	CAMBODIA
Cha-chang cha-chang	KOREA
Dengu, dengu	INDONESIA
Dodo, dodo	FRANCE, FRENCH PYRENEES, HAITI, BELGIUM
Doyi doyi	CEYLON
E-a, e-a, e-a	GERMANY, CZECHOSLO-VAKIA
Ha-o, ha-o	KWAKIUTL INDIAN, CANADA
Ho-ho	EGYPT
Hoi-yo, hoi-yo	OKINAWA
Lala lai	IRAN
Lalla, lullay lull	ENGLISH-SPEAKING COUNTRIES
Lalo loli	PAKISTAN
Ma ma ma	YUMA INDIAN, USA
Me me me me	CREE INDIAN, CANADA
Na, na, ninna-nanna	ITALY, GREECE, MACEDONIA
Nen nen	FRANCE, JAPAN
Ni-ni-ni-ni	PHILIPPINES
Ninni, ninni	TUNISIA
No no no nette	SWITZERLAND
Obauba	BASQUE
Pi, pi, pi, pi	YIDDISH-SPEAKING COUNTRIES
Shoheen-shal-eo	IRELAND
Su su su su	ESTONIA, POLAND, UKRAINE, SWEDEN
Suze nane	FRIESLAND, NETHERLANDS
Tororo tororo	GUAM
Tprundy, tprundy	RUSSIA
Tulla lu lu	LAPLAND
Tun, kurrun	BASQUE
Tuu, tuu	FINLAND
Uaua	BASQUE
We we we we	CHIPPEWAYA INDIAN, USA
Yee, le-le	BURMA
Yo yo yo yo	BANTU, AFRICA

（Leslie Daiken, *A Lullaby Book*. 9頁より。囲み線は筆者による。）

示唆しているのかもしれない。

ところで、前述デイケンの本に、「世界の子守唄のあやし言葉」という一覧表が載せてある。この表を見て気づくことの一つは、「ネンネン」「ニンニン」といった子音nをとるあやし言葉の国際性である。この表を見た後、筆者自身の調査を加えた結果、n音の繰り返しで構成されるあやし言葉は、南ヨーロッパ・地中海沿岸（スイス、フランス南部、イタリア、ギリシャ、マケドニア、トルコ、チュニジアなど）と東および東南アジア（日本、フィリピン、インドネシアなど）の両地域に存在することが明らかとなった。なぜ、遠く離れた二つの地域に、このような共通もしくは類似するあやし言葉が伝わっているのだろうか。そしてまたこの事実は、もしかしたら「ネンネンコロリヨ」の「ネンネン」は日本語の動詞命令形「寝ろ」の訛ったものとする定説を覆すものになるのだろうか。これらの問いの検証に関しても今後の課題としたい。

結びに代えて――「被包感」をはぐくむ

　これまでに、子守唄の多様性について、また若干ではあるが地域性について見てきた。以上の考察に基づいて、再び聞き手である子どもにとっての「子守唄とは何か」について問い直してみると、それは「自分が包まれ守られ支えられているという感覚」、ドイツの教育学者ボルノー Otto F. Bolnow のいう、いわゆる「被包感［Geborgenheit］」というものをはぐくむ体験として意義付けられるように思う(19)。歌声という聴覚のみならず、肌の温もりという触覚、匂いという嗅覚、笑顔や背中を見るという視覚、そして時には唄を聴きながら「おっぱい」を吸うという味覚、文字通り五感の全てを通して歌い手とつながる。羊水に包まれ居心地のよい母親の子宮の中から孤独な外界に放り出された子どもは、この体験によって安心感を取り戻す。難しい言い回しが許されるなら、子守唄体験とは原体験としての〈いのち〉の肯定、すなわち「生かされて在る自分」を受け容れることに他ならない。もちろんそのことは幼い子どもに自覚化されているわけではあるまい。けれども人生の最初にこのような原体験を持つことは、子どもにとって一生の大きな財産となるに違いない。そしてまた、歌い手にとっても、聞き手である子どもとの間に生まれる絆は、相手を包み守り支えようとすることを通して、逆にその相手によって包まれ守られ支えられるという、逆説的に被包感を体験することになるのではないか。

　だから、たとえ「伝承子守唄」でなくてもいい、「私的な子守唄」や「原初の子守唄」でもいい、子どもを抱いて、おんぶして、自分の声で子守唄を歌うこと、それが親として何よりも大切なことだと思う。

　これ以上エラそうなことを書くと、「自分自身の子どもにそうしてきたのか？」という自責の念にかられてしまうので、このあたりで筆を擱《お》くことにしよう。

注

（1）原文は以下の通り。“Little has been written about the lullaby, though it is a most natural form of song and has been declared to be the genesis of all song.” (Iona & Peter Opie *The Oxford Dictionary of Nursery Rhymes.* OUP 1951 : 18)

（2）本稿では原則として「唄」という漢字を充て、特にクラシック音楽やポピュラー音楽などにおける歌唱用楽曲に限定した意味で用いる場合のみ「歌」の字を充てることにする。

（3）小林 登『こどもは未来である』岩波書店、一九九三年、八五―八九頁を参照のこと。

（4）たとえば村山司「イルカの認知と行動」（『ここまでわかったイルカ

とクジラ』講談社、一九九六年所収）において、母親が子どもに対して自分が母親であることを認知させるために「標識笛［signature whistle］」と呼ばれる音声を発していることが紹介されている。

（5）「ロシアン・ララバイ」（ジョン・コルトレーン）、「ミッドナイト・ララバイ」（トム・ウェイツ）、「ひとり寝の子守歌」（加藤登紀子）、「アザミ嬢のララバイ」（中島みゆき）、「聖母（マドンナ）たちのララバイ」（岩崎宏美）、「ギザギザハートの子守歌」（チェッカーズ）などが思い浮かぶ。

（6）四種類の子守唄以外に「宗教歌としての子守唄」があるが、ここでは言及しないでおく。

（7）尾原昭夫編著『近世童謡童遊集』柳原書店、一九九一年をテクストに用いた。

（8）柳田國男「採集の栞」一九二六年初出、『柳田國男全集』第一一巻、筑摩書房、一九九八年、一〇五―一〇八頁。

（9）右田伊佐雄『子守と子守歌』東方出版、一九九二年、九〇頁。

（10）スティス・トンプソン『民間説話』（原典初版一九四六年、荒木博之他訳、社会思想社、一九七七年）を参照のこと。

（11）Brakeley が抽出したモチーフは次の通り。〈良好さ〉〈安全の保障〉〈眠りの精の登場〉〈母性愛〉〈約束、よい行為に対するほうび〉〈脅し〉〈母親自身の疲労感や辛い境遇の吐露〉（"lullaby" in *Standard Dictionary of Folklore, Mythology and Legend.* 2vols. 1950：654）

（12）拙論 "A Comparative Study between Scottish and Japanese Lullabies"（PhD thesis, 英国エディンバラ大学より二〇〇四年学位取得）を参照のこと。

（13）学位論文の中では、（7）の「歴史教育」を細分化し「記憶」と「歴史の伝達」の二つに分けていたが、今回は両者をひとつにまとめたことをお断りしておく（三〇七頁参照）。

（14）代表的なものとして「宇目の唄げんか」とよばれる大分県宇目町の子守唄がある。米田寿美『大分県民謡　宇目の唄げんか』一九九四年、を参照のこと。

（15）例外もある。「中国地方の子守唄」の元唄伝承者として知られる岡田妙子の場合、祖母和伊から長女の妙子だけがこの唄を聞かされたと述懐している。詳しくは拙稿「「中国地方の子守唄」の社会的背景に関する研究（1）」、『鳥取女子短期大学研究紀要』第三三号、一九九六年所収、を参照のこと。

（16）右田『子守と子守歌』一九九二、Daiken, *A Lullaby Book* 1951、Cass-beggs, *Folk Lullabies* 1969 などの試みがあるが、いずれも印象批評の感が否めない。

（17）松本達雄、更科源蔵『北海道のわらべ歌』柳原書店、一九八五年、一一二頁。

（18）「ホラホラヨー」（宮崎）、「ヨホホイ、エヘヘン」（岐阜）など。

（19）オットー・フリードリッヒ・ボルノー（森昭他訳）『教育を支えるもの』黎明書房、一九八七年。

＊＊＊

でんでん太鼓に笙の笛

北村　薫
（きたむら・かおる／作家）

丸山薫の第三詩集が、少年の日への郷愁に彩られた『幼年』です。詩人は、その冒頭に次のような言葉を置いています。

これらはいとけなかりしわが詩の日のでんでん太鼓なり　笙の笛のしらべなり

こう書かれるほどに、また、書かれて誰もが頷くほどに、《でんでん太鼓に笙の笛》という詩句は、《幼き日》と結びつくものでした。――少なくとも、しばらく前までの日本人にとっては。

わたし自身が赤ん坊の頃、母から《坊ーやは良い子ーだ、ねんねーしな》と歌ってもらったのかどうか――それは分かりません。しかし、何らかの形を通して、そのメロディーは耳に残っています。また、絵本にその歌詞が載っているのを、確かに見たことがあります。

今の若い世代はどうなのかと思いました。うちの子に聞いてみると、テレビの『日本昔話』のテーマ、《坊やー、良い子だ、ねんねしなー》は浮かぶようです。しかし、伝統的な子守歌の方は知りませんでした。無理もないことで、子供たちに向かって、それを歌ったことはありませんでした。勝手に作った《○○子ちゃんは、いい子ちゃんだよー》などという歌を聞かせていました。これは今でも時々、うちの猫を抱いて揺らしながら、歌っています。もっとも猫は、子守歌を聞かせなくても、いつも寝ていますが。

話を元に返すと、現代の若者、何人かに聞いたところ、「雪の降る街を」も、聞いたことがないといいます。存在すら知らない。我々にとっては、驚くようなことです。となれば、子守歌も無論知らないでしょう。二十一世紀では、《でんでん太鼓に笙の笛》という言葉も《幼き日》とは結びつかない。

逆にこの詩句は、わたしには当り前過ぎるほど耳に親しいものでした。魚が水を意識しないように、その意味について考えることはありませんでした。

ところが、わたしが二十代の頃でした。父が突然、こういったのです。台所でお茶を飲んでいる時だったと思います。

「《里のみやげに、でんでん太鼓に笙の笛を貰った》――という歌があるだろう」

わたしは、答えました。

「うん」

「なぜ、《でんでん太鼓に笙の笛を貰う》か分かったよ」

そういわれると不思議です。父は、折口信夫先生の門下で、民俗学を研究していました。だから、何かその方面の発見があったのかと思いました。

「へぇー。どういうこと？」

父は、わたしが子供の頃から、例えば食事の時などにも、キャベツを示し、

「これは甘藍というのだ」

といったり、大豆を指して、

「これは栄養があるので畑の肉といい、また外国ではマジック・ピーといった」

などと雑学を披露していました。しかし、この時は、にやにやと笑っているだけで答えてくれませんでした。

きっと話せば長くなるのだろう――と思いました。そのまま、忘れていました。ところが、父が他界してから、ふとそのことを思い出したのです。気になりました。

父の言葉を聞いて不思議に思ったのは《でんでん太鼓に笙の笛》という取り合わせでした。

わたしが、父の言葉を聞いて不思議に思ったのは《でんでん太鼓に笙の笛》という取り合わせでした。前者は、子供の玩具ですから納得出来ます。しかし、改めて指摘されると《笙の笛》は妙です。《笙・篳篥》などと並べていわれる雅楽の管楽器でしょう。子守歌に、そんな専門的な楽器名が登場する。そこに謎があるのだ――と思ったのです。解けない疑問は気になります。あるところに、この件を書いたこともあります。読んだ誰かが、何かヒントを与えて下さらないか、と思ったのです。しかし、これといった反応もないまま、時が流れました。

ところが、西館好子さんに、このことをうかがう機会がありました。すると言下に、

「《笙の笛》は、伊勢の土産物になっていました。子供の玩具としての《笙の笛》もあったのです」

と教えて下さいました。あっ、といいました。《笙の笛》といえば雅楽のものとしか考えず、わざわざ『国語大辞典』を引くこともしていなかったのです。なるほど、近世の最も代表的な使用例として、西鶴の『日本永代蔵』の一節が挙げられています。「仕合せの種を蒔銭」という物語に、伊勢の土産物として《笙の笛》が登場するのです。伊勢の神楽の楽器である《笙》にちなんだ竹笛のようです。他の土地にも、簡単な作りの玩具である《笙の笛》が普及していたらしい。とすれば、《でんでん太鼓》と並べて名前を挙げられても、おかしくはありません。

父は当然、西鶴などは昔から読んでいました。ただ一字一句を覚えている筈もない。あの時、たまたま『日本永代蔵』を読み返していて、この一節に行き当たり、なるほど――と思った可能性もあります。

一方、西館さんによれば、この子守歌の解釈については諸説あるようです。実は父はあの時、何か別の解釈を、珍味を味わうように反芻していたのかも知れません。本当の答えは、向こうの世界に行った時、聞くしかないようです。

「備後尾道の子守人形」(『うなゐの友　参編』より)　提供＝尾原昭夫

●人の心の中には幾つも幾つもの引き出しがあり、その中のひとつに子守唄が入っています

類歌はなぜ多いのか

【人の旅、子守唄の旅】

原 荘介
Hara Sousuke

はら・そうすけ　ギターリスト、子守唄研究家。一九四〇年生。小樽商科大学卒業。全音楽譜出版社よりギターひき語り曲集、教本三十六冊。日本コロムビアより、ギターソロアルバム。歌のアルバム。日本教育通信連盟より、「日本の子守唄」(CD全八巻)

人の数だけある子守唄

子守唄は人と一緒に旅をします。人の心の中には幾つも幾つもの引き出しがあり、その中のひとつに子守唄が入っています。その引き出しは、もうすっかり錆びついていてなかなか開くことはありません。どんな人間も最初は赤ちゃんです。この世に生を受けて最初に聴いた唄、その唄が赤ちゃんの引き出しに入って行き、その人の原点、子守唄として深く植えつけられるのです。唄ってくれた人が、お母さんなのか、お父さんなのか、おじいさんなのか、おばあさんなのか、誰かは分かりません。現在ではほとんどの赤ちゃんが病院で生まれますが、昔は家でお産婆さんがとりあげてくれましたので、生まれ落ちる場所も状況もずいぶん違っていて、生まれた赤ちゃんが自分の為に唄われる子守唄を聴くことが出来るのは今の赤ちゃんよりずっと早かったでしょう。成長した後なにげなく子守唄を聴いただけで年齢に関係なくたまらないなつかしさを感じ、切なさがこみあげてくるのは、その心の引き出しの中にある子守唄がちょっと目を覚ますからなのです。

ひとつの子守唄には幾つも似た唄があります。これを「類歌」といいます。子守唄には何故「類歌」が多いのでしょうか。皆さんご存じの九州熊本の「五木の子守唄」を例に取ってみましょう。私が子守唄の研究を始めた三十五年程前は、文献で表面に出たものだけでもメロディーが七十種類以上、歌詞は一〇〇以上有りました。各家庭にわが家の「五木の子守唄」があり、毎年秋の収穫祭には夫々の「わが家の子守唄」を前口上付きで披露するコンテストがありました。つまり、子守唄を唄ってあげる時に楽譜を見ながら唄うわけではないので、その時の気分、フィーリングで自由に一心に赤ちゃんの為に唄ってあげるのですから、人の数だけ子守唄も出来ていくのです。流行歌、童謡、わらべ唄……何でも赤ちゃんの呼吸に合わせて眠りを誘うように唄ってあげれば、それは子守唄になるのです。

私が三十数年間夢中で子守唄を研究して来て改めて確認したことは、子守唄には定義は無く、人の心から人の心へ伝えられ、人が北から南へ、南から北へ移動することで、その人の心に住み着いた文化は人と一緒に旅をし、色々な人と関わりあいながら、又そこから新しい文化を拾い、時にはそれらがミックスされて新しいものが生まれてくる、その繰り返しが子守唄の「類歌」を生んで行ったということです。私の役割はこれらの子守唄を語り、唄い伝えて行くことに有ると思っているのです。

子守唄が結んだ不思議な縁

さて「類歌」として一番数が多いのは「江戸の子守唄」と言い切れる程、この唄はとてつもない旅路をたどっています。表現を変えればこの唄を心に止めて移動した人が一番多かったということかも知れません。この唄は江戸時代の中期（宝暦明和）の頃流行り、全国津々浦々に広がっていきました。その裏づけとして、当時赤ちゃんをおんぶした土人形がたくさん残されています。つまり需要が多かったので「型」が作られ量産されていた形跡があります。参勤交代による人の動き、富山の薬屋さんの移動、北前船などの海上輸送による人々の流れ等、他の多くの文化と同様に子守唄も人々の心と一緒に全国を旅したのでしょう。「江戸の子守唄」に関することだけで一冊の本が書けるでしょう。

この項では又ひとつの例を挙げておきます。私が子守唄の研究を始めて間もない頃、秋田県大曲市のすぐ隣の刈和野村へ行った時のことです。そこで出会った「ネンネンコロコロ浜の石」という子守唄です。「ネンネンコロコロ浜の石、コロコロころんで何処へ行く、波にもまれて淡路島……」どうして秋田で見つけた子守唄に淡路島が出てくるのでしょうか……私はＮＨＫのラジオで全国に問いかけて見ました。あちこちからリアクションが有りまし

江戸の子守唄

東京都

江戸の子守唄

ねんねんころりよ　おころりよ
坊やはよい子だ　ねんねしな
ねんねのおもりは　どこへ行った
あの山越えて　里へ行った
里のみやげに　何もろた
でんでん太鼓に　笙の笛
起きやがり小法師に　振り鼓
起きゃあがり小法師に　振り鼓

沼津の子守唄

沼津の子守唄

坊やはよい子だ　ねんねーな
この子の可愛さ限りなさ
天にのぼれば　星の数
七里ヶ浜では　砂の数
山では木の数　萱の数
沼津へくだれば　千本松
千本松原　小松原
松葉の数より　まだかわい
ねんねんころりよ　おころりよ

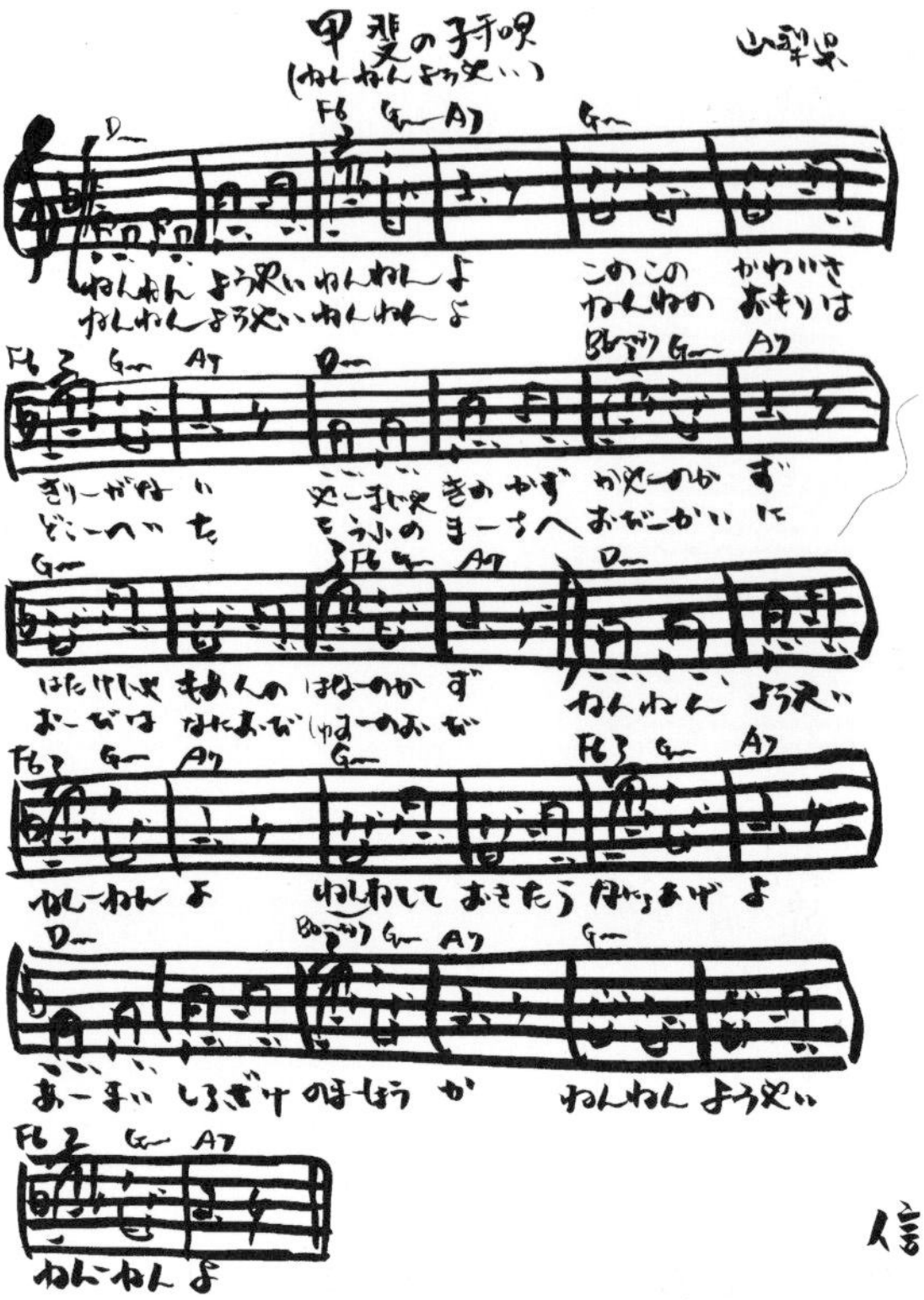
甲斐の子守唄
山梨県
ねんねん ようやい ねんねん よ
ねんねん

信濃の子守唄
長野県
ねんねん ねむのはっぽ ねるだろし
ついた おもちを どっさりと
ぼうやも ねむのはっぽ よくねるよ
いもの おふねに
ねたら ほうびに なにやろか
ぼうやの ところへ もってくる
そらの おつきさんの うさちゃんが
ねんねん ねんねん ねんねん よ
信濃の子守唄
ねんねんねむのはっぽ
寝るだろし
坊やもねむのはっぽ
よく寝るよ
寝たらほうびに
何やろか
空のお月さんの
うさちゃんが
ついたおもちを
どっさりと
いものお船に
積みこんで
坊やのところへ
持ってくる
ねんねんねんねん
ねんねんよ

た！　まず淡路島から「それは私たちの子守唄です。タイトルは『五色浜の子守唄』です」。次は広島県尾道市から「それは『尾道に古くから伝わる子守唄』として唄い継がれて来た私たちの子守唄です」。そして長崎市の老医師から「それは私が子供のころ聴いた此方の子守唄です」。さあ困りました。

八年程前に日本経済新聞の文化欄に一ページに亘って子守唄について書いた時に、この件について触れ「これはきっと北前船が大きな役割を果したのではないか……」と私の考えを述べました。そうしたら当時九十一歳で大曲市在住のおばあちゃまから丁寧なお手紙をいただきました。その内容は「恐れながら、それは違います。この子守唄は私が子供の頃愛読していた『少女の友』（明治四十一年創刊、昭和二十二年廃刊）という月刊少女雑誌の子守唄懸賞募集で一等賞になった唄です。」というものでした。内容はともかく九十一歳のおばあちゃまが日経新聞を愛読していること、その文面のすばらしいことにまず驚いたものでした。

一八年前、岡山県井原市（中国地方の子守唄の発祥地）で行われた「子守唄サミット会議と全国子守唄フェスタ」のステージで、尾道市からみえた伝承者の方の「尾道に古くから伝わる子守唄」と私の「ネンネンコロコロ浜の石」とを唄い比べてみたことがありました。歌詞は全く同じでメロディーが全く異なるものでした。後年、大曲市のおばあちゃまをお訪ねする機会を得た時に、なんと、素晴らしい声でおばあちゃまが唄ってくれた唄は「尾道に古くから伝わる子守唄」そのものでした。昔、刈和野村から多くの子守っ子達が村を出て行きました。そして晩年を過ごす為に再び刈和野村に帰省した時に持ち帰った子守唄が長い年月の中で心の引き出しに入り一緒に旅をしたのだとはっきり分かったのです。『少女の友』の件についてはあらゆる手を尽くし子守唄懸賞の一等賞になり楽譜が掲載されたという『少女の友』を捜していますが、明治四十三年と明治四十四年発行本がどうしても見つからず、謎のまま今も私の課題になっています。

ちなみにつけ加えますと「中国地方の子守唄」には類歌がほとんどありません。何故かというと井原市高屋町のキリスト教会の讃美歌を唄う信者さん達によって唄い継がれて来た為、いわゆる日本的な特徴が削り取られて洋楽・歌曲的な旋律として唄い継がれてきたからです。全ての子守唄には夫々の旅路があるのです。

「島原の子守唄」のはるかな旅

次に私が子守唄を研究するきっかけとなった「島原の子守唄」の旅について書いてみます。この唄は『幻の邪馬台国』を書いた作家宮崎康平先生の作品です。盲目の作家宮崎康平先生は既にお亡くなりになりましたが、島原鉄道の重役をなさったり波乱の人

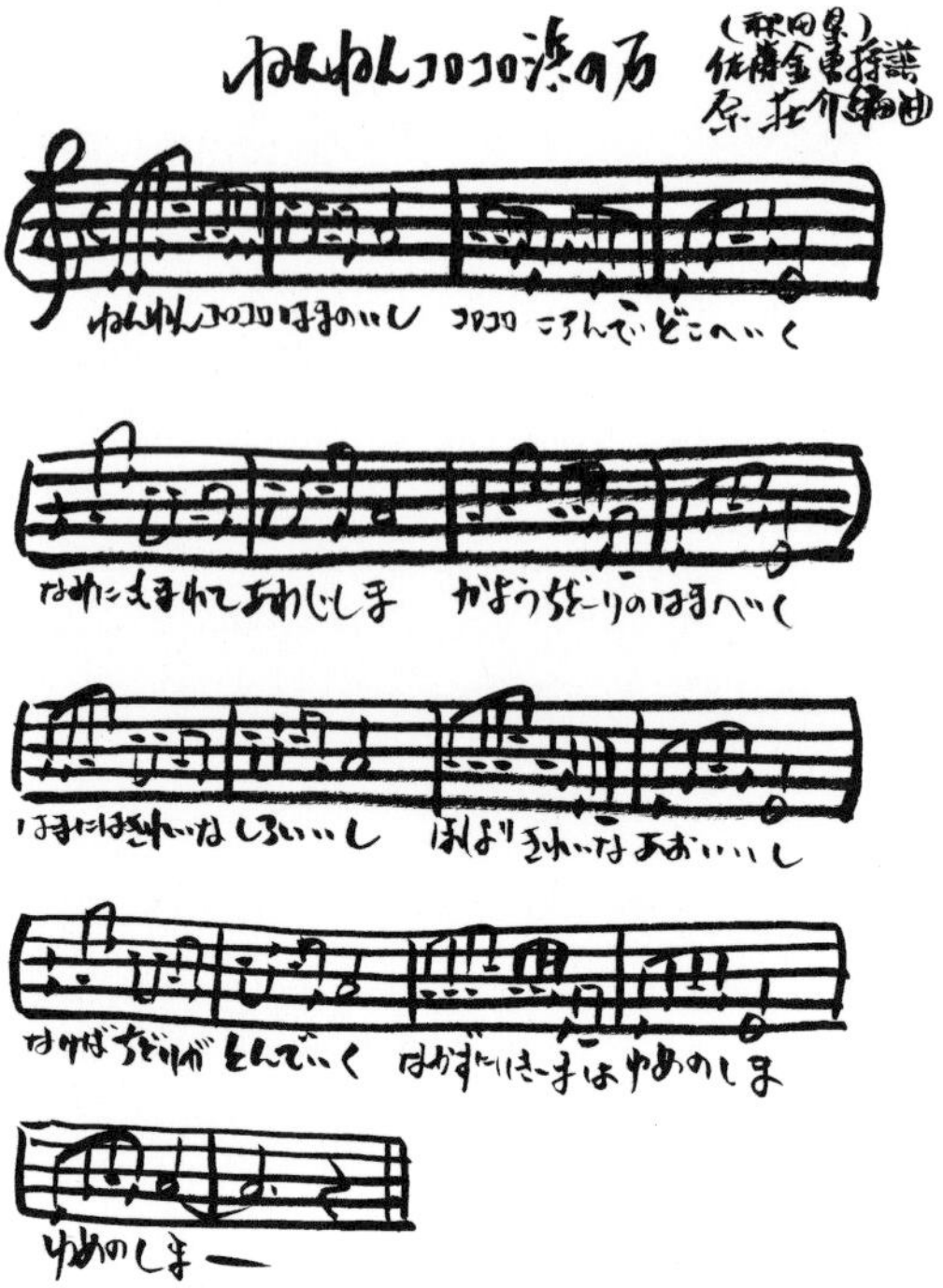
ねんねんコロコロ浜の石
(秋田県)
原 荘介編曲
ねんねんコロコロはまのいし コロコロころんでどこへいく
なみにもまれてあわじしま かようちどりのはまへいく
はまにはきれいなしろいいし はなよりきれいなあおいいし
なけばちどりがとんでいく なかずにはーまはゆめのしま
ゆめのしまー

尾道に古くから伝わる子守唄
(広島県)
原 荘介採譜
わんねんーコロコロ はまのいし コロコロ

えんこ節

山梨県民謡

縁故節

縁で添うとも
縁で添うとも
柳沢およしよ　アリャセ　コリャセ
女子ァ木を切る
女子ァ木を切る
かやを刈る　ションガイナ

行くときゃ兵隊さんで

行く時ゃ兵隊さんで
行くときゃ兵隊さんで
行くときゃ兵隊さんで
帰えりは仏よ
諫早トンネル越した
諫早トンネル越しゃ
桐の葉相ばよ　ションガイナ
オロロン　オロロン　オロロンバイ
オロロン　オロロン　オロロンバイ

生を送られた方です。私のお師匠さんの森繁久彌先生と同級生だったこともありとても身近に感じていました。……さてこの「島原の子守唄」の元歌とも言われている「縁故節」は山梨県で民謡「えぐえぐ節」として唄われて来た唄なのです。

現在私が住んでいる山梨県の大菩薩峠のふもと丹波山村《たばやまむら》からほんの少し登ると武田信玄の隠し金山と言われた黒川金山があります。一説によると、昔、ここの石切り職人達の心に入った「縁故節」がはるばる千八百キロ離れた九州島原まで旅をし、やがて私が子守唄を研究するきっかけとなった「島原の子守唄」が生まれたとすれば、何か見えない大きな力が私を丹波山村に呼び寄せたと思われてなりません。

その見えない大きな力にあやつられるように私の子守唄を求める旅はこれからもまだまだ続きます。

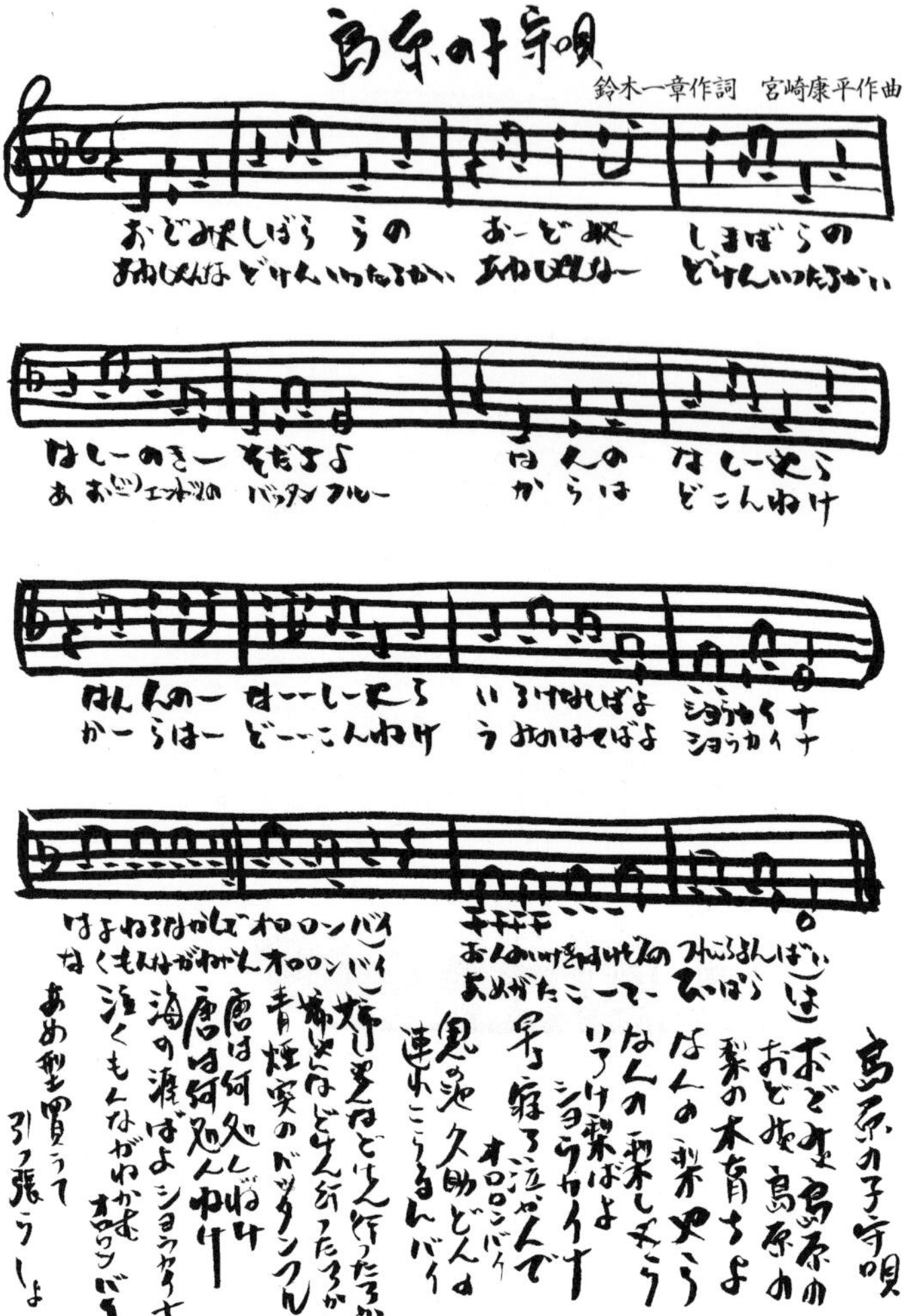

『守貞漫稿』挿絵（喜田川守貞・画）　提供＝尾原昭夫

●融通無碍の子守唄は、我が子にうたってやる時、学校で唱歌をうたうように正しくうたう必要は全くない

子守唄の採譜

林 友男
Hayashi Tomoo

はやし・ともお 元・岐阜大学教育学部附属小学校副校長。一九三〇年生。岐阜大学学芸部卒業。音楽。著書『岐阜県のわらべうたいま・むかし』(私家版)

採譜とは、誰かがうたう唄或は録音された唄を聞きながら楽譜に書き採る作業をいう。昔話や伝説の研究者は、録音のテープ起こしをして話を書き留めるのであろうが、民謡やわらべうたの場合は、歌詞だけでなく、唄の節も五線に記録する必要がある。そうでないと他の人が音楽として再生できないからだ。

私は昭和四十二年から岐阜県内のわらべうた蒐集の道に迷い込んだ。その時いちばん頼りにしたのが市町村史誌であったが、民謡やわらべうたについては殆どが歌詞の記述のみであった。しかし、そのために却って、歌詞は似ていても節は地域によりそれぞれの顔をもっているという伝承わらべうたの面白さに気づき、強く惹かれていったことを思い出す。採譜した楽譜資料は現在、一万五千曲をこえ、中にたくさんの子守唄も含まれている。

＊　＊　＊

採譜はでき得る限り演唱者の表現を忠実に楽譜化することが求められる。小節《こぶし》の利いた民謡の場合はむつかしいこともあるが、わらべうたは割合易しいものが多い。それでも、この唄は二拍子

ととらえるのか四拍子の方が適当かと迷うことがあるし、流れが不自然に感じた時、その一小節を三拍子にしたものかどうか悩むこともある。また、半音より狭い高さの音を器用にうたう人もいる。同じ節で繰り返す時、歌詞のアクセントの違いからその部分の節が違うことも民謡ではよくあることだ。採譜にまつわって、こうした多くの問題点が指摘できる理由は何であろうか。

＊　＊　＊

いつ頃誰によって作られたのかわからないまま、長年にわたりうたい継がれてきた労作唄やわらべうたは、元来西洋音楽の五線の楽譜とは全く無関係の存在であった。労作唄は仕事の能率をあげ、労働の辛さを和らげるためにうたわれ、わらべうたは遊びの順序を示し、リズムを生みだすためになくてはならないものとして生き続けてきたのである。

これらの唄は、仕事や遊びの中で覚えたものであり、他の人と少しぐらい違っていても、自分の方が正しいなどと言い張る者はいなかった。近隣の誰かがそれを聞き、これは面白いと覚えて帰った唄が別の地域に広まっていく。長い間にその唄は、新しい土地になじむ形で少しずつ変化しながら根を下ろしていったのである。私のファイルには県内各地のそうした唄の楽譜が詰まっている。例えば、「お月さまいくつ」は一八〇曲、縄とび唄は三五五曲、子守唄は二四〇曲（寝させ唄が大半）という具合で、似ている唄も多いが地方色を感じさせる唄も多い。

＊　＊　＊

子守唄についてはどうであろうか。子守唄は、うたうのが子どもから大人までと幅広いことや、唄の難易度などから、民謡とわらべうたの中間的な存在であるとよく言われる。しかし、採譜する手順や方法は民謡やわらべうたの場合と何ら変わることはない。違うところがあるとすれば、唄がうたわれる状況の違いであろうか。

赤ちゃんの成長は早い。体の動きも反応の仕方も日毎に変わっていく。機嫌のいい時もむずかる時もある。同じ子守唄でもうたい方は千差万別となる。抱いている時は赤ちゃんの顔を見ながら、体を揺らしたり手で軽く叩いたりするテンポに合わせてうたい、眠りそうになれば次第に声を細めていく。まさに時と場所と場合に応じてみんな違うのが子守唄なのだ。もっと言えば、子守唄でなくても、知っているどんな歌でも間に合ってしまう。自分が好きで、子どもを寝かす時にいつもうたっている歌があれば、それはその人の子守唄ということになる。「お月さまいくつ」を子守唄という地方が多いのはそのためである。

この融通無碍の子守唄は、これを楽譜で覚えて我が子にうたってやる時、学校で唱歌をうたうように正しくうたう必要は全くないのだ。シューベルトやブラームスのそれとは成り立ちが違うからである。

＊　＊　＊

このような日本の子守唄の採譜は、野性の動物を檻の中に閉じ込めることに似ていないかとふと考えておかしくなる。しかし、平成の現在我が子に江戸子守唄をうたってやる母親はいるのだろうか。今では地域に伝承されてきた子守唄をうたえるお年寄りを探すのは大変である。多くの生物が絶滅寸前とよく言われるが、「子守唄よ、お前もか。」と心が寒くなってくる。子守唄をこよなく愛する一人としての率直な気持である。

最後に、私が採譜した大好きな子守唄をお目にかけたい。旧岐阜県揖斐郡藤橋村で、昭和四十六年に五人のおばあさん方がうたってくれた宝物である。

守の憂いのは

演唱　橋本のえ他
採譜　林　友男

・守の憂《う》いのは
秋冬五月
寒の凍《い》てにも
立ち暮らす
ヨーホホ　エーへへ

・守は気違い
泣く子を叩く
叩きゃよけ泣く
よけ叩く
ヨーホホ　エーへへ

・ねんねしなされ
今日は二十五日
明日はこの子の
誕生日《にち》
ヨーホホ　エーへへ

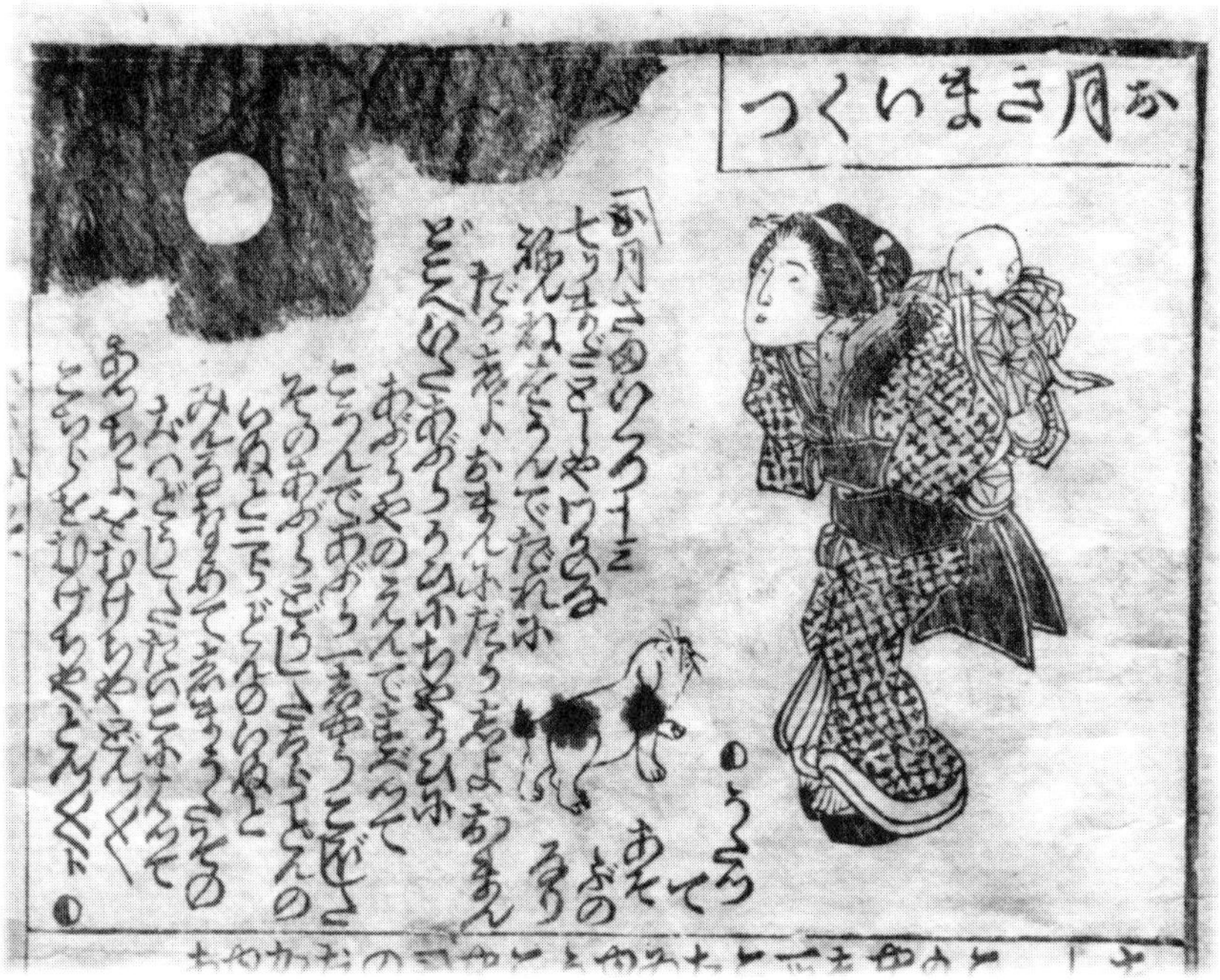

「お月さま幾つ」(『幼稚遊昔雛形』より)　提供＝尾原昭夫

サトウハチロー
——オフクロ仕込みの子守唄

佐藤四郎
（さとう・しろう／サトウハチロー記念館・叱られ坊主館長）

晩年までビールは一日一ダース以上、たばこは日本国内で売っているいちばんニコチンとタールが多い銘柄を一〇〇本は吸い、清酒もウイスキーも三日で一本はカラにしていた男、サトウハチローは幼少の頃病弱な少年だった。

一〇人近い兄弟姉妹の長男に生まれた彼は、幼少の頃いたずらが過ぎて、煮え湯をかぶり、九死に一生を得るが、小学校二年生まで母親の背に背負われ学校に通っていたという。

母親のハルは美人にはほど遠かった女性だったが、声は綺麗で歌のうまい女性だったという。

後年、大学生になった私と晩酌をしていると、ハチローはよく手元のギターを抱え直しては母親仕込みの歌を歌いだすことがあった。彼自身「りんごの歌」「長崎の鐘」「うれしいひなまつり」など、昭和の名曲に名を残すヒット曲がたくさんあったが、弾き語りのレパートリーに自分の作品はただの一曲も入っていなかった。

いずれもオフクロ仕込みの「アニーローリー」だったりシューベルトやグノーの子守唄の場合が多かった。

「すばらしい旋律の子守唄が多く残っている国、こんな国はいつまでも栄えるなぁ。それに比べて、子守唄や童謡の貧弱な国、いまどんなに勢いがあろうともやがて国全体が衰退するんだろうなぁ。いまは食うことに精一杯のアフリカの国にだって、きっと素晴らしい子守唄やこどものうたがあるはず。これを残し、伝え続けるために、援助という形でオレの税金が使われるのならちっとも惜しくはないけどなぁ」

生前信じられないほど多額の税金を納めさせられていたハチローがビールの泡を見つめながらつぶやいていたのが昨日のようだ。

いま、北上市にあるサトウハチロー記念館に一冊の本が保存されている。

『東北のわらべうた』、NHK仙台中央放送局編、昭和二十九年三月二十日発行となっており、定価は五百五十円。東北地方に伝わるわらべうた、遊び歌、子守唄などが収録されている。ハチローはこの本を絶賛して、当時の新聞のコラムにこんなことを書いている。

いまでは、ハチローが絶賛した「東北のわらべうた」、果たして何曲知っている人がいるだろうか。


「東北のわらべうた――これはいい本です。ちゃんとした楽譜がついています。

　ボクは父が青森県弘前、母親が仙台の産ですから、からだの血は全部東北の血です。

　東北の言葉はたいがいわかります。習ったことなんか一度もないし、父や母が使っていたのを耳にしたこともありません。それなのにボクにはよくわかるのです」


　私も去年まで地元岩手のFMラジオの一コーナーで、合唱団の紹介コーナーを持っていたことがある。民謡、わらべうたの宝庫といわれるみちのく、さぞや多くの歌が伝え続けられているだろうと思いきや、これがサッパリ。

　「沿岸地方から嫁いだから内陸の子守歌は知らない」

「山ひとつ越えると別のカルチャーの土地柄。共通の子守歌なんてない」

　すべてこの調子。

　いまでは、ハチローが絶賛した「東北のわらべうた」、果たして何曲知っている人がいるだろうか。

　でも、現実って、こんなものかも知れない！

　明治三十六年に東京新宿に生まれ、昭和四十八年、七十歳の生涯を終えるまで世に発表した詩、小説、随筆などの総数二万以上のハチローだったが「作詩家」として子守唄だけは一曲も書いていないと思ったが、たった一編「若者の子守歌」というタイトルで当時のアイドル的存在だった橋幸夫のために書いたものが残っている。内容はあくまで流行歌仕上げ。世にいう子守唄の情感も重みもない。

　「子守唄とか民謡などというものは、自然発生的に生まれてくるもので、昭和の詩人たちが売名や金のために書いたものにロクなものはない」というのがハチローの持論。

　三千以上も「おかあさん」の詩を発表した男だから、一つや二つ子守歌があっても不思議ではないと思うのだが、彼は安易に子守唄の作詩に手を染めないことによって、伝承音楽の純粋性を保ちたかったのだろうと思う。

　だから、いま再び見直されてきた子守歌の良さを目の前にして、すぐ作詩や作曲に飛び付く人達がいることを目にすると「古きよきものを大切に伝承も出来ないで、才能もわきまえず作詩や作曲に取り組む浅薄な輩のなんと多いことよ！」と笑い、嘆き、悲しんだガンコ親父のことが思い出されてならない。

子守唄と著作権

【島原の子守唄とその周辺】

宮崎和子
（みやざき・かずこ／長崎土と文化の会会長）

私がはじめて島原の子守唄を聞いたのは、NHK福岡放送局のスタジオだった。昭和二十八、九年ごろの事である。

その頃、専属の劇団員だった私は、いつものようにスタジオの副調整室をのぞくと、新しく到着したばかりのハモンドオルガンの伴奏で、歌の吹き込みが行われていた。歌詞は聞き慣れない方言で、哀調を帯びた心にしみ入るようなメロディーに、何となく心魅かれて「沖縄の歌かしら、良い歌だな」と印象に残った事を覚えている。

当時、夫の宮崎康平は島原鉄道を追われて、酪農運動の傍ら『九州文学』の同人として、火野葦平氏らとラジオドラマの脚本も手がけ、長崎や福岡の放送局に出入りしていた。やがて昭和三十一年に前社長の死去により再び常務取締役として復帰すると、早速、折からの観光ブームに乗って、大型の観光バスを導入し、バスガイドの養成に力を入れることとなり、火野先生の推薦もあって、福岡放送局で知り合った私にガイドの養成係として来て欲しいと誘いをかけて来たのだった。

世はテレビ時代になりつつあり、声優としての限界を感じていた私は、未知の世界に飛び込むのも悪くないと、思いきって島原へ行く事にした。

いざ島鉄に入社してみると、詩人、脚本家としての康平しか知らなかった私は、実業家としての康平の強大な権力に驚かされたが、何よりもびっくりしたのは、いつぞや心に残った、あの魅力的なメロディーが、この人が作った「島原の子守唄」だった事である。しかも康平はこの唄を、昔から伝わる島原の民謡として世に広めようと懸命になっていたのである。

そして当時住んでいた片町の町内会の婦人たちに、三味線や笛、太鼓の伴奏で唄わせ、踊らせ、一方、採譜をして頂いた寺崎良平という高校の音楽の先生の編曲で、自ら編成した島鉄バンドに演奏させ、観光客を駅や港で歓迎したのだった。

やがて子守唄は、長崎放送局のお休み番組のテーマ曲として、古関裕而先生のハモンドオルガンの演奏で、毎晩ラジオから流れるようになり、そのご縁で、古関先生の編曲で、コロンビアからレコード化されたのが、世に広まるきっかけだったと思っている。

康平の考えでは、民謡というものは作者が不明な方が良いと思っていたようだが、古関先生から、「ちゃっきり節」や

「刈り干し切り唄」などの例を挙げて説得され、先生のご推薦で日本音楽著作権協会（JASRAC）に登録する事となった。

旧知の森繁久彌氏も機会ある毎に、ステージや、映画に取り入れて下さり、沢山の歌手によってレコード化され、あっという間に「島原の子守唄」は全国に広まったのである。

有名になると、解説がひとり歩きするようになり、中には、康平自身が感心するような名（迷）解説も現れる始末。そんなある日、山梨大学の音楽の先生から、「山梨にも、全く同じメロディーの民謡で、〝えぐえぐ節〟というのが有りますが、島原の子守唄との関係を伺いたい……」というお便りを頂き、本当に驚いた。早速、NHKの著作権関係の友人に頼んで調べてもらうと、古くから有る労作歌を大正年間に「えぐえぐ節」としてリメイクしてレコード化したものだとの事。

康平としては、歌詞は勿論オリジナルだがメロディーは、音楽の専門家ではないので、古くから有る音律もこき混ぜ、何となく口をついて出たメロディーを唄にしたのだから、部分的に似ていると言われても困惑するばかりである。

前記したNHKの友人（妻木良夫氏）に相談すると、JASRACの担当者や民謡研究の第一人者、町田嘉章氏に相談の結果、民謡には、限られた音域の中で、似たようなメロディーが生じるのは有りがちな事で、成立の経緯を聞くかぎり問題は有りませんという事だったので、ほっとしたのだった。

それでも、康平の没後間もなく、民謡研究家と称する高校の先生の「島原の子守唄は盗作である」という説が新聞に載った事があって、私はその新聞の編集局長に抗議した事がある。作者の没後をいい事に、直接取材もしないで一方的な記事を載せるとは何事だ、というわけである。この件は、新聞社が陳謝して納まった。

今や『まぼろしの邪馬台国』の作者としての康平を知る人は少なくなったが、「島原の子守唄」を知らない人はいない。

この唄を広めようと懸命になっていた当時、地元島原の観光協会からは「唐芋飯《といもめし》や粟ん飯」とか「あばらやじゃけんど」などと貧乏暮らしを方言で唄って、おまけに「からゆきさん」などと恥さらしな唄だ、として排斥された事もあった。著作権にこだわるわけではないが、島原の子守唄の作者として康平の名が伝えられる事は、何よりも嬉しく、名誉な事であると、今では思っている。

今や『まぼろしの邪馬台国』の作者としての康平を知る人は少なくなったが、「島原の子守唄」を知らない人はいない。

●子守唄は家庭教育の第一歩、長年にわたり世界で認められてきた子育ての基本として大切にしたい

大切にしたい地域の歌、日本の歌

吹浦忠正

Fukiura Tadamasa

ふきうら・ただまさ　東京財団常務理事、拓殖大学客員教授など。一九四一年生。早稲田大学大学院政治学研究科修了。著書『歌い継ぎたい日本の歌』（海竜社）『平和の歴史』『国旗で読む世界地図』（光文社新書）他。

『雪の降る街を』は童謡か

二〇〇四年大晦日の紅白歌合戦で、司会者であるバイオリニストの葉加瀬太郎が、中島美嘉の歌う「朧月夜」（高野辰之作詞、岡野貞一作曲）を「この国に古くから伝わる」曲と紹介した。これはいささか腑に落ちない。いうまでもなく、この曲は一九一四（大正三）年に文部省唱歌として発表されたものであり、「この国に古くから伝わる」というのは、子守唄（歌）や民謡のように、少なくとも数百年前から伝承した曲をいうものであり、文部省唱歌には不適切なのではないか。

それにしても、曲に対する思いや印象は人によっていろいろ違うし、また、曲自体の分類も必ずしも明確なものばかりではない。日本初の音楽博士・藍川由美が、日本の歌は、「唱歌、童謡、歌曲」などの定義があいまいだという問題があるとし、「《赤とんぼ》や《からたちの花》といった作品を、ある人は童謡と呼び、ある人は歌曲と言う。中には唱歌と呼ぶ人も居るかもしれない」としている（『これでいいのか、にっぽんのうた』文春新書）。しかし、それで

あっても、日本の歌や曲を大別することは出来るし、歌全体の理解を進める上でもこの分類は決して無意味なことではないと考え、私自身の次の体験をご紹介したい。

ＮＨＫラジオ第一放送に「ラジオ夕刊」というなかなかの人気番組がある（週日の午後六時五分から）。五、六年前のある日のこと、政局に関わる緊迫した報道の後、キャスターが気分を変えようと「ではここで、童謡『雪の降るまちを』（内村直也作詞、中田喜直作曲）をお送りします」と言った。

私はこの歌を童謡とすることには強い違和感を覚えたので、運転中だったが、携帯電話で（その頃は道交法でこれが許されていた）直接、スタジオに抗議した。何度も出演したことのあるスタジオなので、あまり違和感がなくダイヤルできた。

「はい、おっしゃることはわかりました。いろいろ解釈がありますので、ご意見として伺っておきます」。

正直言って驚いた。あっさり引き下がると思った私が甘かった。これではならじと、こちらも、運転そっちのけ？で「理論武装」に取り掛かった。

まず、歌詞。一～三番まで同じメロディーのところに「遠い国から落ちてくる　この想い出を　この想い出を　いつの日か　つつまん」「ひとり心に満ちてくる　この哀しみを　この哀しみを　いつの日かほぐさん」「誰も分からぬわが心　このむなしさを　このむなしさを　いつの日か祈らん」とある。こんな屈折した詩情が子供に解るはずはない、これが童謡の歌詞といえるものか、との思いに至った。

次に旋律。イ短調で始まり、嬰ヘ短調に転調し、さらに次々に転調を重ねて、幻想的ともいえる独特の雰囲気をかもし出している。童謡にも「青い目の人形」（野口雨情作詞、本居長世作曲）や「ペチカ」（北原白秋作詞、山田耕筰作曲）のように転調の効果を巧みに使ってできた名曲もあるが、「雪の降るまちを」ほど、錯綜した転調を行っている童謡はまずない。戦後の歌でありながら、歌詞の中に文語の表現もある。

よ～し、とひと声唸って、今一度、ＮＨＫに電話した。

『雪の降るまちを』が童謡であるかないかは人によって違うと思います。生放送中ですので、これ以上は迷惑です。切らせてもらいます」。

しかり、ごもっとも。ご迷惑をおかけしました。ＮＨＫドノ。

しかし、その後もおそらく全国の聴取者からかなりの数の抗議電話があり、専門家に訊いたりして内部調整したのであろう。翌々日の放送で「一昨日の放送の中で『雪の降るまちを』を童謡と紹介しましたが、童謡ではありませんでしたので訂正します」とのアナウンスがあった。注意深く聴いたが、「なぜ？」という理由の説明もなかったし、「では『雪の降るまちを』は音楽のどのジャンルに入るのか」という話もなかった。

「雪のふるまちを」は私の愛唱歌の一つである。童謡や唱歌ではなく、すばらしい「日本の歌」、あえていうなら戦後の日本を代表する抒情歌の一つだと思っている。

『竹取物語』にも「唱歌」が

「唱歌」という言葉は古い。唐の代表的文学者・白居易（七七二〜八四六）の『酔題沈子明璧詩』に「愛君簾下唱歌人、色似芙蓉声似玉」とある。これが「唱歌」の語の初出であろう。

日本の文献で「唱歌」という言葉が最初に登場するのは『竹取物語』（九世紀後半から十世紀初めの作、作者不明）。「或は笛を吹き、或は歌をうたひ、或はしょうかをし」とある。続く『宇津保物語』（十世紀末、作者不明）にも「またそれらが中にひちりきふく物とふきあはせて、ことひとびとはしょうかし、うたうたい、よひとよあそびたまふ」とあり、『源氏物語』（一〇一〇年頃、紫式部）にも「殿上人のなかにも、しょうかにつきなからぬともは、召し出でて、おもしろく遊ぶ」とある。

平安時代の例ばかり挙げたが、もちろんそれ以降も「唱歌」の語は「器楽の演奏に合わせて旋律を歌うこと」などの意味で使われて来た。

今日のイメージで唱歌という言葉が使われたのは、明治になってからだ。以下、『日本国語大辞典』（小学館）によるところが大きいが、矢野龍渓『経国美談』（一八八四完）には「諸遊芸にも堪能にて音曲《おんぎょく》唱歌はもっとも其の長技なり」とあり、二葉亭四迷『浮雲』（一八八九完）には「誰彼の見さかひなく戯れかかって、詩吟するやら、唱歌するやら」、島崎藤村『七曜のすさび――土曜日の音楽』には「おほかたの楽芸に思ひ合するに、唱歌は演奏会の花ともいふべきなり」とある。

明治になってこれが学校教育の科目の名称となった。以後、一九四一（昭和一六）年に「音楽」となるまで、この科目は続いた。日本の音楽教育が最初は歌唱指導を主としていたからだ。

樋口一葉の『たけくらべ』（一八九五）には「先方は公立なりとて同じ唱歌も本家のような顔をしおる」とあり、国木田独歩の『河霧』（一九〇一）には「豊吉はお花が土蔵の前の石段に腰掛けて唱う唱歌をききながら」と、また、島崎藤村の『破戒』（一九〇六）には「時間表によると其の日の最終の課業が唱歌であった」と書かれている。大正期になっても、夏目漱石唯一の自伝的小説とされる『道草』（一九一九）には「子供は日に何度となく『もういくつ寝ると御正月』といふ唄をうたった。彼等の心は彼等の口にする唱歌の通りであった」と出てくる。明治にあっては「唱歌」の多くは、作詞者や作曲者がはっきりとしたものが大半だったが、「唱歌の科目」にあっては、現在の「音楽」の教科と同様、若干の伝承歌（作者不明）も含まれていた。

『道草』以外にはそれぞれの作者が、実際にどの歌をイメージしていたかは明らかではないが、おそらくは誕生してほどない文部省唱歌のいずれかではなかっただろうか。

「童謡」も古い言葉

「童謡」という言葉は古くは魯の歴史書である『春秋左氏伝』にあり、わが国でも鎌倉時代の説話集『古事談』（一二一二年頃）に見られる。日本最古の童謡集はその名も『童謡集』、江戸末期一八二〇（文政三）年頃、行智の編纂と言われている。民間に伝えられてきた「わらべうた」を集大成したものだ。

「わらべうたとは、①子供たちの歌う歌、昔から子供たちに歌われてきた歌。②子供たちに歌って聞かせる歌。子どもの歌、子どもに歌いつがれて来た歌。また、子どものために歌って聞かせる歌」（『広辞苑』）。続玉柏《ぞくたまかしわ》には「憂き恋の果は板木のわらべ諷《うた》」とあり、小林一茶は『おらが春』で「童唄」と題し、「三度搔て蜻蛉とまるや夏座敷」と詠んでいる。

童謡は、子供たちによって自然に作られ、歌われる歌であり、子供の作った歌や詩なども童謡だった。わらべ歌と同義語であったと言えよう。

江戸時代以来、童謡は「わらべうた」を意味していたが、明治になって、まず福沢諭吉の『文明論之概略』（一八七五）に「国君微行して民間を廻り、童謡を聞て之に感ずるの談あり」とある。

大正時代になり、いわゆる「童謡運動」が起こってからは、旧来の「わらべうた」を伝承童謡とし、新しい童謡を創作童謡、さらには芸術童謡とまで呼ぶようになり、関係者が自らの作品に特別の価値を認めさせようとした。

すなわち、明治後期から大正初期にかけて盛んに創られた文部省唱歌を中心とする学校唱歌に対し、一九一八（大正九）年、鈴木三重吉らが子供向けの雑誌『赤い鳥』を発行、当時の広範な作家や詩人の参加を得て、児童文学と子供のための歌の新しい潮流を起こしたのであった。この運動は、相次いで創刊された『金の舟』『少女号』『コドモノクニ』『かなりや』でさらに広まり、折からのレコードブームに乗って、こうした童謡は世間を風靡《ふうび》した。

当時、「学校唱歌校門を出でず」とも言われた。つまり、学校の唱歌の時間に教師が指導する歌であって、巷間これが愛唱されることはないという言い方であるが、現代に至るも、これは少々、単細胞的な言い方というほかない。一九九八年の長野オリンピックの開会式は「故郷《ふるさと》」（高野辰之作詞、岡野貞一作曲）で始まったし、二一世紀の「カラオケ」にも「故郷《ふるさと》」「朧月夜」「もみじ」といったこの二人の作品や、「浜辺の歌」（林古渓作詞、成田為三作曲）、「浜千鳥」（鹿島鳴秋作詞、広田龍太郎作曲といった唱歌、童謡、日本の抒情歌がたくさん入っている。

　童謡運動を推進した作詞家では北原白秋、三木露風、野口雨情、西條八十、サトウハチロー、作曲家では成田為三、山田耕筰、弘田龍太郎、中山晋平などがその代表格である。リーダー格の鈴木三重吉は「学校の唱歌なぞが、その歌章と附曲と二つながら、いかに低俗な機械的なものであるかといふことは、最早罵倒するにさへ価しない」とまで述べている。何事によらず、新たな社会運動はある面で過激な言動がつきものであるかもしれないが、今日、多くの人々に、唱歌は依然、愛唱され、普遍的に好まれているのは事実だ。

戦後再興された童謡

　戦後、童謡は團伊玖磨《だんいくま》、芥川也寸志《やすし》、中田喜直《なかたよしなお》といった作曲家、川田正子、小鳩くるみといった童謡歌手、そして松田トシ、安西愛子といったNHK「うたのおばさん」の放送、ロシア民謡を中心とする「うたごえ運動」などを通じ隆盛となった。「里の秋」「みかんの花咲く丘」「ぞうさん」「さっちゃん」「めだかの学校」など、終戦直後からすばらしい童謡があいついで新作として発表されたり、あらためて放送されたりして、ごく短期間のうちに世間に流布した。

　落語家・立川《たてかわ》談志はもはや古稀だが、飲み屋で「流し」を迎えても童謡を歌うという人。「童謡に魅力を感じている理由の一つが、いえ最大のものが、〈文明に対するアンチ〉であることは確かです」とし、その上で「しかし、〈子供はそういう歌をうたうもんだよ〉と大人たちが決め付けたのだとしたら、これはチト不愉快である」と書いている。（『童謡噺《ばなし》』くもん出版）。唱歌・童謡を愛する私としてもこのあたりは十分、心しなくてはならないバランス感覚というものであろう。

情感の育成に大きな効果——子守唄

　親や年長者などが、幼児を抱いたり、一定の器具に入れて揺さぶったり、ゆったりしたリズムによるささやかな刺激を与えることが、幼子を眠らせたりあやしたりする上で効果がある。このことを見出したのは、哺乳動物としての人間の本能と言えるくらい、古くから知られていたものと思われる。同様に、とりわけある種の歌が、子供に安らぎを与え、気持ちよくさせる効果があることも古くから知られていたに違いない。最初はそれが素朴な形で始まり、次第に音楽的に発展し、子守唄（歌）という、独自のジャンルを構成し、今日に至っているといえよう。

子守唄とは「子供をあやしたり寝つかせるときうたう歌。また、子守りがうたう歌」とされている（『国語大辞典』小学館）。しかし、子供を寝かしつけるときの歌であれば、わらべうた・童謡・唱歌・民謡で寝かせてもいいわけである。もっとも、逆は必ずしも真ならずといえよう。

子守唄には作者不明のまま伝承的に普及していったものもあれば、作曲者がはっきりしているものもある。また、伝承的なものであっても原曲が旅人や行商人、参勤交代などの人の行き来で各地に広がり、多少形を変えてその地域に定着したという例も多い。これが誰から命じられることもなく、強要されることもなく、自然に各家庭に広まっていったという点において、そして、日本人一人ひとりの心の中にそれぞれの子守唄を持っているということを、私は日本人自身が、もっと誇りを持ち、大事にしてゆくべきことであると思う。

子守唄という言葉も古い。滑稽本『浮世風呂（二・上）』に「あかねもめんで拵えた枕の猿をせおひこもりうたをうたひながら」とある。この本は式亭三馬になるものであり、四編九冊はおよそ二〇〇年前の文化六〜十年の刊である。「庶民の社交場である銭湯を舞台に、当時の町民生活を描いた庶民文学（『日本語大辞典』講談社）とされる。また、同じ頃の読本『本朝酔菩薩（四・六）』には

「乳房をふくめ子守歌をうたうて」とある。

行智の『童謡集』（一八二〇年頃）によれば、江戸時代には子守歌には、「寝させ歌」「目させ歌」「遊ばせ歌」の三種類があったという。「目させ歌」は子供を目覚めさせる、起こす歌のことだが、最近は、「眠らせ歌」と「遊ばせ歌」に二分するのが普通である。

明治になっても、子守唄はあちらこちらで聴かれた。貧しい家の犠牲となり、夢破れて朽ちていく若い教師の一生を描く、田山花袋の自然主義文学の佳作『田舎教師（四）』では「額髪を手拭で巻いた子傳（こもり）が二人、子守歌を調子よく唄って居た」、『浮世風呂』からちょうど一〇〇年を経た明治四二（一九〇九）年の刊である。いかにも当時の風物詩といった筆致である。こうした風景は筆者の記憶では戦後まで続いていた。ただ、「子傳」という難しい表現は消えて久しく、「子守」を「家族ではない、家庭に雇用された女子」とするならば、これまた日本社会の平準化にともないほとんど見られなくなった。差別や貧困といった社会問題がしばしば子守唄の歴史に絡んできたことも事実だ。こうした奉公娘の間で広まった子守唄の中には、奉公先をうらんで残酷な歌詞を織り込むようなものまであるのはこうした事情によるところが大きいといわざるを得ない。

子守唄の今ひとつのジャンルは西洋音楽である。「赤子や幼児を眠らせることを目的としたもの静かなやさしい雰囲気を持つ歌曲」と定義付けることが出来ようが、さらにそれが音楽的に発展させた小曲もある。揺り篭をゆすりながら幼児をあやして歌うフランスのベルスーズや無意味な繰り返しの音節で幼児を眠らせようとして歌うララバイといった形式の曲である。

日本の子守唄には三拍子の曲はほとんどない。よく知られた曲では「五木の子守唄」くらいであるが、これとてかなり変拍子的に歌われることがおおい。フリースの子守歌（以前はモーツアルトの子守歌とされた曲）は八分の六拍子、シューベルトの子守歌は四分の四拍子、ブラームスの子守歌は四分の三拍子であるが、西洋の曲には概して四分の三拍子や八分の六拍子のものが多くみられる。また、ピアノ曲の子守歌ではシューベルト、リスト、グリーグ、ドボルザークなど著名な作曲家の名曲が残っている。

子守唄は家庭教育の第一歩、長年にわたり世界で認められてきた子育ての基本として大切にしたい。

共同体の成員を結んだ歌――民謡

民謡について触れたものでは、古くは、平安初期の史書『三大実録』（八八〇）に「民謡開発」の一書がある。中国にも、劉孝威の三日侍皇太子曲水宴詩に「子遊光帝則、楽飲盛民謡」とある。

庶民の間に歌われる歌の中で、発生したのが民謡である。民衆の、共同体による労働・儀礼などの集団の場において、そこに参加した共同体の成員の間から生まれ、歌われる歌といえよう。農村にはさまざまな民謡がある。田植、米搗《こめつき》、麦搗、草取、茶摘といった農作業の時の歌、そして機織《はたおり》や馬を引くときの歌もある。また、漁村や大きな川辺には大漁節や舟歌がある。新築・婚礼・長寿といった祝い事のときに歌う伝承的な歌もある。民謡のいくつかは、あきらかに作曲者のいるものもあれば、名を隠さざるを得ない遊女や芸人などによる芸能、流行歌謡というべきものもある。さらに明治以降の詩人によって創作されたものをも含めて民謡という場合もある。

　日本の民謡の多くは、しばしば採譜ができないような複雑な節回しである。これは、ハーモニーの発達していないままメロディーが進展した日本音楽の特徴といえよう。

各地に名歌が、ゆかりの歌が

　ローカルであるからこそ、その曲や音楽が根強く継承され、時に他の地域に広がって行くという面がある。日本各地の民謡やわらべうた、愛唱歌がその例であろう。民謡の場合はもちろん、唱歌・童謡が一定地域で特別に支持され、愛唱されているという例だ。

　長野県の「信濃の国」（浅井洌《きよし》作詞、北村季晴《すえはる》作曲）はその代表格と言っていい名曲であろう。山一つ越えれば別の国とさえいわれてきた現在の長野県民は、この歌さえ歌えば、どこにいても、どんなに仲がわるくても一つになるといわれるローカルソングである。

　このほか長野県では北信濃出身である高野辰之作詞の「故郷《ふるさと》」が特別に愛唱されている。一九九八（平成十）年二月、長野で開かれた冬季オリンピックの開会式では、小澤征爾指揮により、行進曲《マーチ》にアレンジされた「信濃の国」が演奏され、閉会式では「故郷」の大合唱が行われた。同組織委によれば、世界で約三〇億人がこの二つの歌を聞いたことになるという。

　同様に、森鷗外作詞、南能衛作曲という「横浜市歌」、京都のわらべうた「通り名の数え歌」なども広く、今に至るまで親しまれている名曲といえよう。

　ほかにも、北海道の「時計台の鐘」、岩手県の「北上夜曲」、宮城県の「荒城の月」と「青葉城恋唄」、福島県の「牧場の朝」、秋田県の「浜辺の歌」「出船」、茨城県の「もずが枯れ木で」、千葉県の「月の沙漠」「証城寺の狸囃子《たぬきばやし》」、東京都の「花」、神奈川県の「赤い靴」「鎌倉」「七里ヶ浜哀歌」、静岡県の「ふじの山」「茶摘《ちゃつみ》」、新潟県の「砂山」、山梨県の「花かげ」「武田節」、滋賀県の「琵琶湖周航の歌」、奈良県の「平城山《ならやま》」、和歌山県の「鞠《まり》と殿様」、鳥取県の「故郷」、高知県の「南国土佐をあとにして」、大分県の「荒城の月」「坊がつる讃歌」、熊本県の「あんたがたどこさ」、長崎県の「長崎の鐘」「長崎は今日も雨だった」、沖縄県の「芭蕉布」「花」といった、その地域で特に愛唱されていたり、ゆかりの唱歌・童謡・抒情歌がある。また、格調高く、しかも大いに流布され、愛唱されている名曲がほかにも各地にある。

こうした日本の歌が、さらに多くの人々に愛唱されることを期待したい。

童謡サミットが毎年、各地で

日本人に親しまれてきたこうしたさまざまなジャンルの歌を末永く伝え遺そうと、各地でさまざまな取り組みが行われている。唱歌・童謡で「まちづくり」をという鳥取県での開催を皮切りに「全国童謡・歌謡サミット」が毎年、各地で開催されている。こうした運動がさらに発展することを期待するし、祈念したい。

二〇〇二年九月、国立オリンピック記念青少年総合センターで行われた青少年育成学会で私は「あまりに知らない童謡・唱歌・抒情歌」と題してその概況を報告、対策を提案した。本稿のこれまでの内容から概ね私が報告したことはご理解、ご想像いただけるかと思うが、その骨子を列挙して本稿の結びとしたい。

①現在の青少年の音楽分野での実力の高さを考慮し、質の高い歌を伝えよう、

②原曲を大切にし、文語の詞でもその美しさを理解せしめよ、

③外国人との交流を考えても日本の歌、外国の歌、「帰化曲」を大事にせよ、

④唱歌・童謡の基礎となる日本語教育を充実せよ、

⑤リズムの快適さのみではなく、メロディやハーモニーの美しさを知らしめよ、

⑥曲にまつわるさまざまなエピソードを日本の文化、社会、経済の歴史とともに各教科や家庭で教えよ、

⑦親は歌に励まされた経験や歌で知った感動を語ろう、

⑧すぐれた演奏のCDを青少年にプレゼントしよう、

⑨教科書への採録増加を図ると共に音楽教師は副読本を作成し、すばらしい歌の継承をはかるべし、

⑩合宿、野外活動など社会教育の場で積極的に唱歌・童謡など「日本の歌」を取り上げよう。

II

子守唄はいのちの讃歌

「子守ごっこ」(『摂津名所図会』より)　提供＝尾原昭夫

子守唄の光と影

●自分の聴いた母の子守唄は、この世にたった一つしか存在しない「呪術的な音楽」なのです

松永伍一
Matsunaga Goichi

まつなが・ごいち　詩人・エッセイスト。一九三〇年生。一九五七年上京、以後文筆生活。著書『底辺の美学』『一揆論』『老いの品格』(以上、大和書房)『日本の子守唄』(紀伊國屋書店)『日本農民詩史』全五巻(法政大学出版局、毎日出版文化特別賞受賞)『天正の虹』(講談社)他。

「私にとって一つしかない宝」

子守唄を聴いたことがあるか、という問いに対しての返事はできますが、子守唄はいつ誰がうたい出したか、という問いには十分な答えはできません。そのことは他のジャンルについても同様で、子守唄独自の問題でないことはもちろんですが、「子守唄を母がうたってくれた」という自覚を持ちはじめた一瞬から、気の遠くなるようなはるかな過去へおもいを走らせたくなるのは、やはり子守唄ならではの魔力といえるかもしれません。自分の聴いた母の子守唄は、子守唄一般論の枠をはみだしています。それは、この世にたった一つしか存在しない「呪術的な音楽」なのです。だから、それは「私にとって一つしかない宝」ということになり、上手だったか、下手だったかは問題の外に置かれてしまいます。下手であったとしても、「そこには心が通っていた」と言いきれるものがあり、魂の燃焼が、心の財産として銘記させますから、それを受けた者の側からは「子守唄こそ私にとって永遠の唄」と言わせるのです。それはまた、人類の一人々々に必らず母がいると

いう厳粛な事実と照応していますから、仏教思想家暁烏敏《あけがらすはや》の「十億の人に十億の母あらむもわが母にまさる母ありなむや」の感慨と重なっていくことになります。

　生まれたての赤ん坊が、母のうたう子守唄を聴きおぼえていくということはあり得ないわけですが、その記憶の及ぶはるか彼方にあって、この世にあらわれてきた小さな命の塊に対して、母は声になろうとなるまいと、何か祈りに似たものを注いでいたにちがいありません。「この子がりっぱに成長するように」という祈りには理屈などありません。本能的なものです。自分のからだの中でこしらえた生命の塊ですから、子どもは母の分身ともいえましょう。身分けされたものは、遠心力をもってはるか地のはてへ歩いていく運命をはじめから担っています。だからこそ、無理を承知で「行かせたくない」という母性の本能から、抱きしめるという求心力を発揮するのだと解することができましょう。母の愛――それは運命に従順であるまいとする無意識の抵抗の所産ではありますまいか。子守唄も、そのような愛を底に秘めて、限りなく多くうたいつがれてきたはずです。十億の人に十億の母がいるように、十億の人には十億の「私にとって一つしかない宝」としての有形・無形の子守唄が存在したと考えるならば、人類がこの地上に発生してこのかた、その数はとうていかぞえあげることができないものになるはずです。

　こういう関係を念頭に置いたときから、私たちは「いつ、誰がうたいだしたか」という詮索から自由になります。「人間がいるところに子守唄があった」と、てきとうに投げやって、生存とかかわり合う唄の永遠性を唾液といっしょにのみ込むことになるわけです。こんなふうにはじめから書くと、かえって戸惑う人が出てくるかもしれませんが、いちどは、こういう具合に、無限の彼方に自分の想念をつなぎとめてみるのも、心の大掃除には役立つかとおもわれます。学者風にでなく、一個の人間風に、時間のタテ糸をたぐってみると、からだのどこかに熱いものが甦ってくるから不思議です。世の東西を問わず、過去や現在を問わず、一つの「真実なるもの」が普遍の力で息を吹くのでしょう。子守唄はその普遍の力を無意識のうちに融かし込んだ「人間のもっとも静かな叫び」ということになります。

生き残っていた子守唄を求めて

　いつ誰がうたいはじめたかの詮索ができないと同じように、子守唄の総量を数字でかぞえあげることはできません。文字にその都度書きとめる必要もなかったものですから、一対一の関係で唄が成立し、受けた側がそれをさらに後の者に伝えていくということはあっても、時の経過とともに忘れられ、消えていきます。伝承されるものは文字の世界とは無縁のところで生きることになっているので、消えてしまったらもう元の形に戻らないことが多いのです。それと同時に、伝承されるものを文字にしてしまうと、エネルギーが抜き取られてしまうのか、かえって衰退していくのです。しかし子守唄がどんな内容のものか、どんな歌詞でどんな類歌ができていたのか、他のジャンルとどう関係していたのかなどを調べることになると、どうしても蒐集・整理・体系化を進めねばならなくなります。文字に置き換えるわけです。そういう仕事の意味の大きさを否定することは、もちろんできませんが、文字文化の枠の中に収めてしまうと、結果は「あるがままの状態」から歪められ、窒息しかかります。やはり「野におけれんげ草」ということでしょうか。

一九六四年に私は『日本の子守唄』という本を紀伊國屋書店から出しました。子守唄だけを抽出して一冊にまとめたものとしては日本で最初ということになりますが、その発願のベースになっていたのは、「子守唄はもう現実にはうたわれていない」という絶望的な状態そのものだったのです。かつて柳田国男は「採集者にとって大切なものは、初めには先づ活きて居るか、死んで居るかの見分けである」と言ったことがありましたが、私は「死んで居る」と認めた上で、私なりの幼い手つきで素朴な体系化をやったのでした。いまその仕事の中身を検討してみると、不備な部分も出てきますが、「死んで居る」と認めた以上、文字で論じることもエネルギーの衰退には影響がないと考えていたことも嘘ではありません。しかし、「子守唄はもう現実にはうたわれていない」という断定は、実は少し間違っていました。こんどレコード作製の目的で取材をつづけた結果、老婆たちの硬くなった肉体の隅っこに「かろうじて生きている」という事実をつきとめたからです。貝が固く閉ざしているような状態です。誰かがそれに手をかけてやらなければ、ついに中身を見せることもなく、肉体の死とともにこの世から消滅していくにきまっています。私は「子守唄はもう現実にはうたわれていない」と考えた傲慢さを恥じながらも、いまの若い母親たちがうたっているありふれた、「江戸子守唄」などを問題にせず、もっぱら生活の襞のあいだからうたいあげられていた老婆たちの所有する唄を、残酷な手つきで引っぱり出していったのです。

「寝た子は起こすな」という言葉がありますが、私のこんどの蒐集の旅は、老婆のふところ深くまるで前世の遺物のような形で眠っている赤児をたたき起こすためのものだったのです。もちろん「眠っている赤児」というのは比喩にすぎませんが、老婆が口を開いて、遠い過去の時間を呼び戻しながらうたいはじめると、その声は老人のもの以外ではないとしても、声のうしろにはいま目がさめたような「赤児」が息をはずませているのが感じられたものでした。私にとって「寝た子を起こした」行為は、忘れ去られていたものが新鮮な貌をのぞかせ、歴史の中を貫流した一本の生命の糸が腐ったりしていなかった、ということを発見するためのものでもあったようです。「子守唄は、人間普遍の唄としてこれからも生きつづけるだろう」――そう感じとったとき、私は人の子であり、人の親である自分をじっと見つめ直すことができました。

子守唄がもたらす安らぎ

子守唄は世界中どこにでもありますが、私の知るかぎりでは、日本のものがもっともヴァライティに富んでおり、文学性が高いようです。これは「わらべうた」一般の問題として考えてもさしつかえありません。無心にわき出てくる性質の「わらべうた」は、遊びとの関連でどうしてもリズミカルなものになっていかざるを得ませんが、何かに触発されて唄になるという有機的な関係をおもうと、四季の変化に恵まれている日本の風土条件ともかかわりがあり、短歌や俳句が無限に生れていく民族的情緒性とも結びついていることがわかります。唄の内容が豊かであるのは、そのためだといっていいでしょうが、ただ全体から推してウィットが語呂合わせになってしまったり、湿りが強すぎたりする欠点は指摘されねばならないかもしれません。

その誇り高い子守唄も、分類の上では「わらべうた」に入れられています。そのことは間違っていませんが、わらべがわらべを相手にしてうたう「わらべうた」と、大人がわらべを対象としてうたう「子守唄」とでは、聴く側がわかるという前提に立っている点では同じですが、想念の入れ方がちがってくるのも事実です。しかし、分類は実際どうでもいいのです。細部にわたって分類したところで、人によっては、手まり唄を子守唄代りにうたうこともあるでしょうし、天体気象の唄を子守唄にしてうたうことだってあるわけですから。学者にとって、分類することだけでなく、分類の時代による変化までもが研究の対象になりますから、その辺の詳しいことはそちらにまかせるとして、「わらべうた」と兄弟のような関係をもっている子守唄は、一つの目的をもっていたものであるという視点でとらえておけば十分でしょう。目的というのは「こどもを幸福な状態にもっていく」ことです。子守唄の「子守」というのは、子どもを守りする、つまり子どもを豊かな気分にしてやるということですから、子どもを苦しめたりしては目的に反するわけです。

私は、ごく大ざっぱに「眠らせ唄」「あやし唄」「遊ばせ唄」「目さまし唄」というふうに子守唄を分けてみました。それはまったく便宜的な分け方で、大して意味はありません。「眠らせ唄」と「遊ばせ唄」だって峻別できません。眠らせようとして、おもしろい内容の「遊ばせ唄」をもってきても、誰からも咎められることはないのですから、その時の気分のおもむくまま、勝手に節をつけてうたえばいいのです。うたいたいという衝動には、他からの規制などは要りません。眠らせようとおもえば、眠くなるようにうたってやればいいのです。ソプラノでうたったら、眠ろうとしている子どもだって目をさまします。そんなことは誰にもわかりますから「眠らせ唄」は催眠術のもっとも幼稚な方法といってもいいですから「ねろねろねろねろねろねろよ」を十ぺんも繰返したら、子どもだけでなく、うたってきかせる方だって眠くなってしまうのです。子守唄をうたって子どもに添い寝していた母親が眠ってしまったりするのは、しょっちゅうあったはずです。それは唄の効力というか、呪力というか、不思議な力なのです。

しかし、子どもの方も成長していくと、「ねろねろねろねろねろねろよ」だけでは承知しなくなりますから、物語性を加えてやらねばなりません。筋のおもしろさや、言葉の変化につられて、理屈ぬきに気持を刺激されるうちに幸福な状態になって眠りにおちていくのです。私は「眠らせ唄」の中にも三つぐらいに分けられるとおもっています。一つは「夢のような気分にさそいこむ唄」で、「言うことをきいて眠ったら、いいものをやるぞ、めずらしいところへつれていくぞ」という一種のだまし唄です。一つは「怖がらせ唄」で「はやく眠らないと××がやってくるぞ」というおどかし唄です。一つは「笑わせて気持ちをゆるめる唄」で、うたう方だっておかしくなって吹き出すような笑わせ唄です。これらを、いくらか物語性で裏うちしてやり、刺激を強くしてやると、素直な子どもは眠りについてしまいます。

母親が、子どもを寝かせてやるとき、子どもが世の中の辛苦とまったく関係なく眠りについていくその表情を見つめて、「自分はほんとに幸せだろうか」と考えるのも自然のなりゆきでした。「子はカスガイ」という諺がありますが、夫婦の間の不和がつづいても、子どもがいるからということで耐え忍ぶという例はざらにあったわけです。夫婦が一心同体であるはずはありませんから、不和はいつでも起こり得るのです。子どもは、そのことに責任を負う必要はありません。不幸とは関係ない存在なのです。ただ無心に乳をのんだり、笑ったりしています。そんなとき、母親は、あどけない子どもの寝顔に見入って、「幸福とはなにか」「愛とはなにか」と問うことになります。しかし、「子はカスガイ」というのは別の意味も含んでいるようにおもわれます。

不幸が重なっていると気がいら立ってくるものですが、疲れがつのっているとつい眠ってしまいます。子どもに夢を与えたり、おどかしたり、笑わせたりしているうちに相手が眠ってしまうと、うたっていた母親の方も疲れも手伝って、ついうとうとと眠りにおちていきがちです。神経が解きほぐされ、安堵感が漂よってくるのでしょうか。働き疲れた日本の女たちは、子どもを眠らせることも一つの仕事だと考えていましたから、それをやりとげると、自分がこんどは生活の重荷から解放され、うっとりと夢の中へはいっていくことができます。子どもは、母親にとって夢の世界と自分とをつなぐカスガイの役目をしてくれたのです。子どもを眠らせるための子守唄は、母の安らかな眠りをも保証する自愛のためのモノローグでもあったと、私は考えています。

遊ばせ唄のユーモアとペーソス

「遊ばせ唄」は、表現のおもしろさがなくてはなりません。筋があるといっそうそのおもしろさは増していきます。これは、ただおもしろいというにとどまらず、ようやくききわけができるようになった子どもに対する感情教育の役割もはたすものでした。柳田国男は「言語の一年生に向って、物と音韻とを繋ひで考えさせんとする、一種の絵入りの教科書の如きものであった。かうして教へておくから独りで遊ぶやうになれば独りで歌ひ、また年上の児の中に混って共に苦しむことを得た」と書いていますが、これは卓見というべきでしょう。親からきいておぼえた子守唄を、子どもが口ずさんでいけば、それはすでに「わらべうた」になっていますし、友だちといっしょに遊んでいると、そのまま自分のための「遊ばせ唄」になり、また手まりをつけば手まり唄に変化していくことにもなるのです。変幻自在とまではいかなくても、子どもを遊ばせるための唄が、子どもの遊び唄になると、所有権が曖昧になってしまって、分類がしにくくなります。しかし、先にも言ったように、分類があって唄があるのではなくて、唄そのものが折りにふれて場所に応じて生まれてくるというわけですから、そのことはまた唄が生きものであるという証明にもなっていくはずです。

「遊ばせ唄」には物語性が多いと書きましたが、それは二つの異なったムードを漂よわせがちです。一つはユーモア、一つはペーソスです。別に、それを子どもが聴いていてはっきり分けていくというのではないでしょうが、筋らしいものを設定したら、どうしてもある種の決着までもっていかねばなりませんから、笑いを高揚させて結ぶか、悲しみの底に沈めて結ぶか、そのどっちか選ぶことになるのです。

あんな向う猿が三匹通りよって　日本国中歩いて
前の猿はものしらず　金を一文拾うて
後の猿もものしらず　イワシを一こん買うて来た
いっち中の子猿がものをよう　煮いて食うても塩からし
知って、　あんまり塩がかろうて

前の川へとびこんで
水をごぶごぶのんだらば
あんまり腹が太って
鐘つき堂へあがって
屁をぷんぷんこいたらば
鐘つき堂が破れて
大きい坊主は泣きやる
小まい坊主は笑いやる
泣きもしゃんな
笑いもしゃんな
あしたの市にゃぴいぴい
買うてやる

これは広島地方にある笑の唄です。つぎは福岡地方にあった悲しみの唄です。

おかねが父《とと》さまどこ行たね
かねの欲しさに金山に
一年待てどもまだ見えぬ
二年待てどもまだ見えぬ
三年三月に状が来た
状のうわがき読うだれば
おかねに来いとの状じゃもの
おかね遣るこたやすけれど
着せてやるものな何々ぞ
下にゃ白無垢　なか小袖
上にゃお一期《ご》のおかたびら
これほど仕立ててやるならば
あとに帰るとおもやるな
父さん恋しとさきよ見れば
さきにゃ蓮華の花が散る
母さん恋しとあと見れば
あとにゃ時雨の雨が降る
あららんこららん子が泣くわ
泣かせちゃなるまい乳くわえ
乳首くわえて泣くなれば
お茶かけ白湯かけ飯食わしょ
それでもやっぱり泣くなれば
蒲団かぶせてたたき寝しょ

こういう両極に位置する「遊ばせ唄」を見ていくと、物語性が感じとれるようになっています。しかし、全体の運びが尻とり的な要素や対句を用いて進められていることがわかり、民話のような起・承・転・結にまでは行きつくことなく終わっていることもわかります。それは物語という視点からは不完全といえそうですが、それがまた唄の特徴ともいえるわけで、幕末の「ちょぼくれ」や「ちょんがれ」という叙事的な表現世界においてすらこれ以上の構築性があったとは言いきれません。子守唄は、あまり複雑すぎるとかえって不都合な結果を招くことになるのでしょう。「遊ばせ唄」は、その程度で十分目的をはたしていたにちがいありません。

子守娘が歌う子守唄

ここで、私たちがどうしても考えてみなくてはならないことは、子守唄のもう一人のうたい手である子守娘の存在です。これはまぎれもなく職業でした。「子守」という職業は七、八歳ぐらいから十二、三歳までの娘たちで占められていました。いつごろからそれが普及しはじめたかは正確にはわかりません。金持ちの家が女中や子守を置き、家事と育児を彼女らにあてがったのは、町家に限ったことではありません。農村の多作の家でも労働力が足りない場合、近所の子どもをやとってきて守りをさせ、話にならないほどの涙金をあてがっていくのが慣例となっていたのです。おそらくは幕末あたりからそういう傾向が目立つようになっただろうとおもいます。明和九年（一七七二）の『山家鳥虫歌』に「つとめしょうとも子守はいやよ、お主にゃしかられ子にゃせがまれて、あいに無き名を立てられる」というのが収められていますし、文化年間にうたわれた小唄に「わしがわかいときゃ、おかめというたがのんころ、いまは庄屋どのの子守する、ねんねんころころねんころり」というのもありますから、歴史的にかなり古い時代までさかのぼることもできるかもしれませんが、子守娘が子どもを背負って外を歩くようになったのは幕末から明治にかけてのころであろうと想像されます。

子守娘は奉公人と呼ばれた出稼ぎ人です。「奉公する」という語源は、もとは武士が主君に仕えることをいったものですが、明治に入ると、ひろく「オヤ取り」「主取り」まで含めてのやとわれ人にも用いられるようになりました、女中ももちろん奉公人ですが、子守女はそれよりもさらに低い年齢の小娘たちで、奉公すること自体が痛々しくおもわれるほどの幼さを彼女らはむき出しにして生きていたのです、しかも期限つきの年期奉公です。奉公に出す親の方では、「口減らし」ができるだけでも助かるという考えをもっているのですから、給金を多く要求することもなく、「あの家のように格式のあるところで働かせてもらえば、しつけもしてもらえるから」とおもっていたのですから、盆・正月にわずかの仕着せをしてもらえばそれで十分という考えが一般的でした。

娘にしてみれば、お化粧もしてみたい、きれいな着物も羽織ってみたいと心のうちでは願っていても、奉公する身はそんな夢が叶えられるわけもありません。山形地方にのこっている「子守口説き」は数え唄形式をとった子守娘の苦悩の告白をパターン化したものです。「わしほど因果なものはない／七つ八つから茶屋町へ／子守奉公に行ったなら／そこの姐《あね》さまひどい人／火吹け　灰吹け　火鉢吹け／しまいにゃ坊ちゃん着物着しょ／そこで子守の思うには／はやく正月来ればよい／はやく正月来たならば／下駄を片手にぶらさげて／風呂敷包みを横に背負い／姐さま　姐さまいとまごい／正月すんだらまた来いよ／こんなひどいとこもういやだ／正月すんでももう来んぞ／はあてな　はあてな　はてはてな／はては野となれ山となれ／はては山となる　川となる」（長野）という唄を一つ抜いてみても奉公の辛さが感じとれるというものです。こういう子守娘の境遇から、「こんな泣く子のお守はいやよお暇おくれよ　わしは去《い》く」「お暇やるけどなと言うて帰る、和《わ》子《こ》が死んだと言うて帰る」（三重）という帰郷願望の唄がうまれ、親たちのくらしを偲ぶ唄も出てきたのです。

子守唄の哀愁も、年若い娘たちの歎きと不可分の関係にあったとおもわれます。辛いから辛いとうたってしまうと、救いようのない絶望に抱きとめられるのです。まるで底なし沼におちていくようなものでしょう。しかし、もっとも弱い立場の奉公人である子守娘でも、ときどき開き直って、守親を風刺したりすることがあります。「博多子守唄」に代表されるような笑いの健康さは、一度も二度も泣き明かしたことのある者だけが生み出したものであったのです。「うちのおとっつあんな、位がござる、何のくらいか、酒くらい」「うちの御寮さんな、手ききでござる、夜着も蒲団も丸洗い」とからかったとき、胸のつかえがとれたのでしょう。

子守娘たちは、自分がまわりから蔑まれている存在であることを知っていました。しかし、奉公せざるを得ない自分の境遇が、どうすれば好転するかということになると皆目わからなかったのでしょう。漠然と階級について考えることはあったにちがいありません。階級の構造を深く知る力がないから、世の中の仕組みがどう変わると自分の立場がどうなるか、といったところまで洞察することはできませんでした。この、少しわかりかけて、それから先、にっちもさっちもゆかない現実をみずからのぞき込むような目つきをするとき、彼女らは悲哀のトーンを胸の中でつくりあげていくのです。子守娘たちの反抗心と、哀愁とは、こうした階級の淡い自覚と諦感とが生み出したものであったということができます。つまり、子守娘のうたう唄の哀愁は社会的な仕組みが生み落したものだというふうに解釈できるわけです。

子守娘は、十代の終わりに近づくと、一人前の労働力を評価されて、別の職種に移っていくのが常でした。子守娘は、台所仕事などはやらなくてもよいので、大した労働とはおもわれていなかったようです。当然、給金も安くてすんだのです。それは、よそに娘をあずけている親の側でも、金銭にはこだわってなかったということかもしれません。しかし、娘が一人前のからだになると、親の方もその労働力を認め、子守をやめさせ、製糸や紡績工場に働らきにだすのでした。「こんな泣く子の守りするよりは、わたしゃ機屋へ管巻きに」とか「こんな子守をさらりとやめて、当世はやりの機業場《はたきかい》」という唄が示すような空気が出てきます。こんな娘の出稼ぎも、親と工場とが条件その他をとり決めるというのではなく、募集人というのが中間に入って、かつての女郎を廓に送り込んだ女衒《ぜげん》と同じ役割をしたのです。甘言にのせられ、娘たちは近代産業の影の担い手として、重労働に耐えねばなりませんでした。女工唄は子守唄のヴァリエーションだということができます。娘たちは、封建的な家族制度の枠にはめ込まれ、それがいやで新しい職場へ夢をつないで出かけて行ったのですが、組織の中でめずらしい人間との交流ができて楽しみを味わった反面、機械の奴隷になって青春を送ることになったのです。

この女工たちと血をわけたものに娼婦がいました。一人前の女として認められるということは、売春行為をして稼げるようになるということにつながっています。よその家で子守りをしていた娘が、肉体的に成熟していくと、抜け目のない女衒がそれを見つけて買いに来ます。貧しい農村では、金のほしさに娘を売りました。昭和九年の東北飢饉のときは、娘たちの犠牲は大きかったのです。当時、救済を要する戸数が、東北だけで三十四万戸、人口にして二百二十一万人と推定されています。「オラも家で、怒がれ、ごしゃがれ、子ン守りョしてるよりァ、女中奉公でも、糸取りでも、機織りでも、行ぎ度ェくて、なんねがったズ」と語る老婆は、結局娼婦に売られたときのことを「オラ、なさげねくて、なんぼ、こげら生まれ合わせば恨んだか知んねェ。こげら娑婆さ生まれで来なげれば、なんぼか良《エ》かったか知んねェって、なんぼ、親ば恨んだか知んねェ」（三一書房刊『歴史をふまえて』より）と回想していますが、農村の娘たちの運命は、貧乏くじを抽いたようなものでした。子守、女工、女郎は、近代史の裏面を色彩る黒い花びらに見えてもくるのです。それらの黒い唇からもれて来る唄こそ、女の哀歌の典型である子守唄なのです。女郎は、うたう心のゆとりをもっていなかったかもしれませんが、彼女らが無言の唄を胸深く蔵していたとすれば、やはり子守唄だったとみるべきです。

子殺しのテーマも子守唄になる

それから特記しておきたいことは、子育ての唄としての子守唄の中に、皮肉にも子殺しの唄が含まれているという事実です。母の愛をうたい込んだ唄で満たされていると信じてきた人にとっては、強すぎる衝撃を与えることになるでしょう。女を殺し、男を取りあげるというケースが多いようですが、間引かれた「水子」の数ははかり知れません。貧農たちが、避妊の方法も知らず、つぎつぎと妊んでは食に困り、年貢米に追われ、ついには嬰児殺しという手段に出ていくのは自明の理といわねばなりません。しかし、たとえすぐれた才能があったとしても、この世から消されていかねばならなかったのですから、嬰児の怨念はあちこちを彷徨しつづけていったのでしょう。津軽や下北地方のイタコによる口寄せなども、鎮魂の儀式に他なりません。子を殺した母の苦悩と嘆きは、そのままの歌詞にならず、別の素材をうたい込んだ子守唄に仮託されてきたとみるべきでしょうか。

ねんねこどっちゃん　かかほし　かかほし
亀の子どっちゃん　おかかほし
わしゃ七面鳥　おかかをもらって何にする

昼はままたき　洗濯に　　　　　男のお子ならとりあげろ
夜はぽちゃぽちゃ抱えて寝て　　とりあげ婆さん名はなんだ
抱えて寝たけりゃ子ができる　　八幡太郎とつけました
女のお子ならおっちゃぶせ
（茨城）

こんな子守唄がかってあったようですが、現存する人からそれを聞き出すことはできませんでした。この唄のメロディは、もう誰も知る人はいないということになります。「間引き」という形容はちょっと古めかしく感じられますが、このごろ「子殺し」という言葉は頻繁に用いられています。このテーマは生きつづけているのです。子守唄の中にひっそりと沈んでいた暗黒の部分が、社会の現象によってかえって光を当てられている格好です。歴史は繰返します。そして同時に個々のつくり出した歴史は取り返しがつきません。

私は、実際には取材できなかったこれらの子殺しの唄をきっかけにして「子守唄を美しい〝ゆりかごの唄〟と規定する時代は終わった。心の闇をとり込みながら人間性の襞をのぞかせる唄としての評価が、これから必要となるだろう。そのための探求へ、ひとりひとりが下降していくとき、子守唄は日本人の精神の遺産となり得るのではないか」と『子守唄の人生』（中公新書）の結びに書きました。

それは「子殺しもまた逆説的な子守唄の世界なのだ」という認識と重複します。

子守唄の光と闇

このレコードのための取材の旅は一九七五年四月から開始され、満一年かかりました。もう消えそうになっている子守唄を老婆たちの口から直に聴くことの困難さを、私はいやという程味わうことになりました。余命いくばくもない老婆たちに、無理にうたってもらったあとなど、残酷なことをしてしまったという罪の意識にさいなまれたりしました。貝のように固く閉ざした唇を開かせ、六十年とか七十年とかの歳月といっしょにからまっている唄を抽き出すわけですから、「迎い水」も必要でした。冗談もとばし、近しさを感じさせるための演技も、多少身につけていなくてはならなかったのです。老婆たちの記憶力は、このところ急速に衰えつつあります。年齢のせいもあるでしょうが、テレビという映像伝達の武器が、老婆たちのこれまで蓄えてきた記憶の世界を破壊しはじめたからです。つまり、かつて「知っていたこと」「覚えつづけていたこと」「大切にしていたこと」を攪乱しはじめたということです。子守唄は、まさしくその種の、古くてなつかしい日本人の財産ですから、消え失せるのは惜しいのです。

それらを収集していった経過については、人間中心の話にまとめました。前記の『子守唄の人生』という本です。だからここで詳細を語る必要はありますまい。私事についても「子守唄との絆」という一文をその本に収めていますから、なぜここまで執拗にこの仕事をしてきたかも理解していただけるとおもいます。人間、誰にも光があり闇があります。闇がなければ、この世に光などあり得ないのです。子守唄にもそれがありますし、子守唄をうたってくれた老婆たちの表情の裏にも、その二つの縞が秘められているといえましょう。そのことを取材の旅を通じて教えられました。

（一九七六年、レコード『にっぽんの子守唄』の解説として執筆したものの再録）

種田山頭火
——彷徨の中に子守唄を聴いた

加茂行昭
（かも・ゆきあき／本行寺住職）

ほっと月がある　東京に来ている

　東京で初めての山頭火の句碑が俳人大山澄太さんによって建立され、その除幕式で講演されたことが朝日新聞「天声人語」に載った。

「先日、東京日暮里の本行寺に、山頭火の句碑が建ち松山市から駆けつけた大山澄太さんがこんな話をしたそうだ。山頭火が大山家に泊ると、翌朝夫婦はいつも門口で見送った。だが、山頭火は振り向いたことがない。『あれはさみしい』と大山さんがこぼした。『それをいってくれるな』と山頭火は答えた。『自分のような乞食坊主には明日の命もわからない。こんなに大事にしてくれて、小遣い銭までくれて、それなのにもしかしたらもう会えないかも知れぬと思うと別れがつらくて、泣き泣き歩いておるのだ。振り向いたり、手を振ったりする心のいとまもないのだ』と。

　一期一会を大切にして生きるものの緊張感がここにはある。山頭火にとって行脚の一年一年はそう短いものではなかったろう。」

　明治二十五年三月六日、山頭火の母フサは井戸に身を投げた。山頭火は、井戸から引き上げられ、真っ白な衣類を纏って真っ白な顔をした母に抱きついて泣き叫んだ。山頭火十一歳の時だった。そして「私達一家の不幸は母の自殺から始まった」と山頭火は記している。

　早稲田大学在学中、図書館でふと読んだ仏教書に「もし在家の者が発心し出家して僧となれば先祖に成仏してない霊があっても、出家の功徳によって皆成仏する」とあり、「僕は母を仏にするために出家すると覚悟したよ」と山頭火は言っている。

　それから二十年も経った四十二歳の時、或る事件がきっかけとなって、熊本の禅宗の僧につき得度して、味取観音堂の堂守和尚となつたのだ。檀家五十一軒、朝晩鐘を撞くのが主な日課だった。

　真面目に勤めていれば平穏無事な生活が約束されていたのに、四十五歳の時、解く術もない惑いを背負うて行乞流転の旅に出る。

分け入っても分け入っても　青い山

　堂守の役目から解き放たれ、晩春初夏の山路を宮崎に向かってこころ晴れ晴れとあるく山頭火の嬉しさ、懐かしさが見えてくる。

けふも托鉢　ここもかしこも花ざかり

捨てきれない荷物のおもさ　まえうしろ

山頭火は家を捨て、妻子を捨ててひとり風まかせの旅の人生を送ったかに見えるが捨てようとしても捨てられなかった荷物がある。それは、母への思いだった。

井戸に身を投げた母の、水に濡れた白い顔であり、歯をくいしばり死の恐怖を一瞬に乗り越えた表情であった。このことが山頭火五十八年の生涯の間、つよい衝撃としてその脳裏に刻まれていたのである。

雨ふるふるさとは　はだしであるく

年とれば故郷こひしい　つくつくぼうし

行乞行脚の旅の中で、孤独を噛みしめつつなにかあたたかいものに触れたい。いや、救われたいという放浪者特有の思いがあったのではないか。それが山頭火の足取りをいつも生れ故郷の防府周辺に引き戻しているのではないだろうか。

酔うて　こほろぎと寝ていたよ

生死の中の　雪ふりしきる

山頭火が捨てようとしても捨てられなかった荷物がある。それは、母への思いだった。

昭和七年秋彼岸、山頭火は友人の勧めで小郡の其中庵に入る。村外れの小高い山麓にあった草葺の廃屋を修繕して、なんとか一人の棲家になるだろうと、其中庵と名付けた。

普門品の「其中一人作是唱言」の文を用いて気に入っていた。

此処を安住の処とさだめたのであるが、長年の行乞生活は既に、山頭火の身体を蝕んでいたのである。

昭和十三年の其中庵での日記に「亡き母四十七回忌、かなしいさびしい供養。彼女は草葉の陰で私のために泣いているだろう。」と記している。

絶食してふらふらになっている身で、僅か半束のうどんを茹でて位牌に供え、

うどん供えて　母よわたくしも戴きまする

小さな仏壇に観音像を祀り、母の位牌を安置して、どんな時にも朝夕の看経を欠かさずにつづけている山頭火であった。

月夜あかるい舟があり　その中で寝る

昭和十四年最後の四国遍路に出る五十七歳、暖かな夜具にくるまって寝ることはほとんど無いという旅で、風流というには侘しすぎる。

しずけさは　死ぬるばかりの水ながれて

水を好み水を愛した一生だった。

山野を流浪すれば水音が懐かしい。死期を悟っていた山頭火は、死に場所として松山の一草庵に入ったが、秋祭りの夜、友人宅を廻り泥酔して庵でころり往生を遂げた。昭和十五年五十八歳の一期であった。山頭火は気弱なだけでなく人を気遣うこころの持ち主だったのであろう。

酒を飲み、自分をなだめる。それが飲み過ぎになってしまう。そんな自分の意志の弱さ意気地なさを責め、自虐する。どろどろに酔い、泣きながら句を詠み母を恋慕する山頭火。

山頭火はその彷徨の只中で母の子守唄を聴いていたのであろう。

子守唄はいのちの讃歌

そして前記の本で初めて知ったのは、岩手の子守唄が地域により、

・寝させ唄
・遊ばせ唄
・守っ子唄

とさまざまに呼ばれていることである。
そして子守唄はそれらの名が示すように、子、孫を可愛がってあやし、喜ばせ、寝かしつけるためのものだ。長く山の分校の用務員を務めてくれたK子さんも今は祖母となり、孫娘が泊まりに来た時は抱き取って、

「寝ろってばよう
寝ろっても　寝ないのか
この餓鬼め」

と歌っているそうである。
もっとも子守唄にもさまざまあり、明治生まれのわたしの母は、わが末弟の長女をあやす時は、お尻を叩きながら、
「ドンドンパンパン　ドンパンパン」

子守唄と昔話の共通性

三好京三（みよし・きょうぞう／作家）

地域、時代、環境の違いにより、子守唄は子守女、母親、祖母ほかによってそれぞれ歌いつがれたが、わが家の場合、わたしたち兄弟の子守役は祖母であった。そしてわたしの耳に残っている子守唄の終わりは次のようなものだ。

「寝ろってばよう
寝ろってばよう
寝ろってば寝ないのか
この餓鬼め」

昨年九月に「いわて子守唄を歌う会」が発行した『いわての子守唄と女性たち』という本によれば、このような終わり方をしている唄がいくつかある。（表記は原本の通り）

岩泉の寝させ唄
里のみやげに　何もらった
でんでん太鼓に笙の笛
寝ろてばよー　寝ろてばよー
寝ろても寝ないか　このわらし

沼宮内の遊ばせ唄
里の土産に　なにもらった
ピーピーガラガラ　打ち太鼓
ハ寝ろてばよ　寝ろてばよ
ハ寝ろても　寝ねぁのか
このガキめ

子守唄には地域の個性と共に共通性もあるのだ。これは中央、地方を問わない交流の歴史を物語っている。

と流行りの歌を歌ったものである。

そしてやはり明治生まれの義母は産婆であったが、家内の十四歳違いの弟をあやす時、

「熱海の海岸散歩する」とか

「泣くなよしよしねんねしな」

など、聞き覚えの流行歌を歌ったとのことだ。さらに義母は、

「お宮さんは泣いて寛一さんサ縋ってな」

と、物語の話し聞かせもしたとのことである。

幼児期から少年期にかけて、わたしは祖父と一緒の床に寝かせられており、祖父は抱き取るとすぐに昔話を始めた。

「昔、あったっつうもんな。爺様《じさま》と婆《ば》様《さま》がいて、爺様は川の上の方サ、婆様は下の方サ歩いて行ったド」

その話を聞きながら、あるいは聞き終えると、わたしは安心して眠ったものだ。

それで、昔話は子守唄同様、子や孫を可愛がってあやし、喜ばせ、寝かしつけるためのものとして伝承されて来たという、共通性を持つ。

子守唄であやされる自分を思い出すことはできないが、昔話を聞いている自分、話し聞かせる祖父は記憶に残っている。

「――苦労して拵《こさ》えた豆の粉だ。炉端サ置けば猫が食うし、戸棚サ置けば鼠が食うし、それで婆様と一緒の寝床サ置いたド。そしたら爺様が屁ェたれたから、粉ァぶっ飛んで婆様の股サくっついたド。それで爺様は婆様の股ァ、『トデェ、トデェ（もったいない、もったいない）』って、舐めたド」

そしてこの話の時は「ドンドハレェ（おしまい）」と締めずに、いつも「ハッハァ」と心からおかしそうに笑った。それを聞きながらわたしは、

「祖父《ずん》つぁんは、この話が好きなんだな」

と思ったものである。

ここでもう一つの共通性が考えられる。

子守唄のおしまいの「この餓鬼め」ということばと、祖父の昔話の「ハッハァ」という笑い声である。

子守をしていても子や孫がなかなか眠ってくれないと、思わず、

「この餓鬼め」

といじめたくなり、昔話がちょっと好色な場面で終わると、どうしても笑いがこらえ切れない。

つまり子守唄にも昔話にも、歌い手、話し手の感情が移入されるのだ。それがもう一つの共通性である。

祖父の話を聞きながら、あるいは聞き終えると、わたしは安心して眠ったものだ。

●今の時代に見合った〈新たな子守唄〉の創造のムーブメントの興起を、望まないではいられません

子守唄の成立とその歴史

【縄文時代から現代まで】

上　笙一郎
Kami Shouichirou

かみ・しょういちろう　児童文化研究者。一九三三年生。文化学院文科卒業。著書『日本児童文学研究史』（港の人社）、『児童文化史の森』（大空社）『日本児童史の開拓』（小峰書店）他。

四つの子守唄

わたしは一九三三（昭和八）年に関東地方は秩父山塊にふくまれる山村に生まれ育ったのですが、幼少期の記憶のなかに、母の口から聞きおぼえた唄として、「ねんねんころりよ　おころりよ／坊やは良い子だ　ねんねしな」と、「お月様いくつ／十三ななつ」という問答体の長いものとがあります。「ねんねんころりよ」の方は、母が嬰児のわたしにうたってくれたのを憶《おぼ》えているのではなくて、二歳違いで生まれたふたりの弟のためにうたったのを記憶しているのでしょうし、「お月様いくつ」の方は、幼児期に達したわたしたち兄弟に、おそらくは冬の夜のいろり端でうたい語ってくれたのが心に留まっているのであると思います。

「江戸子守唄」は眠らせ唄、「お月さまいくつ」は遊ばせ唄の代表的なものであり、わたしは、日本の子守唄のすぐれたものを実地に味わって人となった最後的な世代のひとりということになるのかも知れません。そしてそういう実感を持っているだけに、伝承的な子守唄というものに、深く心を寄せずにはいられないので

す――

子守唄、多くの人が〈子守り〉作業の時にうたう唄――泣いたりむずかったりする幼な子を眠らせたり音無《おとな》しくさせたりするために口誦む唄――というふうに認識しているでしょうし、それで間違いはありません。けれども、〈子守る〉という言葉には、作業としての子守りの域をはるかに越えて、深い意味が含まれているとしなくてはならないとわたしは思うのです。子守唄の〈子〉は〈小なるもの〉としての〈子ども〉を意味しているのは確かですが、それでは、〈守る〉とは如何《いか》なる意味的内容を持っているのでしょうか。

古語辞典の教えてくれるところ、〈守《も》る〉とは事物を〈目〉をもって継続的に注視しつづけることを意味し、そこに発して、その事物が他者・他物によって侵されぬよう〈守護〉する――という意味的内包に達していると言ってよいようです。そしてそうだとするならば、〈子守る〉の語には、〈小なるもの〉としての〈子ども〉に常に目をそそぎつづけるだけでなく、子どもを、その存在や権利を侵そうとするすべての事物から〈守ろう〉とする意思がふくまれているのだとしなくてはなりません。子守唄には、泣きむずかる乳幼児を眠らせ音無しくさせるための唄という域を越えて、その親たちの〈子を守る愛情〉、もっと明確に言えば〈子を守る意思〉が根底にあるのであり、それ故に、単純な唄でありながら簡単には究明し得ないということになるのですが。

ところで、〈子守唄〉という言葉を耳にして多くの人のまず思い浮かべるのは、母親が乳児を寝させるためにうたう〈眠らせ唄〉、父母が幼児期の子どもを面白がらせようとして口誦む〈遊ばせ唄〉のふたつでしょう。そして、児童史や民俗学に眼のある人ならば〈特殊の子守唄〉としての〈子守娘唄〉に気づき、加えて近代音楽の研究者のうちでも児童歌曲への関心ある人であれば、育児作業または労働としての子守仕事を全く無縁の時場に成り立った〈芸術的歌曲としての子守唄〉にも、その眼をそそぐと思いたいのですけれども――

すなわち、〈眠らせ唄〉〈遊ばせ唄〉〈子守娘唄〉および〈芸術歌曲的子守歌〉の四種を日本における子守唄のすべてであると見てよいのですが、しかし、これらの子守唄は、同時に生まれたのではなくて、歴史的に順を踏んで登場して来たものだろうと思います。それではどのような順かと言いますと、わたしの考えるところ、第一に〈眠らせ唄〉が生まれ、第二に〈遊ばせ唄〉が成立し、第三に〈子守娘唄〉が簇生し、最後に〈芸術歌曲的子守歌〉の登場を見る――ということに。そして子守唄の歴史的登場の順位がこのようになったについては、理由があると言わなくてはならないのです。

わたしは、人間の生活世界におけるすべての事物＝現象は、例外なく、〈生活上の必要〉から生まれたものでそれ以外のものではないと考えている者です。たとえば、人間の主食糧である米麦は野生種を人間が改良して作ったものですが、唄の分野も同じであって、〈生活上の必要〉が第一のモメントであったと思わざるを得ないのです。

そうであれば、〈子守唄〉は、子どもとそれを保育する親との心理的な葛藤の末に結実したものだと言わなくてはなりません。我とわが身を分けて生み育てている存在としての〈子ども〉への愛情、動物本能と言う人もあれば、人間母性愛の極致と讃える人もあって、評価は分かれているのですけれども——

〈眠らせ唄〉の成立

ところで、わたしは子守唄にはいくつかの種類があり、それらの子守唄は同時に生まれ成立したのではないと言いました。そしてそうであれば、上記四つの子守唄、どのような誕生と歩みを辿《たど》って来たものなのでしょうか——

四種の子守唄のうち真っ先に生まれたのは〈眠らせ唄〉だと書きましたが、反論する人も少なくないと思います。ア＝プリオリなものとしての母性愛、子どもを身籠《みごも》り生み育てる者としての深い愛情のあるところ、わが子への心寄せとしての眠らせ唄は、何時どこにでも生まれて来る——と信じたい人が多いからです。すなわち、眠らせ唄は、時空にかかわりなく超歴史的に発生＝成立するという考え。

この考えに立つなら、縄文時代から更にさかのぼって旧石器時代にだって眠らせ唄は存在していた——と言ってさしつかえないことになりましょう。音声記録はもちろん文字記録もなかった原始時代のこと、眠らせ唄があったか無かったか実証する手立はありませんが、無かった公算の方が強いとわたしは思うのです。何故なら、十九世紀・二十世紀にかけては民族学＝文化人類学が飛躍的な進展を遂げ、社会発展のモメントをつかみ得なかったため依然として原始時代そのままの段階にあったアフリカ大陸や太洋洲中の島嶼の生活レポートが書かれましたが、それらを見るに、眠らせ唄を確立している部族はほとんどないと言わざるを得ないものですから。たまたま眠らせ唄を持っていたとしても、それは、「眠れ眠れ」という言葉を繰返すだけで、眠らせ唄の初期段階のものとするしかないのですね。

どうしてそうなのかと言えば、理由はきわめて単純で、旧石器時代より土器を使用するようになった縄文時代まで、社会的生産が〈狩猟〉と〈採集〉であったからです。筋力の強い男性が狩猟を担当し、妊娠＝育児という役割を持つ女性は採集にたずさわったわけですが、木の実・山菜・貝藻《ばいそう》類などの採集は言わば〈ゆるやかな生産労働〉であったと言ってよいでしょう。子どもを腕に抱いていては、採集物を入れる籠が持てなくて困るけれども、しかし、子どもを背に負っていれば十分に果たすことが出来ます。そしてそうであれば、幼いわが子を遮二無二《しゃにむに》寝かしつける必要はあまりないわけで、したがって眠らせ唄は成立しなかった――との蓋然性が高いとせざるを得ないのです。

しかしながら、このような長くつづいた狩猟採集経済の時代を克服して農耕経済の時代に入ると、事情はまるで変わって来るとしなくてはなりません。男性とともに女性も田畠の労働に従うのですが、種蒔き・草取りくらいは背に子を負っていても出来るでしょうけれど、開墾・田起こし・肥料運び・稲刈り・稲束運びといった労働はむずかしいでしょう。したがって、母親というよりは社会全体の要請として、手のかかる乳幼児には眠っていてもらうか音無しくしていてもらう〈必要〉があり、そこで眠らせ唄が登場して来るということになるのです。

日本の縄文・弥生時代の場合、前記したとおり音声も文字記録も一切ないのですが、間接的な証言はいくつか在って、そのもっとも有力なひとつは埴輪のなかの女性像です。母親が乳幼児を抱いている像・背負っている像がいくつも発掘されているなかで、栃木県の鶏塚古墳から出土した背に子どもを負った女性像は、口を丸く大きく開けているのですよ。〈話している〉というより〈歌っている〉という印象の断然と強い口の開き方をしているこの埴輪女性像、歌っているとすれば、その歌は恋歌や仕事歌などではなくかならずや〈眠らせ唄〉であったでしょう。そしてこのデータをもって為《し》て、わたしは、眠らせ唄は弥生時代に発生したというふうに見たいのですが――

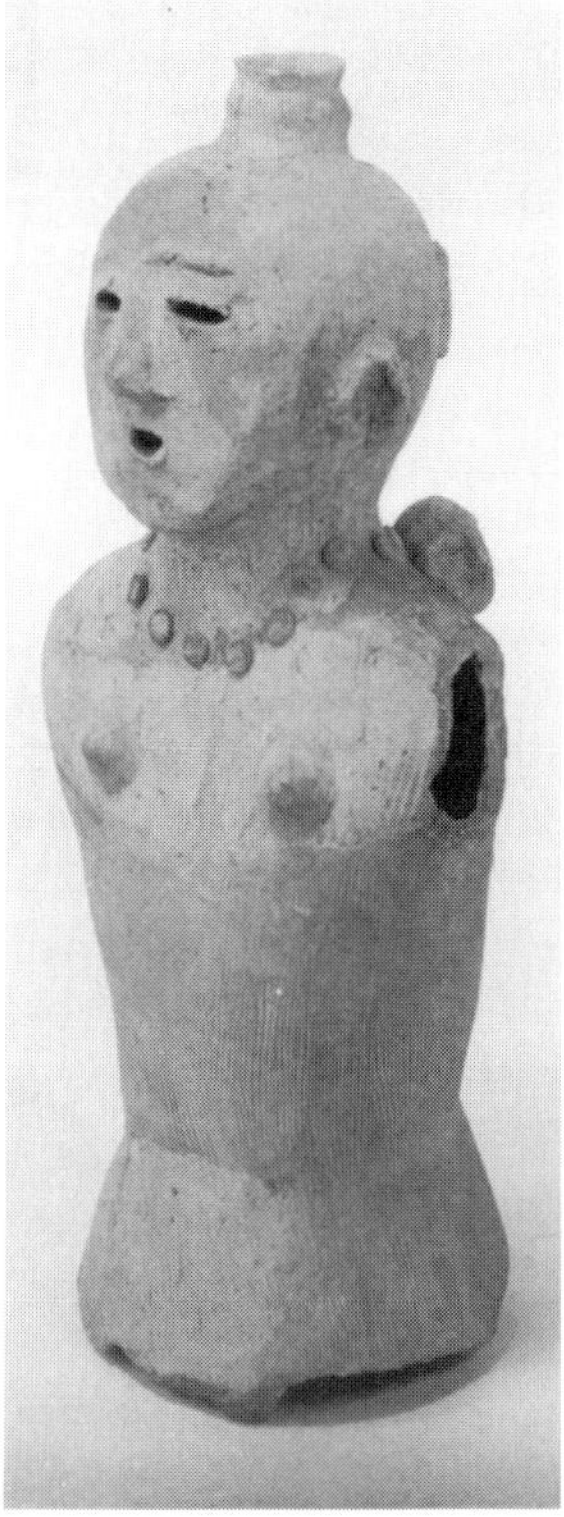

子を背負い、口を丸く大きく開けている土偶。（栃木県鶏塚古墳出土。東京国立博物館蔵）

かくて弥生時代にめばえたと見たい〈眠らせ唄〉は、次いで到来した原始国家社会としての邪馬台国期を経て古代社会に到ると、確かな成立に達したと見てよいように思われます。古代社会は厳然と階級社会であり、農民は自主的に田畑を耕作しているのではなく、支配者である貴族階級の強制＝管理によって労働をさせられているわけで、その際、少しでも多くの貢納物を得たい貴族階級は、生産効率をいささかでも鈍《にぶ》らせるような働き方を許しません。当然ながら、母親たちが幼な子たちの世話のためしばしば鍬鎌《くわかま》を手放すことを喜ばず、したがって母親たちは、子どもたちには速《すみや》かにしかも長く眠っていてもらわなくてはならず、そこで眠らせ唄は、その形影をいよいよ濃くし、確かな成立に立ち至る必然性があったのです。

日本の古代社会はずいぶんと早い時期から文字記録の手立を持っており、『古事記』『万葉集』をはじめ多くの史書や文学書を残していますが、それらのなかに眠らせ唄は書きとどめられていません。記録して後代に残すべきは政治・社会的な大事件のみと信じられていた時代であり、〈人間〉の数に入れてもらえていなかった農民階級の母親の口の端《は》を占めた眠らせ唄など、書き記されるはずがなかったと言えばよいでしょうか。

ところが、当時の眠らせ唄が、たったのひとつ、本当にたったのひとつだけ、偶然にというべきか運命的にというべきか書き留められていたのです。『聖徳太子伝』全十巻（一六六六＝寛文六年・刊者不詳）という絵入本があって、板行されたのは江戸時代の初期ですが、室町時代の筆紙にかかる写本も存在し、また本文の文体を検討すると平安末＝鎌倉初期に書かれたと見ることもできる伝記。その巻一の太子誕生のところに記録されているのが、次のような眠らせ唄なのです。

板本では全文が書き流しにされており、それでは何とも読みにくいので、ここでは適当に行換えして紹介することにしますと――

祢《ね》いれ〱小法師《こほうし》
ゑんの〱下《した》に
むく犬のさふらふぞ
梅《むめ》の木の下には
目木羅《めきら》々のさふらふぞ
祢《ね》ん〱法しにをゝ付《つけ》て
ろゝ法《ぼう》しに引《ひか》せう

露《ろ》々法しにをゝ付て
祢《ね》ん〱法しに引せう
御めのとはどこへぞ
道々の小川《こがは》へむつき濯《すま》しに
祢《ね》ん〱〱〱ろゝゝゝ
梅木《むめのき》の下には
目きららのさふらふぞ

板本を忠実に写したので、宛字があって理解しにくいでしょうが、うたい出しの「祢《ね》いれ〱」は「寝入れ〱」で、眠らせ唄の根本テーマをあらわす「ねんねんころりよ」に当ります。「ゑんの下のむく犬」は註記を必要としませんが、「梅の下の目木羅々」とは一体何でありましょう。わたしたちはついつい漢字の意味に囚われてしまうことが多いのですが、その癖を断ち切って大和言葉《やまとことば》として受け取るなら、それは、〈目煌《めきら》ら〉のほかでなく、闇のなかでも目の光る犬や狼を指示するものにほかなりません。そして「ろゝ法し」は、謡曲の曲名にもある「弱法師《よろぼうし》」、妖しげな経文や呪文をうたい唱《とな》えつつ諸国を放浪していた乞食僧を意味しています。

一篇の意味は、〈わが子よ寝なさい／縁《えん》の下に尨犬《むくいぬ》がいるから寝なさい／梅の木の下の暗《くら》がりには目《め》煌《きらら》がいるから寝なさい／寝ない子は紐《ひも》で縛《しば》って／弱法師に引かせるよ／それとも弱法師の方を縛って／お前に引かせることにしようかねえ」ということになります。日本はもちろんのこと全世界の子守唄を検証してみるに、〈眠らせ唄〉には大別してふたつのタイプがあり、第一は〈褒賞型〉であって、幼な子よ、あなたの望むものを上げるから眠りなさいとするもの、第二は〈威嚇型〉であって、早く眠らないと怖《こわ》いものが来るよ、だからお眠りとうたうものです。そしてこのふたつの類型を前に置いて類別すれば、この眠らせ唄はあきらかに後者であるのですね。

なお、附記して置くなら、この「祢いれ〳〵小法師」の唄、幾分ならず変容してはいますけれど、千年近い歳月を経て、近世＝近代にまで連続していると言ってさしつかえありません。この眠らせ唄の特徴は、「むく犬」と「弱法師」を登場させて幼児に恐怖心を掻き立てるところと「乳母《めのと》のむつき濯《すま》し」にありますが、そのふたつの発想・主題・景観・詞句が、幕末から近代にかけての時期にふたたびキャッチされているからです。

例証を挙げれば、北原白秋編『日本伝承童謡集成』の第一巻（一九七四年・三省堂）の「子守唄篇」を覗いてみますと、東北地方の眠らせ唄としてこのようなパターンのものが多く採集されているのです――

ねんねん寝山の白ぼ犬
一匹吠えれば　みな吠える
ねんねこかんねこ　ねんねこや
それでも泣くと
山の白犬　齧《かじ》るなァな
怖《おっか》ねやから　ようよ
ねんねこかんねこ　ねんねこや

「目木羅々」の唄に対してこちらは「ねんねん寝山の白ぼ犬」ですけれども、その実体は、野良犬というよりもむしろ狼であると言った方が正確でしょう。そして「乳母のむつき濯し」について見れば、これには、小寺玉晁『児戯＝尾張童遊集』（一八三一＝天保二年稿）に記載されている朝岡露竹斎手録の「子もり歌・手まり歌」のなかに、次のごとき唄が採集されているのです。

ねん〳〵よ　ころころよ
ねんねがもりは　どこいた
あゝちの〳〵下川《したかは》へ
むつきしやしめしを洗ひに
洗つてどこに懸《かけ》といた
お寺御門の柿の木に
さあかけ〳〵ほしておいた
燥《はさ》いだか見て来い　負《お》ばせるに
まんだ燥かんとて　おいて来た
……（以下略）

古代末期に捕捉された眠らせ唄が近世＝近代にまで連続してい

るとは何とも驚嘆すべきことですが、こうした〈眠らせ唄〉に対して〈遊ばせ唄〉の成立したのは、どうやら、ひと時代遅れて、古代社会を克服して到来した封建社会のしかもその後期においてのことであるようです。そしてそのようだと言うのは、これまた、その時代に至って、そのような唄の〈生活における必要〉が生まれて来たからだとするよりほかはないからなのですね——

〈遊ばせ唄〉の成立

狩猟採集経済による縄文時代は言うにおよばず、農耕生活時代に入った弥生時代から飛鳥＝奈良時代に至っても、生産技術は低かったので、人間＝社会存続のためには、老人も子どももその体力と技術度に応じた労働を担当せざるを得ませんでした。しかし、古代後期から封建時代の前期にかけての季節、農業における生産技術はずいぶんと進展し、そのお蔭で、主要労働者としての男性は別として、母親・老人・少年少女に関しての労働条件は少しばかりゆるやかになったのですね。そしてこの時代的事態をもっとも端的に反映したのが、子どもを〈遊び〉にいざなう唄としての〈遊ばせ唄〉であったとしなくてはならないのです。

少しばかり説明的に記すなら、生産力の発展が為政者の監視を少しばかりゆるやかにし、そのことが農民たちに幾分かの生活時間的・心情的なゆとりをもたらし、労働母性たちをわが子の保育に一歩ならず近づけたということになるでしょうか。そこで、乳幼児を楽しませ音無しくさせて置くための手段としての〈遊ばせ唄〉が、改めて認識されるという次第であるのですね。

乳児を眠らせるのではなく幼児を面白がらせ音無しくさせておくための遊ばせ唄の代表は、問答形式で長くつづく「お月様いくつ　十三ななつ」でありましょう。式亭三馬の小説『浮世風呂』前編（一八〇九＝文化六年刊）を覗くと、男湯の巻で、金兵衛という四十余りの男が六歳くらいの男の子と三歳くらいの女の子を連れ、「よい〱〱よ、ア、そりゃ〱来たぞ、おぶうはどこだ」と口からの出まかせ唄をうたいながらやって来て、湯舟のなかで、「サア〱、兄さんも鶴《つう》も哥《うた》をうたひな、兄『おウ月さまいィくウつ、十三なゝつ　金『そりゃ　兄『まだ年《としや》わァけへなア　金『あの子をうんで　兄『この子をうんで　金『サア〱、鶴もうたひな　妹『おまんだかちょ　金『ヲゝ〱、おまんにだかしょ。それから、サアそれから……」と掛合いでうたわせている場面があって、生彩を放っています。これは江戸の長屋住みの庶民なので銭湯が唄の場になっているわけですが、農民世界ではいろり端が普通であり、昭和十年代の関東地方の山村でわたしが聞きおぼえたったのも、冬の夜いろり端という場においてでした。

〈子守娘唄〉の成立

さて、三番目の子守唄である〈子守娘唄〉ですけれども、これについては、子守娘唄論の嚆矢と言ってよい松永伍一『日本の子守唄』（一九六四年・紀伊國屋書店）より赤坂憲雄『子守り唄の誕生』（一九九四年・講談社）に至るまで、見解がほぼ一致しています。江戸時代も幕末期に近くなってから生まれ、明治・大正期に本格的に成立し、昭和十年代を境い目に、二次大戦後は、芸謡としてうたわれるのは別として生活の唄としては急滅《きゅうめつ》した、と。

二世紀半におよぶ太平を保った江戸時代、経済の基本をなす農業の生産技術は少しずつ進み、十八世紀の半ばないし末期に至ると、農民にも町人にも階層的な分化が起こりました。農業生産・通信・運輸その他の技術的発展によって、農業においても商業にあっても、優位に立ち得た一家の家刀自《いえとじ》は家事・育児の労働を〈使用人〉に委《ゆだ》ねることが経済的に可能となり、一方、劣位に陥《おちい》った家では、未成年である子どもをも労働者・技術見習い要員として差出さざるを得なくなったのです。

その際、男の子に開かれていた窓口は職人としての〈徒弟〉と商業見習いとしての〈丁稚《でっち》＝小僧〉、女の子では、乳幼児の時間的・役割限定的な保育者と言ってよい〈子守〉と台所仕事に従事する〈下女〉のふたつでした。いずれにあっても、子どもたちは原則的に親方や主人の家に住込まなくてはならなかったのですが、いま、女の子の年少労働である〈子守〉と〈下女〉についてのみ見るに、後者に〈下女唄〉が生まれなかったのに前者には〈子守娘唄〉が誕生したのは何故でしょうか。一言にして答えれば、それは、台所仕事にたずさわる下女は一軒々々の家にひとりずつ分散されており、それ故に〈仲間〉を得ることが出来ず、下女唄をうたい出す〈集団の場〉を持てなかったから。そして子守娘の方はというと、一軒々々に分散居住させられている点は同じなのですが、子を背負って村の辻や寺社の境内などに行けば、同じ境遇の娘たちがおおぜいいて、すぐに〈仲間〉となり〈集団の場〉を共有することが出来たからでした。

わたしの知るかぎり、子守娘唄のもっとも豊かに開花したのは本州の中部地方ですが、大半の人が、九州の「五木の子守唄」や「宇目《うめ》の喧嘩唄」を子守娘唄の典型と見ているように思います。たしかに、十歳になるやならずで親許を離れ、最低の待遇において際限のない子守り労働に従事していれば、心の裡には主人夫婦への反感・背の子どもへの憎しみ・仲間に対する友愛とその裏返しとしての批判などが錯綜しており、それが唄の主題とならずにはいません。そして「五木の子守唄」や「宇目の喧嘩唄」はそれらの主題を極限的に表現しており、したがって、子守娘唄の典型と言ってさしつかえないということになるのですね。

〈芸術歌曲的子守唄〉の成立

そして、最後に、子守唄のもっとも新しい種類としての〈芸術歌曲的子守歌〉に言及しなくてはならないのですが、これは、社会が近代の声を聞いてからでなくては生まれて来ませんでした。眠らせ唄から子守娘唄までが〈実生活の必要にかかわる唄〉だったのに対し、芸術歌曲的子守歌は、実生活の必要とのつながりを持たず、文学と音楽、その両者の統合に立つ〈歌曲芸術〉の一環で、〈楽しむこと〉を目的とした子守歌と言ってもさしつかえないでしょう。したがってこのような子守歌は、働かなくても豊かな生活を享受し得るブルジョワジーの成立した近代以後でなくては、誕生＝成立することが出来なかったのです。

芸術歌曲的子守歌は、ヨーロッパでは十八世紀のモーツアルトと十九世紀初頭のシューベルトの作品を頂点として繁栄を見せていますが、日本ではさほど発達しなかったと言わなくてはならないのではありますまいか。眠らせ歌では北原白秋作詩・草川信作曲の「揺籃《ゆりかご》のうた」、遊ばせ唄では野口雨情作詩・中山晋平作曲の「証城寺の狸囃子《たぬきばやし》」、子守娘唄では、童謡として作られたのに子守娘唄に通うモメントを含む三木露風作詩・山田耕筰作曲の「赤とんぼ」くらいしか創り出されなかったのでした——

日本の子守唄の悲哀性

以上、日本における子守り唄の歩みを通観したわけですが、誰しもが気づく特徴は、遊ばせ唄はやや別として、眠らせ唄・子守娘唄・芸術歌曲的子守歌のすべてをとおして、詞曲共に暗く悲しい印象を否定できない——ということです。労働嘆き唄である子守娘唄は悲哀に満ちた歌詞を持っていて当然ですが、その他の種類の子守唄は、母親や祖母などのわが子・わが孫への愛情が詞句に籠《こも》っていて、心の明るくなごむものも少なくありません。しかしそれなのに、そのメロディーはというと、やはり、静的で暗くて悲しく、聞いてもうたっても涙が出て来てしまうのですね——

日本の文学が論理的であるより感性的であり、絵画や建築が立体的・構成的であるより平面展開的であり、舞踊が脚足による〈踊〉よりも〈手＝腕〉による〈舞〉の優位が強いということは、これまでに多くの人の指摘して来たところです。そして、子守唄の旋律が平板で哀調をもって染められているという印象も、これらと並ぶ傾向と言ってさしつかえないのではないでしょうか。

わたしは音楽に関してはほとほと非力な人間なので、専門家の力に頼るしかないのですが、たとえば民俗音楽の研究者で大正期の童謡音楽にも詳しい小島美子は、以上のような子守唄をふくむ日本の歌謡の音楽的な性向を「民族の生活様式」にもとづくものと規定しており、それは大きな説得力を持っているとせざるを得ないのです。小島は、『日本の音楽を考える』（一九七六年・音楽之友社）において次のように書いています。――「ヨーロッパとか西アジアとかモンゴルとか朝鮮などの人びとは、もともと遊牧民としての歴史が長く、家畜に依存して暮してきたから、牧畜民的なリズム感を持っている。この人びとは、どこに行くのにも仕事するのにも馬に乗っていたわけで、馬を駆るリズムや姿勢が身につき、伝統になっている。そのリズムは、上下に大きくゆれながら進んでゆく躍動的なものだから、強拍弱拍の交替というような拍節感がごく自然に生まれる」と。しかし日本民族は、縄文時代までは別として「もう千年ぐらい前から水田農耕中心に暮らしてきた定着農耕民」であり、「水田で働くことが何より大切な生活の基本動作」で、「足はかかとまで地面にピッタリつけて、腰の重心は低く落として静かに進んでゆくこと」が何よりも重要となる。そしてこのような生産＝生活様式の然らしむるところ、「日本人には強拍と弱拍の交替などというリズムは生まれようがな」く、「右足と左足を同じ強さで交替にたんたんと進めてゆく二拍子」が基本となったのである、と。

このようなリズム感に立って創りうたい継がれて来た日本の子

守唄が、明るくて人生希望的なメロディーであり得るはずはありません。日本の子守娘唄が、取りわけ年少労働者としての少女たちの作った子守唄が、モノトーンでしかも暗く悲しい旋律で彩《いろ》どられることとなった由縁《ゆえん》です――

西洋音楽を是として疑わぬ人たちは、暗い哀調でおおわれた日本の子守唄をおそらくは否定的に見るでありましょう。そしてわたしも、半ば程はそれに讃意を示す者。けれども、残る半ばの心では、子守唄のあの暗く悲しいメロディーを、肯定的に受け止め、真実《まこと》、さもありなん――というふうに評価しないではいられないのです。

〈子守唄〉を作りうたって来たのは、その種類の如何《いかん》を問わず、主として乳幼児の保育を担当させられた〈女性〉、すなわち母親・祖母・乳母・子守娘たちでありました。そして彼女たちは、男尊女卑が公識であった江戸時代はもちろんのこと、明治維新革命によって迎えた近代にあっても、なお、依然として、〈社会の底辺〉にうごめく存在という位置を変えることが出来なかったのですね。

そういう社会的底辺に生きざるを得なかった女性たちにとって、明朗にして闊達な歌詞および旋律の子守唄と、歌曲共に悲哀に満ち満ちた子守唄とで、どちらが心に共鳴し得るものなのでしょうか。それは、言うまでもありますまい。みずからの存在状況に〈満たされぬもの＝不満〉をいだいている〈女性〉としては、自身の生活実感と離れた明るいメロディーの子守唄よりは、むしろ、生活実感に立脚した哀調が心に親しく、その方が胸の琴線にひびき、思想的・心情的コンプレックスの解消＝解放に役立ったのではないかと思うのですけれども――

日本の子守唄の現在

課されたテーマに対してのわたしの考えは以上のとおりですが、かかる日本の諸種の子守唄、近代に入ってより百数十年、二次大戦後からでも半世紀以上を閲《けみ》している現在、どのような状況＝様相にあるのでしょうか。子守唄が〈生活上の必要〉から編み出されたものであってみれば、少女たちによって荷われていた〈子守労働〉が消滅してしまっている現在、子守娘唄は、芸謡としてラジオ・テレビなどの世界でうたわれているのみです。しかし、少子化傾向が強まっているとはいいながらも〈子ども〉は現実に存在し、保育園に入る子が増えたとはいえ嬰児期・乳児期は家庭で哺育されることが多く、子どもを眠らせたり音無しくさせて置く必要はまだまだあって、したがって、眠らせ唄と遊ばせ唄は生きていると言ってよいはず。ただし、戦前期に比べると、戦後期、それもいわゆる経済の高度成長期より後は、父母がわが子に眠らせ唄・遊ばせ唄をうたってやる頻度はずいぶんと少なくなって来ているとしなくてはなりませんけれども。

今となっては少し古い資料なのですが、日本童謡協会の雑誌『季刊どうよう』第四号（一九八六年・チャイルド本社）に「子守り歌を考える」という特集があり、そのなかに「会員アンケートに見る子もり歌の現状」という報告が収められています。回答者は童謡の作詩・作曲にかかわっている人たちであり、一般大衆よりは子守唄への関心が高いと踏まなくてはなりませんが、それでも、その回答は一応の目安になると言ってよいのではないでしょうか。

回答人数一三三人のうち、「子どものころ子もり歌をうたってもらった」という人が一一三人、「自分の子に子もり歌をうたってやった」という人が八九人、パーセンテージにすればずいぶんと高いことになります。「あなたの好きな子もり歌ベスト5」なる問いへの回答は、①「江戸子守唄」一五人、②「シューベルトの子守歌」一四人、③「五木の子守唄」一三人、④「揺籃の歌」（北原白秋作詩・草川信作曲）と「中国地方の子守唄」（山田耕筰編曲）が共に一二人というふう。そして「お子様に子もり歌をうたって上げますか」の設問には、「いつもうたう」が二七人、「時どきうたう」が五五人、「うたって上げた子もり歌ベスト5」としては、①「江戸子守唄」四六人、②「シューベルトの子守唄」一五人、③「揺籃の歌」一二人、④「モーツアルトの子守歌」九人、⑤「中国地方の子守唄」六人との回答が出ているのです。

設問「あなたの好きな子もり歌」にも「お子様にうたって上げた子もり歌」にも登場しているのは、「江戸子守唄」・「シューベルトの子守唄」・「揺籃の歌」・「中国地方の子守唄」の四つですが、これらが、戦後期――二十世紀後半期の日本の子守唄状況を端的に語っているのではありますまいか。「江戸子守唄」と「中国地方の子守唄」は詞曲共に母性愛立脚の眠らせ唄の典型あるいは原型であり、それ故に強い伝承の底力を持つもの。「揺籃の歌」が近代の創作童謡であるのに大きく浮上して来ているのは、驚くべきことだと言わなくてはならないでしょう。そして、西洋音楽世界の産品であるモーツアルトとシューベルトの「子守歌」にあなどれぬ支持が集まっているのは、日本の戦後社会の生活の急激な近代化＝欧米化と決して無関係ではなかったと思われるのですが――

新たな子守唄の創造に向けて

紹介した右のデータより二〇年近い歳月を閲した今、わが子に子守唄をうたってやる父母はずっと減って来ているにちがいありません。日本経済のいわゆる高度成長は、わたしたち日本人を物質的には豊かにしましたが、しかし、核家族化と母親の就労を急激に進行させ、嬰児・乳児より〈父母手づからの保育〉を奪ってしまいました。祖父母が孫を子守唄で寝かしつける機会はほとんどなく、父母にはその折が毎夜あったとしても、社会的緊張のさなかに生きる身、子守唄をうたってやることの出来る心境的なゆとりはほとんど絶無に近いからです。放置して置けば、この傾向はさらに進行することあきらかだと言わなくてはならないでしょう。

〈子守唄〉がたいした意味を持たぬものであるならば、その衰退は放置に委ねてさしつかえないと思います。けれども、子守唄には、第一に、そのうたい手が聞き手たる乳幼児の父母であるという関係から、〈親子の愛〉を繋ぎ通すというモメントがあります。その父母から子守唄をたっぷりうたってもらった子とそうでない子とでは、そのスキンシップの差は歴然であり、その発育への効果の程もまた歴然と言わなくてはならないでしょう。第二に、子守唄は言葉と旋律の綜合によって成り立っているものであり、その双方が、個人的英雄ではなくて不特定多数の人間、すなわち民衆によって次第的に作られて来たものであるとすれば、そこには、〈民衆＝民族の心情〉が籠められていると言わざるを得ません。子守唄には、ひとつの〈民族〉がその〈生活的・心情的な紐帯〉とすべきモメントが内蔵されているのであり、そうだとすれば、その衰退は何としても防ぎ止めなくてはならない——ということになります。

二十一世紀初年代の今の現実生活において、若い母親たちは、自身が幼い頃に聞き馴染《なじ》んだいくつかの童謡をわが子への子守唄としているようです。たとえば、「ぞうさん」（まど・みちお作詩・団伊玖磨作曲）や「ことりのうた」（与田準一作詩・芥川也寸志作曲）その他を眠らせ唄とし、「いとまきのうた」（香山美子作詩・小森昭宏編曲）や「げんこつやまのたぬきさん」（同上）その他を遊ばせ唄として用いるといったふうに。

この現象は、二十世紀後半期における日本の童謡創造の成果の浸透として喜ぶべきですが、しかし、これを以って宜《よ》しとするわけには行きません。伝承的な子守唄——眠らせ唄・遊ばせ唄にはわたしたち日本民族の〈わが子への愛情〉のすべてが表現されていたのであり、その継承＝伝達は当然ながら必要です。それ故、伝承的な子守唄としての眠らせ唄・遊ばせ唄の伝承は、ゆるがせにされてはならず、何等《なんら》かの手立てをとって復興の梃入《てこい》れがなされて然るべきであると思います。

しかし、それと共に、わたしなどは、いまひとつ、今の時代に見合った〈新たな子守唄〉の創造のムーブメントの興起を、望まないではいられません。前記した「ぞうさん」「ことりのうた」や「いとまきのうた」「げんこつやまのたぬきさん」などの歌を越える〈現代子守唄〉の創造が、児童文学的にも児童音楽的にも切望されてならないということになるのですが——

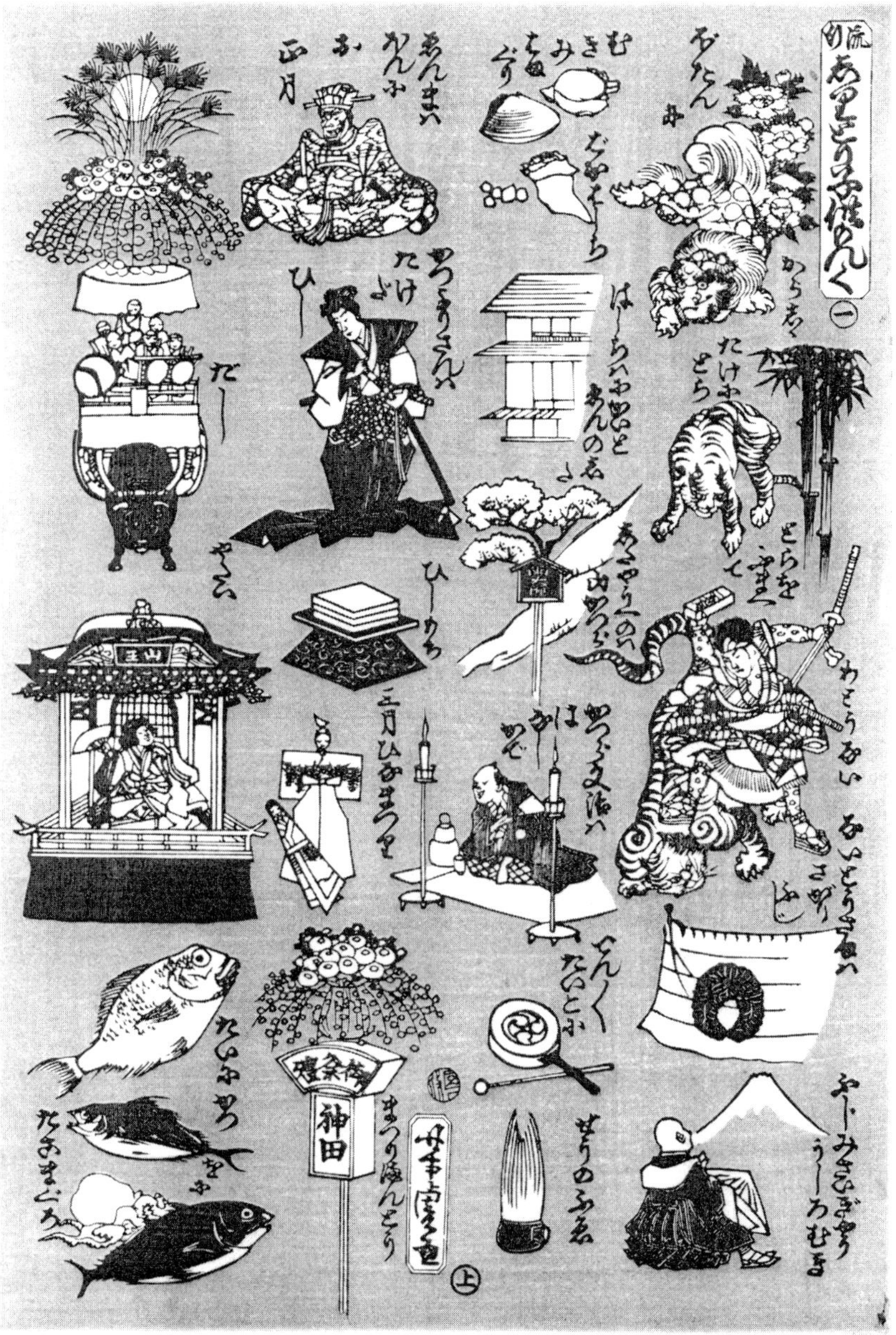

「おもちゃ絵」　流行の尻取文句は「江戸子守唄」の節回しでも歌われ、子守唄にもなった。

提供＝尾原昭夫

泉鏡花

――亡母を山中に訪ねて

小林輝治
（こばやし・てるや／金沢湯涌夢二館館長）

鏡花を語ろうとする場合、気になる問題の一つが「わらべ唄（伝承童謡）」、それもきわめて限られた唄にだけ見せる鏡花の偏愛ともいうべき関心である。

その一つは、冥界・魔界との関連でうたわれる唄。「天守物語」（大正六年）で、女童《めわらわ》たちに「通りゃんせ」をうたわせながら幕が上がる。それは、白鷺城の天守が、人間の立ち入ることを許さない聖域・魔界であることを意味している。鏡花の幼時を回想した「をさなあそび」（明治三十一年／「飛花落葉」所収）に「黄昏《たそが》るゝ頃」、いわゆる〝逢魔が時〟の唄が紹介されている。これは「児等《こら》」が「手に石を拾ひ、二ツ両手に持ち」カチカチと打合せながら「あはれなる声してうたふ」。そして子どもたちが「八ツの鐘ぢやといふ時、出たよ、わあーとばかり、おばけに逐《お》はれたる状《さま》にてちり〴〵に家に帰る」ものだという。〝逢魔が時〟に忽然として現れる魔怪、鏡花にはそれがきっと見えていたのであろう。

今一つは「手鞠唄」と「子守唄」。亡き母との縁でうたわれる数々の唄である。

「手鞠唄」で最も多いのは、彼自身「序」を寄せている『諸国童謡大全』（明治四十二年・春陽堂刊）に収められている。それは「東京・手鞠唄」の部にあり「御正々お正月」で始まるものである。近世初期寛永頃にできたものとされているが、この唄は、初期の「照葉狂言」（明治二十九年）に始まり、大正・昭和期にかけ、「鶯花径」「草迷宮」「天守物語」「由縁《ゆかり》の女」「燈明之巻」において挿入されている。それは多分、次の一節に起因するものであろう。「己《おら》が姉さん三人御座る、（中略）一人姉さん下谷《したや》に御座る、下谷一番伊達者で御座る」。鏡花の母すゞは、元々江戸「下谷」の生まれで、しかも伊達者、美形の人であったといわれる。それが遠く金沢の地まで来て、九歳の鏡花を頭に四人の子を残して夭折した。鏡花の場合、亡母憧憬の化身として摩耶夫人《ぶにん》のことが屢々語られるが、「手鞠唄」もまた、いつでも亡母《はは》を現世に呼びもどす、そのための回路儀式として、作中に引かれたものと思われる。

同じ様なことを、さらに切なく哀しいものとして子守唄では、感じ取ることができる。

子守唄は、普通次の三つに分類される。

（1）眠らせ唄（寝かせ唄・寝させ唄）
（2）遊ばせ唄
（3）子守娘唄（守子《もりこ》の唄）

鏡花がいつも筆に託したのは、眠らせ唄である。そこで誰もがまずイメージされるのは、「寝ん寝ん」で始まる「江戸子守唄」であろう。鏡花も、戯曲「夜叉ヶ池」（大正二年）で、百合に人形を抱かせながらそれをうたわせている。「ねんねんよ、おころりよ、ねんねの守《もり》は何処《どこ》へいた、山を越えて里へ行《い》った、里の土産に何貰うた、でん〱太鼓《だいこ》に笙の笛」。しかし、鏡花が最も好んだのは「江戸子守唄」ではない。柳田国男や松永伍一も取り上げている「花折りに」の唄なのである。これも明治から昭和にかけ、「薬草取」「紅玉」「海神別荘」「由縁の女」「飯坂ゆき」「卵塔場の天女」「山海評判記」において、鏡花はくりかえし用いている。

これは、延宝貞享（一六七三―八八）頃の刊本とされる『大蔵長太夫扣《ひかえ》狂言秘本』に既に見えるきわめて古い子守唄の一つである。鏡花はこの唄を、幼い頃、「きれいな町内の娘さん」から教えられたものと書き、さらにこう書き継いでいる。「暁起に空見れば頻迦《びんが》のやうな女房が、と云ふのは、（向《むこう》の山へ花折りに、牡丹、芍薬、菊の花。）……薬草が一時に開く、あの医王山の事だ」（昭和四年「山海評判記」参照）。医王山とは、鏡花の故郷金沢では最も高く、しかも薬草の山として、能登の石動山に並ぶ。この医王山へ、まだ九歳の少年が、母の病を直したい一心で薬草を求めひとり山へ入って行く。途中、宿で一緒になった「世にも綺麗な娘」に助けられ、無事、薬草を手に家へ帰ることができた。そして、それを母の「枕《まくら》頭《もと》に差置くと、其の時も絶え入つて居た母は、呼吸《いき》を返して、それから日増に快くな」っていったという。これは「薬草取」（明治三十六年）の荒々とした筋書きである。ところが、ここでびっくりするのは、この「薬草取」の小説そのものが全く「花折りに」の唄を骨子として、それをなぞるかのように書かれていることである。そうするとこの唄には鏡花のどんな心・心意が隠されているというのだろう。鏡花にとって単に「花折り」の唄などでなかったことはいうまでもない。これは、結論的にいえば、亡母の所在を山中に尋ねようとした唄なのである。山は天に最も近い聖なる地、いわゆる山中他界なのである。そこに亡母はいる、そこで亡母に会うことができると鏡花はそう思っていたのだ。だから、彼はくりかえし作品でうたってきたのである。今度もまた会いたい、いやいつも会っていたい。「わらっち子どんども　花折《お》んに行《い》かんか／今朝《けさ》の寒いに何花折《なんばな》んに　牡丹芍薬菊の花折りに／一本折っては腰に挿し　二本折っては笠に挿し　三本折るまに日が暮れて／あっちの小屋に泊ろうか　こっちの小屋に泊ろうか（以下略）」（金沢市田島《たのしま》町）。

びっくりするのは、この「薬草取」の小説そのものが全く「花折りに」の唄を骨子として、それをなぞるかのように書かれていることである。

●社会の不合理、不条理の吐き出し口として子守唄が使われ、時を経過して放浪の旅を続けて来たのではないか

名無しの権兵衛の歌

【子守唄の匿名性が表出するもの】

もず唱平
Mozu Syohei

もず・しょうへい　作詞家。社団法人日本作詞家協会理事、社団法人日本音楽著作権協会評議員。一九歳で詩人・故喜志邦三氏に師事。その後、松竹新喜劇文芸部の演出助手を経て一九六七年から民間放送局で本格的に作詞を始める。代表作「花街の母」(唄/金田たつえ)「はぐれコキリコ」(唄/成世昌平)他。

匿名性のもつエネルギー

どういう訳か、名前が特定出来ない時に「あの名無しの権兵衛さん」なんていったものだ。この頃のことではない。ひと昔もふた昔ものこと。これには聊か人を軽んじた気分がある。

名が不分明であっても話題の主に対し敬意を表する気があれば、たとえば「何某」とか「彼の人」とかのいい様がある筈だ。

権兵衛という名前が、どうして見下した言い方で使われるようになったのか、その理由を寡聞にして知らない。「権兵衛が種蒔きゃ鳥がほじくる」などという俚諺もあるほどだから、百姓に多い名前だったのだろう。この俚諺にしてからが無駄骨を折る愚かしい人間にこの名を当てる。「名無しの権兵衛」が軽々に扱われている証拠だ。

世に名前のあるものはゴマンとあるが、自ら名乗るのは人間だけ。いかなる生物も名乗ることがない。言い方を変えれば人間以外の生物には名前がない。名前は人間が頼まれもしないのに勝手につけたもの。

名乗ることは人間である証し。アイデンティティの拠《よりどころ》。人の営為には名前がついて回る。「名が売れる」「名が通う」「名を惜しむ」「名を汚す」「名を揚げる」「名を残す」「名を馳せる」……成句はいくらでもある。

名前に依拠して人は物をいう。だから個人のメッセージには発信者の名があるのが普通。名のない創作物がないわけではない。詠み人知らずの短詩形式の文学は少なくなく造形芸術にも匿名のものが数多くある。

この場合、コンテンツについての評価は残っても、名の方は認知の機会に恵まれない。匿名の手法を執るについてはどんな訳があるのだろう？　直ぐに思いつくのが投書。内部告発。これらには只ならぬ異議申立てのエネルギーを感じる。この手法を活用したものの一つが子守唄ではないか。

江戸期から戦前まで子守奉公に出された児らが歌った子守唄といわれる歌の多くが、奉公先の家族に対する悪口であったり、我が身の置かれている境涯の嘆き節であったりすることについては、既に知られている通り。だけど、私はこれらの歌の詠み人知らずの主体である無名の発信者たちを、無条件に子供たちであると考えることにかねてから疑問を持っている。

「天満の市」の謎

浪花の代表的な子守唄「天満の市」について郷党の先達、右田伊佐雄先生が生前私に話してくれたことがあった。この歌は新たに市を開設するためのデモ・ソングであったのではないかと。著書『子守と子守歌』（東方出版、一九九一年）にその論考が載っている。

市場の新設について代官所に嘆願する一方で、今でいう産地直売が流通の簡素化につながるし、消費者に対しても新鮮なものを早く手渡せる、と宣伝するための歌。つまり輿論《よろん》喚起を目的に誰かが作って、飴売り経由で子守っ子に歌わせたというのが先生の説である。これは仮説であって物的証拠がないとおっしゃっているが、大阪の人間にとっては疑念の挟みようのない真実のように思える。

ねんねんころいち　天満の市で
大根揃えて　船に積む
船に積んだら　どこまでも行きゃる
木津や難波の橋の下

「何でやねん？　木津や難波で採れたもん（大根）を天満まで

持って行って、それをまた船に積んで産地の木津や難波に運ばんならんのや？」

「そやな。そら理屈に合わんがな。どないなってんね？」

てな会話が町の其処此処であって……というより、そんな風に産地と卸売り市場との関係の矛盾を浸透させ、輿論醸成を目論んだ。

さすればこの筋の通らぬ歌の文句を考えたのは誰なのか？　このことについて右田先生は触れておられないけど、飴屋でないのは論ずるまでもない。百姓市設置計画者、木津や難波の農家の知恵者か？　知恵者の存在を疑う訳ではないが、こんな筋書きを歌に仕組むことなど、そうそう出来ることではない。

当職も歌作りの端くれ。臭う。作詞家とはいわないが、物書き、戯作者が関与しているのではなかろうか。突飛過ぎるといわれるかも知れないが、想像を逞しくする。

右田先生は木津、難波村の農民が大坂奉行所や西成郡代官所に嘆願をしたのは正徳年間（一七一一―一六）以来であると記されている。近松門左衛門が活躍した時代と重なるではないか。

近松はあの浄瑠璃「曽根崎心中」を、実際に起こった心中事件を種に、たった一ヵ月で書き上げ、道頓堀の竹本座で上演させたといわれるほどの書き手。劇場の贔屓で日頃挨拶を交わすほどの関係の難波や木津の有力者から「センセ、斯く斯く然々《しかじか》の事情がおます」と訴えられたら「左様な次第ならば……」とデモ・ソングを引き受けたかも知れない。

近松センセのライバル、紀海音《きのかいおん》センセもこの時期大いに活躍されている。正徳元年（一七一一年）には彼の有名な「おそめ久松・袂の白しぼり」が豊竹座で上演されている。これが四月のこと。芝居好きの農家の旦那が楽屋にご祝儀届けがてら作者部屋に顔を出して「センセ、ちょいとお知恵を預けまへんか？　春野菜が採れる真っ盛りでんねけど、採れ立てを戴いて貰えまへんねん。斯く斯く然々で……」まァ、こんな風に切り出したらどうなる？

近松門左衛門、紀海音といった大御所はとも角、その弟子のた弟子でも物書きなら、贔屓の意を汲んでデモ・ソングの一つや二つ造作なく捻り出すことが出来たろう。

想像を逞しくする由縁は、当職自身が二十代の修業時代に道頓堀の中座の芝居、渋谷天外率いる松竹新喜劇の文芸部に籍を置いていて、友人の河内音頭取りのために音頭の台本やその挿入歌を書いていたことがあるからである。他郷の人のためにあえて申し添えると、木津も難波も道頓堀の指呼の位置にある。歩いて四半時もかかるか、かからないかというところだ。

「天満の市」だけでなく子守唄と称するものの中で匿名性を隠れ蓑に、大人が社会の底辺から異議申立てをやったということがある筈だ。

異議申立ての歌として

そもそも「子守唄」という名称を事前了解事項のように語っているように思うけれど、出生時から子守唄とよばれていたのだろうか。甚だ疑問。たまたま子守奉公に出された子供たちが子守りをしながら歌うことが多かったという理由だけで、歌の総体に通り名がつけられたに過ぎない。

揚げ足取りみたいな言い条になるけど「人がみていなかったら尻をぶつ」の「じゃじゃ馬に乗せて下から槍で突いたろか」などと言い立てられてはオチオチ眠ってもおれまい。挙句の果てに「面憎い」といわれては守りされる児の方も穏やかな気分でおれない。こんな歌を歌って守りをするなんてベビーシッターの職務上の忠実義務違反といわざるを得ない。

このあたりの事情を考えると、抑圧された子守っ子たちの異議申立てもさることながら、社会の不合理、不条理の吐き出し口として子守唄が使われ、時を経過して放浪の旅を続けて来たのではないか。

我が国で一番有名な子守唄といわれている「五木の子守唄」。この歌には不思議がいくつもある。そもそも子守唄と名がついたのはそんなに古いことではないと思う。それに登場人物が複数で、しかも主人公と副主人公の配置に工夫がされている。時間の経過にともなうドラマ展開の妙なども驚きである。歌作りのレトリックを検証すると、とても守りっ子が作ったとは思えない。

誰か専門職に近い人間、先に想像を逞くしたように戯作者的な人間が歌作りに介在しているのではないかと思う。元歌の断片が綿毛のように風にとばされ、舞い落ちた地で紡ぎ直されて、何十通りもの子守唄として伝承されて来たというのが実態だろう。元歌は叙事詩？ たぶん四、五十番ある語り物であった？ これは作詞家の空想である。

重ねての推論を赦して貰えれば、この歌の出来た土壌に、農民たちがこぞって土地を捨て、藩に集団で異議申立てをした抵抗の歴史、逃散《ちょうさん》がもたらした悲劇が見えかくれする。

子守唄は子守りのためだけに使われたのではない、大人の異議申立てであることの一例を紹介しておきたい。

長崎県の離島五島に「もの搗きばやし」といわれている、三年奉公の歌である。これを三年奉公の子守唄と呼ぶ人が現地にいる。出自子守唄ではないが、守りっ子が歌ったことがあるのだろう。いや歌わせた人間がいるに違いない。

三年奉公とは「一七六一（宝暦十一）年に三年奉公の制度が始まる。この制度は、百姓、町人、職人、丸木の娘で長女を除く外は一切、年齢十五、六歳になると必ず三年奉公を命ぜられることになった……」と郷土史家の郡家真一氏の著書『海鳴りの五島史』にある。

五島藩がこんな制度を作ったのは藩の財政を立て直すためであった。それにしてもこの只働きが、あたら青春期を無駄にしたといった程度で済まなかったことは誰にでも想像出来る。奴隷的な労働を強いられただけではなく、三年の間に家中の次男、三男という家督を継ぐことが出来ない部屋住みの男たちに弄ばれ、親無し子を産みおとすといった悲劇も珍しくなかった。

奉公の後、実家に帰っても落ち着ける筈がない。彼女らの人生はもうそこで閉ざされたも同然、希望を持つことも夢みることもなかったのである。

なんとこの制度は百年続いたという。彼女らの怨恨の言魂が歌になり歌い続けられて来たのである。

三年奉公じゃと　貶《けな》すな奥様
朝は野にやり　昼にゃ山にやり
晩はハツまで物搗かせ
さぞや奥様の末よかろ
末じゃねざりになったせ
首尾よく三年つとめたならば
二度とふむまい家中屋敷
家中のとんとたちゃ　猫鳥じゃか
昼はかくれて夜あるく

（郡家真一『海鳴りの五島史』より）

地元にこれらの歌を三年奉公の子守唄と呼んだひとがいた。たぶん子守りをしながら子供から老婆までもが歌ったのだろう。出自が子守唄でなくても、十分に子守唄の資格がある。この歌もまた日本の歴史の基層部を匿名性の手法を借りて表出させたものではなかろうか。当職は詠み人知らずの手法を使って歌作りを試みようとは思わないが、子守唄における言魂のクオリティーの高さには感銘を受けている。

＊　＊　＊

『「赤い鳥」童謡　第弐集』挿絵（清水良雄・画。赤い鳥社、1920年所収）　提供＝尾原昭夫

子守唄はなぜ隠れ里に残されているのか

藤田 正（ふじた・ただし／音楽プロデューサー）

めんめんと歌い継がれる歌には、何かしらその理由があるように思う。綺麗なメロディだから、気持ちがいいから……というだけで歌は残らない。

くり返し書いてきたことだが、アメリカの黒人音楽が二〇世紀に、なぜ世界を席捲したのか。アフリカ系の人々は根っからの音楽好きだからという理屈は、ある種の差別であって、ジャズやブルースやロックンロールなどという「黒人音楽」のエネルギーのその根本に奴隷制が存在する。社会の底辺に押し込められた人々の、生きるためのバネが表現として「美しく」結実した。それが彼らの音楽の歴史性である。

被差別部落に生まれた「竹田の子守唄」の美しさ、悲しさ、そして力強さも、私は黒人音楽と決して無縁ではないと思っている。美しいが、メソメソしていない。強い。そして今に生きている。

今回、私が依頼された原稿のもともとのテーマは「いい子守唄はなぜ隠れ里に多いのか」であった。私は「竹田の子守唄」については詳しいが、子守唄全般の専門家ではない。とすると、「隠れ里」とは被差別部落を意味し、私に「竹田の子守唄」と部落との関係を書いてほしいということなのだが、まず「隠れ里」では、言葉が逆であろうと思うのだ。隠されてきた、のである。人々はおとしめられ、結婚も仕事も何もかにも、隠れるように生きることを強制され続けてきた、のである。被差別部落の人たちが自分らの故郷を「隠れ里」と、呼びはしない。

「竹田の子守唄」は、そのような歴史性の結晶である、とも言えるだろう。

出身が被差別部落であるというだけで、この美しい子守唄は、つい先ごろまで放送や音楽メディアで正面切って紹介されることは、ほとんどなかった。七〇年代の初頭、フォーク・グループ「赤い鳥」の歌声に乗せて約百万枚のレコード・セールスを上げながら、歌はその直後、突然メディアから消えた。「竹田の子守唄」が再びテレビで少しずつ紹介されるようになったのは、今から四、五年ほど前からのことだ。約三〇年もの間、この歌はずっと差別されてきた。

いや、それ以前からそうだったのである。私は縁あって『竹田の子守唄　名曲に隠された真実』（解放出版社、二〇〇三年）という本を書いた。私はなにより音楽が好きだから、日本を代表するこの名曲がムラを離れ、大ヒットとなり、次に「放送禁止歌」としての扱いを受け、そして再び「復権」してくるという、おおよそ百年の大ドラマを感動しながら取材させてもらった。だが、地元に貴重な元唄（二曲）が存在し、なおかつこの歌を今の自分たちの生きる証明として歌い続けている女性たち（部落解放同盟改進支部女性部）がいる、というその事実そのものが部落差別と密接に関わっていることに、しばらく気づかなかった。

つまり「子守唄はなぜ被差別部落に残ったのか」である。

京都市の伏見区には被差別部落がある。「竹田の子守唄」は、その地域に生まれた歌だが、取材を続けるうち、六〇歳は過ぎても元気一杯のお母さんが「私、小っさい頃は子守り（奉公）に出てました」と言うのである。日本の各地でたくさんの

娘は赤ん坊を背負いながら、母は暗い部屋で京鹿の子を絞りながら、ムラの子守唄を「歌い続けた」のであった。

「守り子」が赤ちゃんを背負って歩いたという光景は、太平洋戦争を境に急速に消えていったが、その例に多分に当てはまらなかったのが被差別部落の子どもたちだった。部落の子らも、周囲の地域の子らと同じように就職して賃金をもらいたい。だが貧困を極める家庭環境では、ろくに学校も行けない。まして職に就こうにも部落の子には就職差別が待っており、たとえ首尾よく工場労働者となったとしても、工員仲間や上役からもイジメ抜かれる。そして泣く泣くムラに帰ってくる。ムラには日雇い、内職といった仕事しかない。

もちろんこれは竹田に限ったことではない。竹田でも、母親は朝から夜遅くまで働きづめだったそうだ。若年層も必死で家計を助けた。そんな生活の中、娘は赤ん坊を背負いながら、母は暗い部屋で京鹿の子を絞りながら、ムラの子守唄を「歌い続けた」のであった。

ゆえに歌の記憶、一字一句の意味は今も鮮明である。文字どおり、生きている。一般の女性たちが勤めに出て、子が公的に保育・教育されてというシステムから長く疎外されて来たがゆえに、「歌は被差別部落に残った」のである。

母の思い出、子への愛。それだけではないムラの子守唄の強さ。今や「竹田の子守唄」は、反差別の歴史的象徴として、そして命の歌として、二一世紀を歩み始めている。

早よもいにたい　あの在所越えて
向こうに見えるは　親のうち
　どしたいこうりゃきこえたか
足が冷たい　足袋こうておくれ
お父さん帰ったら　こうてはかす
　どしたいこうりゃきこえたか
「竹田の子守唄（元唄）」

アリラン

【五木に伝わるのは子守唄か】

村上雅通
（むらかみ・まさみち／熊本放送報道制作局専門局次長）

一二年前、私は中国内モンゴル自治区に暮すエベンキ族の村を目指していた。氷点下四〇度というのに、車窓からは、馬に乗って雪原を駆け抜ける若者の姿が目に入ってきた。彼らは遊牧騎馬民族の末裔たちだ。私の目的は、彼らの音楽の拍子を確かめることだった。村の長老らお年寄りにエベンキ族の伝統的な歌を一〇数曲披露してもらったところ、その半分は三拍子、二日前に調査したタフール族の音楽と共通していた。私は、三拍子が騎馬民族のリズムではないかという思いを強くした。

実は、この時〈五木の子守唄〉が何故三拍子なのか、その謎を解明するテレビドキュメンタリーの取材を進めていた。〈五木の子守唄〉は、昭和五年、地元に伝わる唄の収集に熱心だった人吉市東間小学校の音楽教諭田辺隆太郎氏が初めて採譜したものだ。ご遺族からその楽譜を送っていただいたが、田辺氏は「子守に三拍子は変態である」という注釈をつけていた。日本で最初の三拍子の音楽は、一九〇二年（明治三十五年）作曲された〈美しき天然〉といわれている。おそらく、それ以前から唄われて来た〈五木の子守唄〉のリズムが三拍子だったことに田辺氏は驚いたのだろう。

ところが、お隣韓国の伝統音楽は、〈アリラン〉に代表されるように八割以上が三拍子なのだ。騎馬民族の末裔たちの取材で分かったのは、万里の長城の外側にあたる中国東北地方から朝鮮半島にかけた地域に三拍子のリズムを持つ音楽が多いということだった。かつて、騎馬民族が駆け巡った大地だ。

人間の動作は、歩行に象徴されるように二拍子が基本だ。つまり、三拍子には人間の動作にはない動きの要素が含まれていることになる。それが、乗馬したときに人に伝わってくる〈跳ねる感覚〉だ。

事実、日本に飛び跳ねる踊りはほとんどない。一方、韓国の踊りには跳ねる動作が目立つ。だが、歴史をさかのぼってみると、民族の流れは朝鮮半島から日本へと確実につながっている。

「もしかしたら、かつて日本にも三拍子があったのではないだろうか」という仮説をたて取材を進めたところ、雅楽や長唄の一部に三拍子の要素を持つ曲が見つかった。また、織田信長時代のポルトガル人宣教師ルイス・フロイスは、著書『日本史』の中で、飛び跳ね、狂喜乱舞する神社の巫女を描写しているのだ。断片的な三拍子の存在から、かつての日本には、今以上に三拍子の音楽が存在していたと類推できた。古墳時代以降、二拍子が主流である万里の長城内側の音楽が入り込み、三拍子を駆逐してしまったのではないかという推論も芽生えてきた。

ところが、番組のアドバイザー役だったわらべ歌研究家尾原昭夫氏が、私の推論を覆す研究成果を見せてくれた。尾原氏は番組への協力をきっかけに、全国で採譜された子守唄八一一曲のリズムを分析した。その結果、三拍子の要素を含むものが三〇曲みつかり、その内の二五曲が〈五木の子守唄〉が採譜された熊本県人吉、球磨地方のものであることが分かったのだ。もちろん、〈五木の子守唄〉は二五曲のなかの一曲だ。さらに取材を進めていくと、人吉、球磨地方には三拍子を含む臼太鼓踊りも見つかった。その時、すでに地区で踊られることはなかったが、

もしかしたら、〈五木の子守唄〉は子守唄に形を変えた望郷の歌だったのかもしれない。

記憶をもとに地元の人に踊っていただくと、飛び跳ねる動作が随所に出てきた。

何故、三拍子が集中しているのか、人吉、球磨地方との接点を探っていくと、約四百年前の灌漑工事が浮かび上がってきた。球磨川からの水で周辺の土地を灌漑する工事が始まったのが、豊臣秀吉の朝鮮出兵の直後なのだ。朝鮮出兵で秀吉軍の先兵を務めたのは、熊本の領主だった加藤清正だ。戦いは秀吉の病死で一五九八年に終ったが、秀吉軍はおびただしい戦死者を出した。その多くが熊本各地から徴兵された農民たちだ。にもかかわらず、熊本城の建設や前述の灌漑工事など大量の労働力を必要とする土木工事が始まっている。多数の戦死者を考慮すれば、どうやって人を集めたのだろうか。

考えられるのは朝鮮から連れてきた捕虜たちだ。果たして清正が何人の捕虜を連れてきたかは不明だが、薩摩、島津氏は約一万五千人を朝鮮から連行したことが朝鮮の『宣祖実録』に記されている。このことから、熊本に連行された朝鮮人の数は想像できる。また、工事終了後も、彼らが止まったという事が十分考えられる。

〈五木の子守唄〉がどの時期に歌われるようになったかは分からない。ただ、この地域には、三拍子のリズムに違和感を抱かない人たちが住み続けていたことだけは疑いようのない事実だ。「おどみゃ盆ぎり盆ぎり……」という歌詞に続く「はよ戻る」とは、ふるさと朝鮮に早く帰りたいという彼らの願望を表したものではなかろうか。もしかしたら、〈五木の子守唄〉は子守唄に形を変えた望郷の歌だったのかもしれない。それは、朝鮮民族の魂を歌った〈アリラン〉に通じるところがある。取材を終え改めて聞き返してみると、そんな思いが頭をよぎった。

モンゴルの子守唄に見る大自然に沿う生き方

もり・けん
（詩人、ミュージカル作家）

「翼を風に乗せて　一羽の鳥が往く　その目を北へ向けて　ひたすら羽ばたいて
＊ブエーン　ブエーン　北が恋しいと
ブエーン　ブエーン　夢で鳴いてる」

　一五年前、モンゴルの歌手オユンナが歌ってヒットした「天の子守唄」（エルデネツェツェグ作詞、藤公之助訳詞）は、モンゴル草原を飛び立ってヒマラヤを越えて遠くインドの地へ渡るアネハヅルのことを歌っている。

「翼に夢を乗せて　南にあこがれた　まぶしい空だけれど　心はなじめない
＊繰り返し」

　一番はモンゴルへ帰るツルを、北が恋しい、故郷の草原モンゴルが恋しいと歌い、二番は、南にあこがれて行ったけれどなじめない、やはり故郷がいい、故郷へ帰ろうと歌う。遊牧民は自分が生まれたところ、育ったところを大事に思っている。ちなみに、ブエーンブエーンは、ねんねころりんと同意である。

　私の故郷は大阪だが、私たちの民族モンゴロイドの故郷はといえばモンゴルの草原である。ルーツの地に行きたくて一〇年前、私は出版社を辞めて、あこがれの大地を踏んだ。三六〇度周りを見回しても人間の作ったものが一つも無い草原で、自分の存在がどれほど小さいものかを思い知らされた。移動式住居ゲルから、飲料にする川の水を汲みに子供が何度も往復する。「川の側にゲルを建てればいつでも汲めるよ？」と疑問を投げかけた私に、遊牧の父はいった。「空を飛ぶ鳶や鷹も舞い降りて川の水を飲む。川縁の穴には野鼠が住む。野鼠はすばやく水を飲み又穴に戻るが、時には鳶や鷹に襲われ命を奪われる。虫たちもほかの鳥たちも人間も、生き物は皆この水を飲ませてもらって生きている。生き物の中で一番強い人間が川の側でデンと居座っていたら、他の小さい生き物が近寄れないではないか」と。

「自分が飲めさえすれば他はどうだっていい」と自分の事しか考えられなくなってしまった私。教育出版社で絵本編集をしていたのは何だったのか？と強い衝撃が私の脳内を走った。彼らは人間の中でも弱い子供に水を汲ませる。子供はその仕事を通して、水の大切さに気づいていくという。年間降雨量が二三〇ミリという超乾燥地帯では、水は大切な資源である。乾燥が進めば雨が降るのを待つしかない。それは人間の手に委ねられていない。すべては神の手による。

「チンギスハーンの根源《おおもと》は、上《かみ》なる天《あまつ》神《かみ》よりの命運《さだめ》を以《もつ》て生まれた蒼い狼であった。その妻は薄紅色の牝鹿であった。」この書き出しで、元朝秘史は始まる。根源は、神なのだ。

ＮＨＫスペシャル「大モンゴル」の中でも歌われたモンゴルの子守唄は歌う。「我らチンギスハーンの子孫。母なる川の畔に住まいするものなり〜」彼らはチンギスハーンを祖と仰ぎ、子守唄として代々歌い継いでいる。

実は、この国の一九九一年以前は、ロシア（当時のソ連）の影響下の社会主義国であった。そこではチンギスハーンは抹殺されていた。ソ連は、彼らが崇拝している英雄を奪い、宗教をも奪った。僧を殺しその建物や仏像をことごとく破壊した。チンギスハーンの孫フビライハーンが広めたチベット仏教を封じ、チンギスハーンの名も封殺したソ連。モンゴルの伝統的な文字も奪い、それを使うことも禁じた。喋りはモンゴル語、書きはロシア文字（キリル文字）の使用を命じた。しかし、一九九二年ソ連は崩壊し、モンゴルにはチンギスハーンが蘇った。民主化に伴い伝統的な文字も復活した。遊牧の民は、伝統を取り戻すのにたいして時間を費やさなかった。ソ連は民の心までは奪えなかった。彼らは、仏教とともに、自然の万物に宿る神を崇拝していた。それは太陽であったり、月であったり、水であったり、土であったりした。

親から子に、子から孫に歌い継がれた子守唄や童歌には、自然に対するおののきや感謝の言葉が多くつづられている。それが故郷を愛する心につながる。

「満月の光に照らされた故郷がかすかに見えた。蜃気楼の中に揺れる集落、家畜が群がる故郷が愛しくてたまらない〜」と子守唄は歌う。母は子にこの歌を贈る。必然的にこの歌は子供の脳裏にしっかりと根付き、遊ぶとき、働くとき、自然に口ずさむ。それが遊牧民のベースになる。彼らは街に出てもこの歌の世界を忘れない。心はいつも草原の自然とともにある。大自然の中に自らを小さな存在として、大自然にそっと寄り添って生きる。そしてその心を子守唄にして代々歌い継いでいく。これぞ子守唄の大きな役割の一つであろう。

親から子に、子から孫に歌い継がれた子守唄や童歌には、自然に対するおののきや感謝の言葉が多くつづられている。

三十
子もりに
西ぎやう

III

子守唄の現在と未来

「子守おんぶ」（恵斎廊芳幾画・辻岡屋板「ちんわんぶしおさな双六」部分）
提供＝尾原昭夫

●子守り歌には、乳幼児の心を和ませ、母親の母性愛を活性化し、育児意欲を強くする効果がある

医学から見た子守り歌

小林　登
Kobayashi Noboru

こばやし・のぼる　東京大学名誉教授、国立小児病院名誉院長、子ども虹（虐待など）情報研修センター長。一九二七年生。東京大学医学部卒業。小児科学。子ども学。著書『風語怎思』（小学館）『育つ育てるふれ合いの子育て』（風涛社）。サイバー子ども研究所 Child Research Net(http://www.crn.or.jp/)

「子守り歌」を唄う育児行動は、人類共通のものであり、遠い昔から子守り歌は世代から世代へと唄いつがれてきた。現在でも、社会や文化の違いを超えて、先進文化、伝統文化を問わず、さらに地球上の東西、南北も問わず、それぞれの社会で子守り歌は唄われている。

わが国でも、子守り歌は古くから唄いつがれてきたが、同時に社会の流れの中で、最近は新しい歌も取り入れられている。その反面、最近の母親は子育ての中で、子守り歌を唄うことが少なくなったように見える。

音楽教育の水準の高いわが国で、子守り歌が唄われない理由を考えると、先進化、都市化と共に子育てが広く社会化され、核家族化、少子化によって、子守り歌の伝承が弱くなった為と思われる。さらには、社会の物質的な豊かさの陰に、人々に優しい心がなくなり、人間関係そのものも稀薄になって、子守り歌を唄う心の余裕がないとも考えられる。この様な理由は、現在の少子化にも関係しよう。

上述の社会的な流れの反映と思われるが、「子育てが楽しくない」、「わが子がかわいくない」と訴える母親、さらにはわが子を

虐待する母達が多くなり、小児医療の現場でも、母親の育児不調、育児不能、さらに育児障害とでも言うべき問題が多数見られるようになった。

この様な母親達に、子守り歌を唄わせることによって、優しい気持ちを取り戻させ、より良い子育てが出来るようにする、また、わが子への虐待なども予防出来るのではないか、と筆者は久しく考えて来た。さらには、子守り歌の流れる街になれば、わが国の少子化問題を解決する糸口にもなるとさえ思うのである。

本文は、筆者の日頃考えている子守り歌の医学的な意義、またその基盤になる音楽一般の脳科学的機序を述べる目的で、筆者が関係した平成四年のNHK「すくすく赤ちゃん」子守り歌公開放送の際に行ったささやかな研究成果の発表論文（小林登、松井一郎、谷村雅子、「子育てと子守り歌」、『周産期医学』第二三巻第六号、八八五〜八八九頁、一九九三年）を修正、加筆したものである。

1　子守り歌とは

子守り歌とは、一般に乳幼児をあやしたり寝かせつけたりする時に唄う歌と定義される。もちろん、この様な目的で唄われる歌は、上述の様に子どもの好きな歌、例えば童謡とか、現在の様にテレビの普及している時代では、コマーシャルソングやアニメの歌などもあり得るので、広義にとればこれらの歌も含めて、「子守り歌」と呼ぶことが出来よう。

わが国では、古くから唄われた民謡の中に、雇われた子守りの女の子が、保育労働の辛さや、雇い主に対する恨みなどを歌に託して気を晴らすために唄った歌も、子守り歌と呼ばれている。「五木の子守り歌」は、その代表である。これらは、子守り歌としては特殊で、わが国以外ではあまりみない様である。

子守り歌は、歌一般の特殊なものであるが、他の歌と同じ様に歌詞という言語的要素と、リズム、ピッチ、メロディ、拍子、音色などの音楽的要素が組みわされた情報体として時間と共に流れるものである。

言葉が理解できない乳幼児には、肉声の音楽的要素が大きな効果を出す。言語の理解ができる年齢の子どもや成人には、歌詞の言語的要素と肉声の音楽的要素の組み合わせが効果を出すと考えるべきであろう。音楽における歌唱（音声・コーラス）やオペラ（行動も加わるが）に対比出来る。

2　子守り歌の分類

わが国では、いわゆる子守り歌は、江戸時代から「寝かせ歌」と「目覚め歌」、あるいは「遊ばせ歌」とに分けられてきた。

（1）「寝かせ歌」

わが子を眠らせようとする時、わが子を抱いたり寝かせて体をなぜたり、リズミカルに体を軽く叩きながら唄う子守り歌を指す。ほとんどの寝かせ歌は、あまり意味のない音節群を繰り返したり、歌詞も「おとなしく眠ればご褒美あげる」の様な内容である。「ねんねんころりよ、おころりよ、坊やは良い子だ、ねんねしな」と言う江戸子守り歌はその代表である。

（2）「目覚め歌」と「遊ばせ歌」

乳幼児が眠りから覚めて機嫌が悪い時、目が覚めている時でも、あやしたり遊ばせたりする目的で唄う子守り歌である。多くの童謡や子どもが好きな歌もこのタイプに入る。「お月さまいくつ、十三、七つ」「うさぎ、うさぎ、何みてはねる」などは、その代表であろう。

ヨーロッパでは、子守り歌を“lullaby”と“cradle song”とに分けている。

（a）**Lullaby**

このタイプの子守り歌の“lulla”は意味のない擬声の繰り返し、“by”は「バイバイ」を指す。正に、あやしたり、なだめたり、機嫌をとったりして、子どもを眠らせる子守り歌である。“lulla”という言葉が英語圏に現れたのは十六世紀中期で、わが国は足利時代、フロイスが来日した頃であるという。

（b）**Cradle Song**

“cradle”とは、乳幼児を入れる「ゆりかご」である。静かにゆったりとしたリズム（四分の三または八分の六拍子が多い）をとって、ゆりかごを揺らしながら唄う子守り歌が“Cradle Song”で、これも寝かせ歌である。“cradle”という英語は、十六世紀末に英語圏に現れたと言われている。ケプラーの天文学の時代であり、わが国では豊臣秀吉軍が朝鮮に侵入した時代であるという。

3　NHKすくすく赤ちゃん「子守り歌」公開放送における調査研究

すでに一三年程前の平成四年九月二十九日かつしかシンフォニーヒルズ（モーツァルト・ホール）で行った「子守り歌」公開放送に際し、全国から子守り歌に関する投書が約六百通よせられた。NHKの協力により、当時の国立小児病院小児医療研究センター、小児生態研究部（現、国立成育医療センター研究所、社会医学研究部）が、それを分析する機会を得た。また当日、会場の雰囲気などと子守り歌との関係も検討した。

表1　よく歌われている子守り歌

子守歌		
日本の子守歌	152	(14)
新しい日本の子守歌	151	(14)
西洋の子守歌	58	(5)
外国の子守歌	7	(1)
子どもの歌		
昔からの子どもの歌(童謡・唱歌)	435	(40)
新しい子どもの歌(新しい童謡・唱歌・テレビ幼児番組・アニメ)	146	(13)
自分が好きな歌		
ポピュラー	111	(10)
愛唱歌	24	(2)
一般テレビ番組	7	(1)
賛美歌	6	(1)
計	1,097	(100%)

平成4年ＮＨＫ「すくすく赤ちゃん」による調査より。
数字は各分類に属する歌を書いた延べ人数。括弧内は%。

(1) 母親はどんな子守り歌が好きか

上述の投書を分析して**表1**の結果が得られた。昔から唄い継がれた子どもの歌、すなわち童謡などが一番多く四〇%で、それに日本の子守り歌、新しい日本の子守り歌、新しい子どもの歌が続き、それぞれ一四%であった。そしてポピュラー・ソングも一〇%は見られた。重複している歌もあるが、それなりに当時の傾向が伺われる。

昔から唄い継がれて来た日本の子守り歌としては、「江戸の子守り歌」が特に多く、「中国地方の子守り歌」、「五木の子守り歌」などが続いた。多くは、投書した当時の母親達の母親が唄っていた歌が記憶に残っていたのだろうか。

新しい日本の子守り歌としては、「ゆりかごの歌」(北原白秋作詞・草川信作曲)が最上位にあり、全ての子守り歌、さらには童謡なども含めてトップにランクされている。シューベルト、ブラームス、モーツァルトなどの外国の歌もよく唄われていた。

童謡、唱歌などの子どもの歌としては、「七つの子」「ぞうさん」「犬のおまわりさん」「さっちゃん」「夕やけこやけ」「おうまの親子」「どんぐりころころ」などが目立っていた。これらは幼い頃に母親と歌ったり、いつも流れているラジオやテレビの放送で自然に記憶したり、さらに幼稚園や保育園、あるいは学校でみんなと一緒に歌って覚えたものであろう。

テレビやアニメに関係した歌の中では、NHKの「おかあさんと一緒」の「雨ふりくまの子」、「森のくまさん」、ディズニーのピノキオの「星に願いを」などが挙がっていた。さらに、子ども番組で紹介された歌もかなり含まれており、当時の若い母親がテレビやビデオの子ども番組やアニメからも新しい歌を取り入れ、子どもをあやしながら唄っている様子が伺われた。恐らく、現在も同じ傾向であろう。

その他、子守り歌や子ども達の歌以外では、青春時代に口ずさんだであろうポピュラーソング、友人と合唱したであろう合唱曲、あるいは賛美歌なども挙げられていた。いずれも美しい曲が多く、忙しい家事や育児の中で、懐かしい歌を口ずさみながら、親達は安らぎや落ち着きを感じていたに違いない。

(2) 子守り歌を聞いた子どもの反応、母親の反応

子どもの子守り歌の効果についての母親のコメントを整理して**表2**の結果を得た。「泣き止む」、「眠る」、「大人しくなる」と答えたのは三九%、喜ぶと答えたのは二二%であった。したがって、子育ての中で、子守り歌は子どもの心を楽しませる、安らげる効果(soothing effect)を果すと考えた母親は六一%にもなった。現代の母親も、寝かせ歌、さらには遊ばせ歌としての子守り歌の効果を

表2　母親が語る子守り歌の効果

子どもの心を静める・安らげる		
子どもが泣き止む・おとなしくなる・眠る	225(39%)	61%
子どもが喜ぶ	129(22%)	
歌を通して子どもに語り掛ける		
子どもの名を入れて替え歌にする	96(16%)	24%
子どもと一緒の時間を過ごすため	13(2%)	
子どもの成長への願いを歌に託して	26(4%)	
大好きな気持ちを伝えたい	12(2%)	
自分も和む・勇気付けられる・幸せな気持ちになる	233(39%)	
記憶にあった・母が唄っていた	140(24%)	

NHK「すくすく赤ちゃん」による調査より。
( )は回答者584名中の割合(%)

体験しているに違いない。

また、母親自身の「心が和む」、自分も同じ様に唄ってもらったり、幼い頃を思い出し「幸せ一杯」の気持ちになる、「勇気付けられる」と言う母親は四〇％であった。心のどこかに子守り歌の記憶を感じた母親は二四％もあった。

歌を通してわが子に語り掛けるという回答も二四％あった。わが子の名前を入れ替えて唄う（一六％）、元気に育つようにと願いを込めて、美しい歌を聞いて優しい子に育って欲しい、大好きだという気持ちをわが子に伝えたい、自分が好きな歌を唄っている時の優しい気持ちが伝わるように、などが書かれていた。

まだ話せない小さなわが子に、健やかに育つ様にとの願いを伝えたい、という母親の気持ちが感じられた。

一般論として、子守り歌を唄う母親は、わが子への愛情が強いと言える。

（3）公開の会場で子ども達親子は子守り歌にどう反応したか

子守り歌公開放送では、歌手や演奏者による子守り歌ばかりでなく、アナウンサーの話や、出演者との対話が組まれており、会場には約五百名の母親を含めた成人と約三百名の乳幼児が集まっていた。録音・録画した当日、子守り歌などの歌が唄われている時と唄われていない時の会場の反応を比較した。すなわち、会場のざわざわしている音声や雑音を半定量的に評価して、**図1**（次頁）の様な結果を得た。

図1で明らかな様に、よく知られた子守り歌、代表的な子守り歌、また、よく唄われる童謡が唄われる時は、唄われていない時、あるいは余り馴染みのない歌が唄われている時に比べて明らかに会場は静まり、動きもなく、会場全体のざわざわした感じがおさまった。

換言すれば、子ども達は生れ乍らにして子守り歌が好きで、意識を集中して耳を傾けていたと言えよう。同時に母親も同じであって、ほとんどが子どもに軽く手を当て歌に合わせてリズムをとっていた。

子守り歌が終わってアナウンサーなどが話し始め、筆者もふくめて出演者との対話のやり取りになると、会場がざわつき、子どもがグズッたり反りかえったりするため、母親は懸命に宥めていた。しかし、なかなか子どもの機嫌は直らないでいるが、次の子守り歌が始まると途端に会場はシーンと静まるという光景が繰返された。

粗い分析ではあるが、子守り歌が流れている時の親子が一体となった会場の静けさと、合間のざわつきや、子ども達のちょっとした行動の苛立ちとの対照的な違いが印象的であった。

図1　子守り歌と親子の反応

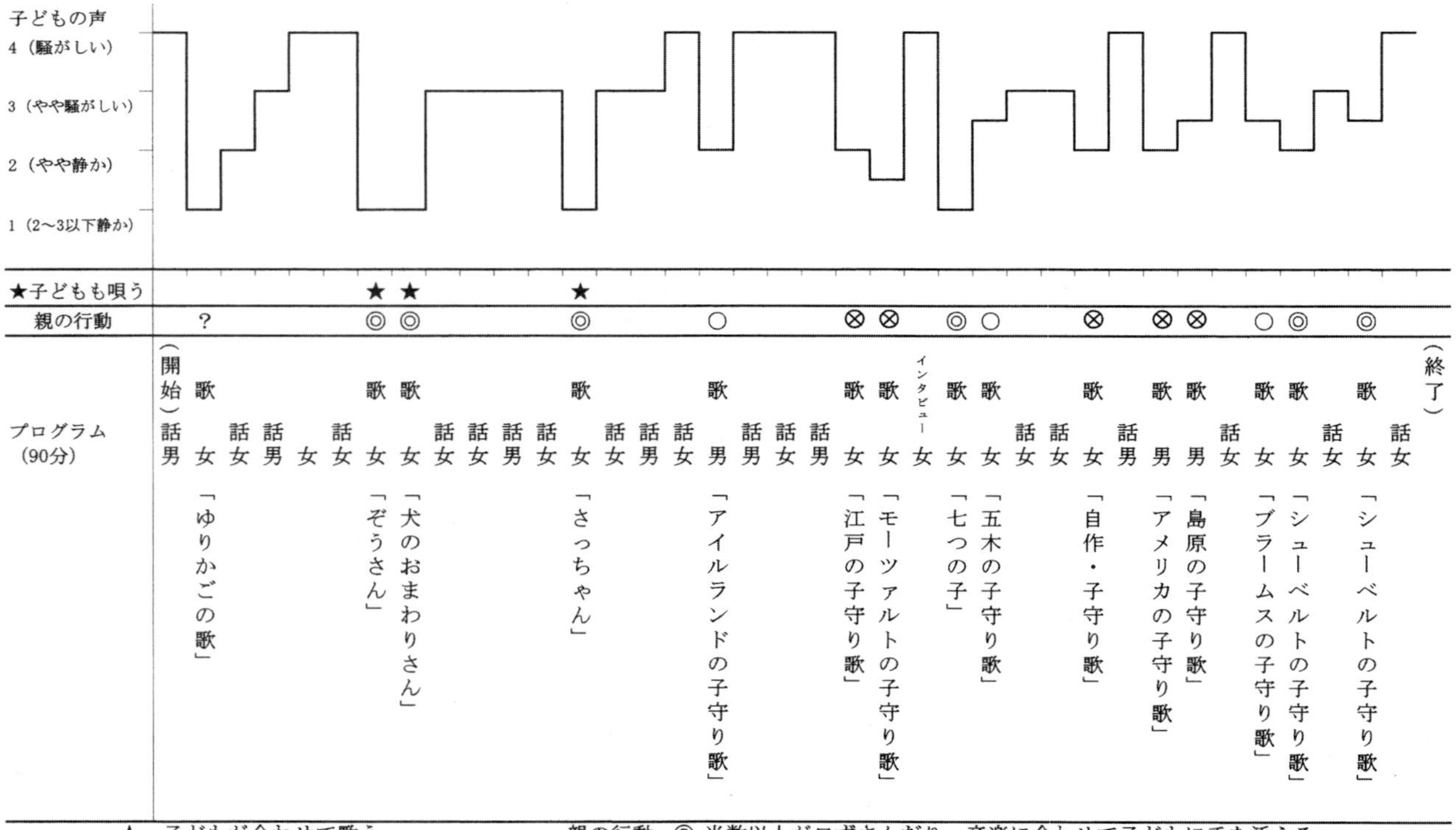

★：子どもが合わせて歌う。

親の行動：◎ 半数以上が口ずさんだり、音楽に合わせて子どもに手を添える。
○ 数名が口ずさんだり、音楽に合わせて子どもに手を添える。
⊗ 聞いているだけ。

（ＮＨＫ「すくすく赤ちゃん」子守り歌フェスティバル会場）

4 子守り歌の脳科学

子守り歌の子育てにおける役割は、人間の歴史の中で長い生活体験によって理解されてきた。大変粗雑な分析であるが、筆者らはそれをある程度定量的に確かめたと言えよう。確かに、子守り歌の肉声とそのリズムやメロディも時代や文化の背景を越えて、子どもの心、母親の心を優しく和ませる生理的効果を持つと言える。考え過ぎかも知れないが、子守り歌に対する反応は生得的な力によるのかも知れない。

図2　耳からの声や音の情報の流れ

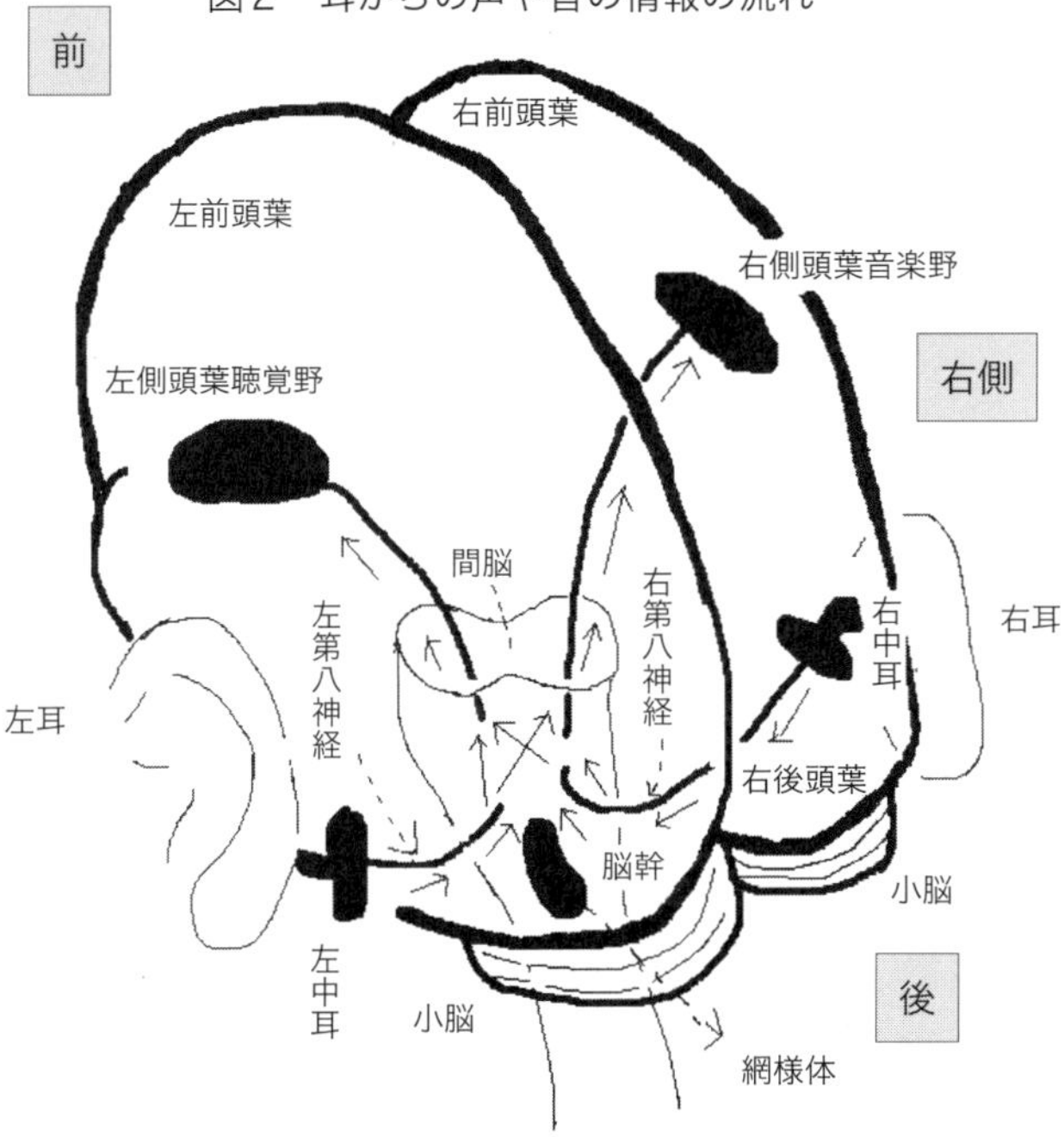

音声一般と同じように、子守り歌は音波として両耳に入り、それぞれの内耳で電気信号に変えられ、聴神経（第八神経）を経て脳幹に送られる。そこで「交叉支配」の原則に従って、視覚情報と同じ様に交叉して、情報の一部は側頭葉の反対側に送られ、残りは同側の側頭葉頂部の皮質に送られる（図2）。したがって、左の側頭葉頂部（聴覚野）にある言語理解、右にある音楽理解（音楽野）に関係する皮質では、それぞれ同側と反対側の子守り歌の情報を処理することになる。

歌一般と同じように子守り歌には、母親の声のリズム、ピッチ、拍子、音色、メロディなどの音楽的要素と歌詞の言語的要素がある。脳科学的に見ると、言語的理解は左の側頭葉頂部、音楽的理解は右の側頭葉頂部が関係すると説明されている。それは、左側頭葉頂部の障害で「失語症」、右のそれで「失音楽症」が起こることでも明らかである。

脳進化を基盤とする脳の三位一体仮説（Triune Hypothesis of the Brain）

図3　進化から見た脳の構成

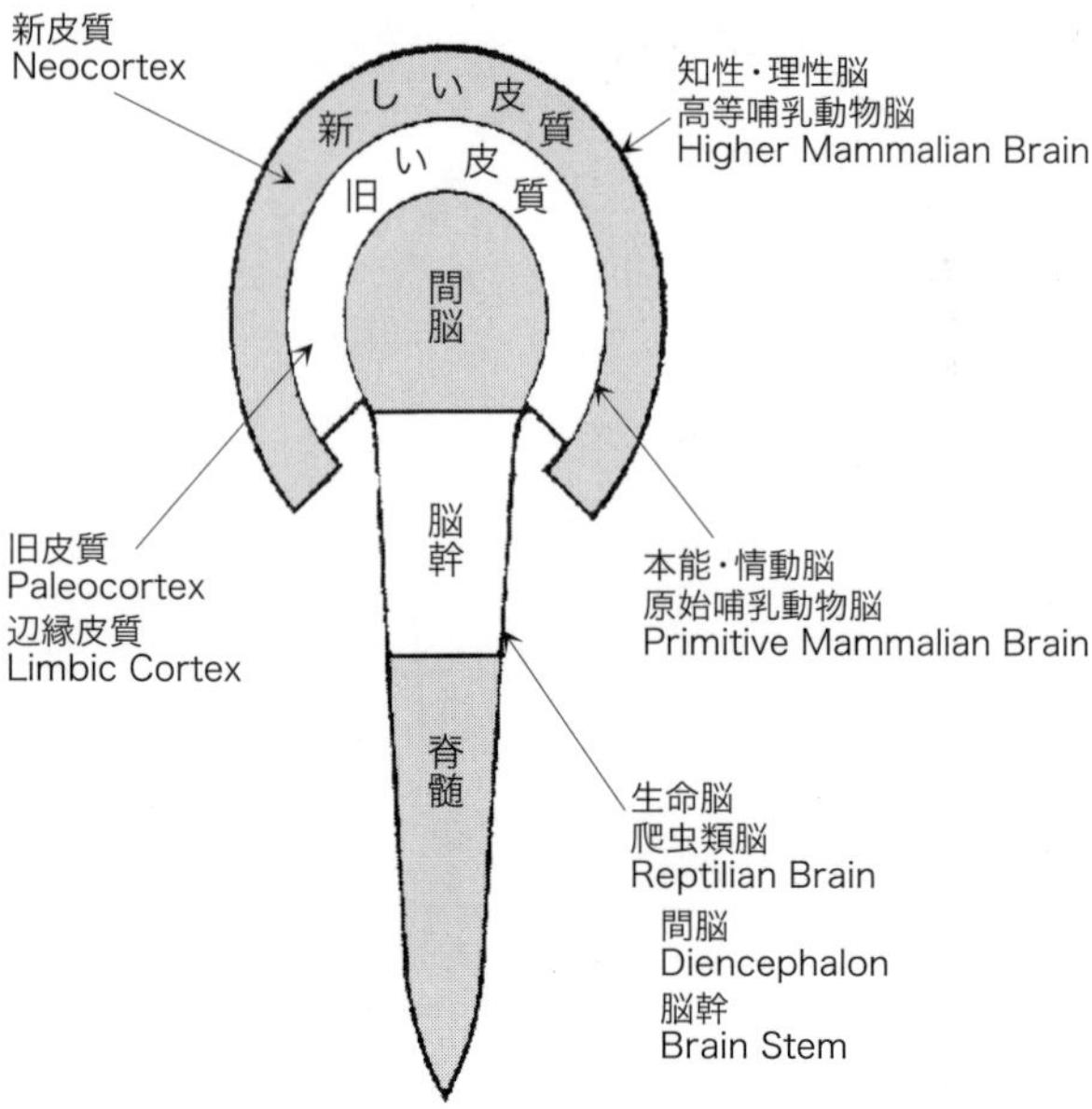

によれば、脳は、間脳・脳幹（生命脳）から始まり、旧皮質の大脳辺縁系（本能・情動脳）、そして新皮質（知性・理性脳）の順に進化し、われわれの脳の三層構造に構成され、お互いに深い関係にあると考えられている（**図3**）。胎児期から始まる脳の形態的成長と機能的発達に、この三層の相互作用が関係している。また、すでに成長・発達した成人期の脳でも、三層がお互いに関係し影響し合って脳全体として機能し、精神・心理状態と共に行動を起こしていると言える。

子守り歌の音楽的要素は、上述の右側頭葉頂部の音楽的理解の心のプログラムばかりでなく、最近の研究によると、リズム、ピッチ、拍子などは、左側頭葉も関係すると考えられている。当然のことながら本能・情動脳、すなわち大脳辺縁系（視床・視床下部・扁桃体・海馬・帯状回皮質など）にあるプログラムも活性化され、あの独特の感情（既知感）が起こるものと言える。

さらに、音楽を楽しむという行動には、当然のことながら行動を返復させるメカニズムに関係する前頭葉前連合野、視床下部、脳幹などをつなぐ報酬系（Rewarding System）も、ドーパミンやノルアドレナリン、さらにエンドルフィン（脳内麻薬物質）などの神経伝達物質などを介して関係しよう。

さらに、三層構造の相互作用は、大脳辺縁系から脳幹に及び、その網様体を活性化する。これは、NHK公開放送で子守り歌が流れると、子どもの声が沈静化した現象とも関係しよう。すなわち、一般に言う子守り歌の催眠効果は、網様体活性のレベルの低下が、催眠と関係するが、公開放送の場合は網様体の活性が高まって、意識とか覚醒のレベルが上がって、会場が静かになったと考えられる。

おわりに

子守り歌は、乳幼児の心を和ませる効果ばかりでなく、育児ストレスを和らげる結果、母親の母性愛を活性化し、育児意欲を強くする、育児行動の質を高めるなどの効果がある。また、現代の母親が唄う子守り歌を眺めると、伝承された古い子守り歌ばかりでなく、教育現場やテレビ・ビデオで覚えたと思われるものも多くなっている。少子化が進み、核家族が多い今日、子守り歌の伝承に、教育、メディアが大きな役割を果している。

現在当面している子育て問題の解決に、子守り歌を母親に唄わせる、日本子守唄協会の運動は大変意義あるものと言える。さらに、母親との接触の多い産科、新生児科、小児保健などの医療関係者もその役を果さなければならない。

すなわち、子守り歌を積極的に育児支援の場、さらに産科医療において、母親の産後鬱などの音楽療法のひとつとして応用することが出来ると思われる。それには、子守り歌の母親や子どもに対する影響の脳科学的研究をさらに発展させ、そのメカニズムを明らかにする必要がある。

謝辞

平成四年に行ったＮＨＫ「すくすく赤ちゃん」子守り歌公開放送に関係された当時の方々の御協力に改めて感謝致します。また、本稿作成に当っては、秘書の石井直子さんにお世話になったことを記し、ここに謝意を表します。

文献

柘植光一「子守歌」『大百科事典』第五巻、一一一〇頁、平凡社、一九八四。

Young Jz, *Programs of the Brain*, Oxford University Press, London, 1978（嶋井和世監訳『脳と生命』広川書店。）

高田明和『感情の生理学』日経サイエンス社、一九九六。

広瀬宏之「音楽はどこで聴いて発達するのか」『チャイルドヘルス』六号、一二、九〇四―九〇七頁、二〇〇三。
T. F. Munte, news and views, Brain out of tune, *Nature*, 415,7,589-590,2002.
松井一郎、谷村雅子「児童虐待」『からだの科学』一六六：九五―一〇一、一九九二。

小泉英明（編）『育つ・学ぶ・癒す　脳図鑑21』、工作舎、二〇〇一。

藤木完治・他著『新しく脳を科学する』東京情報センター、平成十（一九九八）。

【インタビュー】

子守唄は、今

羽仁協子（評論家）

長谷川勝子（松戸市・子すずめ保育園園長）

〈聞き手〉西舘好子（日本子守唄協会代表）

「子守唄は失われた」と言われているが、本当にそうなのだろうか？　長年、わらべうたを活かした教育を提唱してこられた羽仁協子さんから、「子守唄の実践を成功させているところがある。子供たちは子守唄が好きなんです」とお聞きした私たちは、松戸市の子すずめ保育園を訪問し、羽仁さんと園長の長谷川勝子さんにお話をうかがった。（編集部）

目次

晴天にめぐまれ、桜も満開となった四月八日の午前、千葉県松戸市の子すずめ保育園を訪問しました。子すずめ保育園は、今年で創立三十五周年を迎える私立の保育園。昨年改築が済んだばかりの園舎が青空に映えてます。園児の総数はおよそ一一〇名、新年度の入園児の慣らし保育が始まったばかりで、園長の長谷川先生も大忙しのところ、無理をお願いして見学とインタビューをさせていただきました。

幸い、予定より早めに現地に到着したので、羽仁協子さんが現われる前に、まず長谷川園長に、保育の現場での体験をお話しいただくことにしました。

子供たちは子守唄が大好き

長谷川　新年度入園の、ついこのあいだ、運営説明会をやったんです。最近のお父さんお母さんって、片方が家にいて片方が来てくだされればと思っていたら、みんな夫婦で来るんですよ。みんな熱心で。だから子供を当然連れてきちゃうんですよ。ここは狭いんですけれども、二百人ぐらいぎゅうぎゅう入りこんで……。私はわりと声が通るほうなんですけれど、後ろのほうの方が「声が聞こえません」といって、で、入って来た方がいてざわざわしてたので、その時に、なかでお話しするつもりだったのですが、パッと子守唄を歌ったんです。そうしたら、ざわざわしてた子もいっぺんにサッと静まって、シーンとなったので、それでまた話を続けて。ついでに「子守唄を自分の家で歌っている人はいますか」って、ニュージーランドの方とかアメリカ、中国、韓国の方とか、いろんな国籍の方もいるので聞いたら、何人か手をあげられたので、そこから話に入って、それでおうちで子供によくしてほしいという話だったんですけれど。保育園で親御さんにお願いするのは、子供と本気で接してほしいという話、それしかないですよね。

西舘　その時は何をお歌いになったんですか。

長谷川　その時には「ねんねんねやまの」。

西舘　たしか「江戸子守唄」の類歌の一つですね、「ねんねんねやまの」は。

長谷川　ああ、そうなんですか。私たちはそこまでルーツは調べたりはしないで、自分が気に入った歌というか……。私の三番目の子がいつも「ねんねんねやま」を歌ってというので……。

西舘　お気に入りの歌なんですね。

長谷川　子供部屋に三人で寝てましたから。上の子の時は、必ず絵本を読んで、寝つきがいいのですぐ寝ちゃうんです。でも、三番目はいつも子守唄を歌って。

西舘　じゃあ、お子さんで実践ずみなんですね。

長谷川　そうですね。

西舘　今回、この「子守唄よ、甦れ」という別冊をつくるために、羽仁さんは音楽理論もなさっていたので、子守唄の音階についてお願いしたら、先生の方から「いや、そんなのは嫌だ」と（笑）。「甦れ」じゃなくて、もう「甦っている」って。実際にもうたくさんの園で子守唄やわらべうたが唄われていて、子供たちはそれらが大好きよ、と逆にアピールすべきなのでは、と。それで、実践しているところをまず見なさいと。

長谷川　私たちはまったくの実践家なので、なぜ歌うと子供がほんとにうっとりして聞くのか。うちは子育て支援も今年からやりはじめたんです。親子でいらっしゃるので、話のなかで必ずわらべうたとか子守唄を入れるんです。その時もちょっと実際に歌ったんです。そうしたら、走り回ってた子とか赤ちゃんとか、いっせいにパッと見るんです。で、ずうっと聞いているんですよ。お母さんがおっしゃるには、抱いていたんだけれど、ずしっと重くなったというんです。要するに赤ちゃん自身が力をすべてを抜いて、お母さんにあずけた。それが抱いててわかったっておっしゃって。お母さんも、自分が聞いてて気持ちよかったって、そんなふうにおっしゃってましたね。

●**長谷川勝子**　はせがわ・かつこ
1945年生。保育専門学校卒業。社会福祉法人竹友会子すずめ保育園長。ＮＰＯ法人・コダーイ芸術教育研究所理事。

現代の親は忙しい

西舘　子守唄の普及をやっていると、若いお母さんたちに反発を食らうことがあるんです。子守唄なんか歌って育てられるようなひま人じゃないっていうお母さんがいるんですが。

長谷川　私もずっと三人育てて働きつづけたけれど、それを後悔したことはないですね。いろいろありますよ。山あり谷ありで、自分が保母なのに……とか、この年になって……とか、いろいろありましたけれど、でも後悔したことは一度もないんです。ただ、自分でも気をつけていたし、お母さんにもお願いしていることがあるんです。それは自分が働きつづけているのは、経済的な面ももちろん私の時代はありましたけど、それだけじゃなくて、結局、私自身が働きたかったわけです。だから夫と協力しあってやってきたわけだけど、当然、子供には親といっしょにいる権利もあったわけでしょう。そこのところを自分たち夫婦の都合で保育園にあずけたわけですから、そうしたら門を出た瞬間には、自分の子供を早く迎えに行きたいって思いましたよ、その当時。

西舘　それはそうでしょうね。

長谷川　とにかく夢中で迎えに行って、帰る時は会話して帰るとか。寝るまでのあいだはとにかく子供のために時間を使ってくださいってお願いしてるんです。その間に工夫することはたくさんありますよね。ご飯もつくらなきゃいけないし、洗濯はしなくちゃいけないし……。でもそういうことも、お母さんは昼間何をしているかを子供に話してあげなさいと。

　ある人が、そういうふうに全部話してあげてたという実践を何かで羽仁さんが見て、勉強会の時に私たちに話してくれたので、それから私も子供にきちんと、お母さんはこういう仕事をしていて、何時になったら赤ちゃんのお世話をしてるという話をして、その代わり夜帰ったら子供が寝るまでの時間——九時にはうちの子はピタッと寝てたので——、それまでの時間はほんとに子供と楽しみましたね。洗濯することも、あなたの洗濯物をいっしょに入れようとか、ご飯を作っている時には何を作ってる、きざみができるようになったらいっしょに手伝ってもらう。だから寝るまでのあいだは子供に、と決めて、その代わり九時からは大人の時間ねと。子供にそれをはっきりいって。私自身はそういうふうにしてきたんです。

西舘　時間的にきちんとしてないとそれはできませんね。

長谷川　そうですね。いまは逆にお父さんお母さんの労働時間が大変長くなっているので、私の論を押しつけるわけにはいかない。私の時代には幸いに夫も市内の中学校の教師だったから、お互いに部活や何かあったとしても、一週間のうち何日かは夕食の食卓に顔をそろえることができたんです。でも今はそれができないご家庭が増えてます。だけど工夫はしなくちゃいけないですよね。昔から言い古されているけれど、時間の長さじゃなくて質だよということで、私たちも懇談会では、親御さんにわらべうたの「遊ばせ遊び」とか子守唄を必ず教えます。それから月に一回、園で「わらべうたとおはなしの会」というのを夕方からやってまして、それに参加していただいて知ってもらうとかやっています。体がふれるでしょう、わらべうたの「遊ばせ遊び」は。それがいいんですね。「スキンシップしなさい」って、わざわざするんじゃなくて、子供も自然に手を出すし、そういうやり方をつづけてきてるんです。

西舘　いいですねえ。

長谷川　いまは逆に保育園に来てる子はまだしあわせなんです。だって保育園で保母さんが、その子のために全身全霊、一生懸命みて、わらべうたもたくさんやっていて。だからお母さんが歌えなくても、子供が家に帰ってモニョモニョ歌うから、「先生、いま何をやっているんですか、教えてください。なんか手をこうやるんだけど」って、お母さんが。

西舘　ああ、子供から親に伝わっていく。

長谷川　そうです。だからここにいる子は、たくさんあふれるようにやってもらってます。地域のご家庭にいらっしゃる方には、地域子育て支援の為の「まめっちょフロアー」という事業を、週に三回やっているので、そこでは必ず教えています。

歌の力

西舘　保育をなさる方も、わらべうたや子守唄を仕入れたり考えたりするわけですね。そういうことを羽仁先生も提唱して、そういう保育士になってほしいということをおっしゃってましたね。その時間を割く保母さんたちは大変ですね。楽しんでやってますか。

長谷川　私たちがやりはじめたころは、羽仁さんもお若かったから、必死にあちこちでやってくださって、怒られながらやったりしてましたけれど。でも私たちのなかにも、そういう歌が入っているんじゃないんですか、ＤＮＡじゃないですけれど。だからだれでも自然に歌えるんですよ。私は学校の先生とか養護学校の先生に頼まれて、何年間か教えに行ってるんです。最近は園舎を建て替えるので、三年間みんなお断りしてましたけれど。それで、ああ、わらべうたにそんな力があるんだと思ったのは、十年ぐらい前かな、いまでも忘れられないんです。養護学校で重度のお子さんをあずかってますね。そこでたくさんのわらべうた、「遊ばせ遊び」を教えてきたんです。そうしたら、そこの先生が、産れてから一度も笑った事がない子が笑ったって言うんです、「ゆらし遊び」をやってたら。ああ、やっぱりこの子にも感情があるって。だから喜びとか快の感情を生むようなものをたくさんたくさん、私たちが日常のなかでやりましょうって、私はいつもいってるんです。もちろん不快の感情もあって、それは葛藤が解決していくので、葛藤のない生活はありえないですけれど、それにしても快の感情を生むようなものがたくさん日常のなかにあることは大事なことですね。その重度の子が笑ったというので、私も教えに行っててすごくうれしかったんです。

西舘　新潟の地震で体育館に避難した人たちが、大人はみんなぼんやりテレビを見てるけれど、子供があきちゃった時に、お年寄りが「ずいずいずっころばし」とか唄って遊んだんですって。いまの子供は知らないのに。それですごく助かったという話をききました。抱きしめることと遊ばせてあげることが、あそこでも役に立った。おばあちゃんの意味がやっとわかりましたっていうことがあったそうです。そんな大事な

体がふれるでしょう、わらべうたの「遊ばせ遊び」は。それがいいんですね。（長谷川）

全部マニュアル化されて育ってくると、自然に出てくるものが出なくなっちゃうんでしょうかね。（長谷川）

ものを、忘れてるのかしら。

長谷川　そうですよね。伝えられてこなかったでしょう。私たちの世代はかろうじて、小学校の休み時間というと校庭に飛び出して行って、「とおりゃんせ」とかで夢中で遊びましたよ。記憶にあるんだから、小学校の三、四年ですね。クラス中でやってましたね。それから、羽仁さんに教えてもらったような「遊ばせ遊び」じゃなくて、うちの母は、私の子のおむつ交換なんかすると、おなかに「アッププププ」とかやってくれたり、乳児マッサージじゃなくて、そういうのを自然にやってくれていましたね。

西舘　ほんと、私もやりました。お風呂に入ったあとで、赤ちゃんを「のびのびのびー」ってね。

長谷川　そうですよね。あれはもう自然に出ますよね。何か全部マニュアル化されて育ってくると、自然に出てくるものが出なくなっちゃうんでしょうかね。こういうときはこうしなくちゃいけない、こういうときはこうしなくちゃいけないってね。

西舘　なるほどね。

長谷川　だけど、いまのお母さんはほんとに素直ですよ。だから子供大事にしましょうねっていって……。

西舘　素直ですか。メディアに特殊な例がどんどん出てると、そうとう母親のほうがおかしくなっているんじゃないかって感じてしまうのですが。

長谷川　それはよく言われるし、十年前と何が変わりましたかって、そればっかり聞かれるんだけれど、子供の本質が変わらないと同じように、お母さんになった気持ちの喜びとかね。その後に大変な負荷がかかるのは、どの時代も同じじゃないですか。

そこに羽仁協子さんが登場。いきなり厳しい言葉が飛びだします。

子守唄は恋歌

羽仁　だけど幼児は子守唄で寝やしないじゃないの（笑）。私たちもはじめは子守唄を歌えば寝かせなくてはいけないって思ってたけれど、そういうのはだいぶなくなりましたので、乳児もべつに寝かせているわけじゃないね。寝たい子もいるだろうけれど。

長谷川　いまお話ししてたんだけれど、去年、育児センターに来ていたお母さんが、私が歌うとほんとに赤ちゃんがパッと私のほうを向いて聞いてて、子供が全部リラックスして、お母さんに体をあずけるって。お母さんが「あっ、この子がいま重くなりました」っていったのよ。だからそういうのはあるんですね、リラックスするというか。

羽仁　おしっこしてうんちしちゃう、ついでに。

西舘　そのぐらい全面的にリラックスするんでしょうね。

羽仁　謎ですよ。だから子守唄に私は近づくまいと思ってる（笑）。いや、ほんとですよ。だれが何のために歌ったのかって、だれも学問的にわかってない。

西舘　そうですね。

長谷川　それはでも、寝かせつけるためじゃなかった？　私は子供のころ、三歳しか違わないのに妹を背中におぶって、とにかくお母さんがお守りしろっていうから。でもあの当時でも頭よかったよ。妹に鈴を持たせて、家の周りを一周するの。まだ茨城の疎開先で、東京に帰ってこれないころ。で、こうやって鈴を持たすでしょう。早く寝てほしいわけよ、下ろしたいから。たぶん「江戸子守唄」しか母に教わってないから、「ねんねんころりよ」を歌って。そうすると重くなってきて、鈴をポロンと落とすと寝た証拠で、それを拾って家に帰って、「お母ちゃん寝たよ、早く下ろして」ってやったのよ。寝かしつけてたのよ。

羽仁　でも私はたぶん西舘式のインチキ説ですけれども（笑）、あれは絶対、恋歌だと思うんです。日本には恋愛歌がないでしょう。だから子守唄と称して、年ごろの女の子が男の子に訴えて歌う。

西舘　なるほど、なるほど。子守唄は恋歌だというのは新説です。

羽仁　日本の民謡の特別な形ですよね。だんだんにそうなってそれが子守唄として定着してきたんだと思います。わらべうたもそうだもの。だんだんにわらべうたになってきたので、そもそもがそうではないですね、絶対に。

西舘　でも恋歌であってほしいですね。定説は、おばあちゃんがただ寝かすために歌う子守唄のほうにいってるけれども、ほんとは、早く寝させれば、私とあなたと恋

●**羽仁協子**　はに・きょうこ
1929年東京生。自由学園小学校卒。ドイツ・ライプツィヒ音楽大学卒。音楽教育。黄柳野学園理事長。
著書『子どもと音楽』（評論社）『新しい家庭教育の創造』（雲母書房）『コダーイ・システムによる音楽指導の実際』（全音楽譜出版社）ほか多数。

が語れますねぐらいの想いを歌って、子供に謎をかけながら、夫に妻に謎をかけながら歌われるような子守唄が出てきたら、子守唄は本物になるかなと私は思っているんです。でもそこまでいってない。

羽仁　そう教科書どおりにはいかない。

　ここで、いったん休憩をはさんで、実際に保育の様子を見せていただくことにしました。

　最初に見学したのは一歳〜二歳児がいる部屋。元気に駆け回っている子供たちがいる中で、保母さんにしがみついて離れない子や、大人しく玩具で遊んでいる子、また私たち部外者が部屋に入ってきたのを見て、興味を引かれて近づいてくる子もいます。しばらくすると、部屋の片隅で、一人の子が泣き始めました。最初はことばをかけてあやしていた保母さんですが、その子がしばらく泣き止まないのを見て、静かに子守唄を歌い始めます。

　てってのねずみ　はしかいねずみ
　むぎくて　わらくて
　こめくて　こちょこちょこちょ
　ねんねん　ねんねんよ
　ようねんねしたら
　ぱっぽをちいて　さめて
　ちんぎるちんぎる　たべさすぞ

　泣いていた子は、その歌声に吸い寄せられるように、保母さんと目と目を合わせます。部外者がいて落ち着かなかった子供たちや、走り回っていた他の子供たちも、しばし動きを止めています。歌によってすーっと部屋全体の空気が変わり、子どもたちはそれに包まれているようです。子供たちが子守唄に引き寄せられている様子が実感できました。

　続いて、三歳〜五歳児の子供たちの部屋に移動しました。てんでんばらばらに遊んでいた子供たちに向かって、保母さんが「わらべうたをするよ」と声をかけると、みんな周りに集まってきます。

　最初は、保母さんが「たけんこがはえた」の唄を歌いました。覚えやすいシンプルなフレーズですが、まだ一緒に声を出す子はいないようです。二回、三回と歌を繰り返すうちに、保母さんに合わせて口を動かす子や、小さく声を合わせる子も出てきました。最後は「それじゃみんな一緒に歌おうね」という保母さんの促しで、子供たちもみんな元気に歌に合流しました。

　たけんこがはえた　たけんこがはえた
　ぶらんこ　ぶらんこ　ちゅうがえり

　そのまま続けて、歌いながらの遊びをします。保母さんが歌って、歌の最後で一人の子の頭にぽんと手を置くと、その子は、グループから抜けて部屋のすみにぴゅーっと駆けていきます。そうやって一人また一人とグループから抜けて行く遊びです。

　たんぽぽ　たんぽぽ
　むこうやまへ　とんでけ

　最初は、抜けて行った子は寂しそうに待っていますが、抜けた子供の方が多くなっていくと、大声で次の子を呼び寄せたりして、だんだん盛り上がってきます。逆に、残っている方の子供は、しだいに心細くなってきて、最後の一人は、自分の番を待ち望んでいたように、仲間たちの方に駆けて寄っていきました。

　一緒に歌いながら体を動かすことで、子供たちの間にまとまりが生まれてくるように感じられました。

日本では弾圧されたんだもの、わらべうたは。なんで弾圧したのかという証拠はあるんですよ。（羽仁）

弾圧されたわらべうた

西舘　先生は三十五年前にハンガリーから戻られましたね。そのころ、日本の幼稚園で、日本の古い音楽、伝承されるような音楽を取り入れようというのは、やってませんでしたでしょう。

羽仁　わらべうたなんかだれもやってなかった。研究してる人はいっぱいいた。学校の先生のグループがあったんです。間宮芳生さんとかがいらして、わらべうたはいいねえ、研究しましょうって言ったきり、議論が続いている。

西舘　研究者は山ほどいるんですけれども、実践者はなかなかおりません。自分の趣味で伝承者と名乗ってる方はたくさんいらっしゃるんですけれども、実際に伝承させるには、歌う子とか、歌う人が日常のなかに入らないといけないのに、ほとんどなかったような気がするんです。今日、ここに参りまして、あんまり自然体になってるからちょっとびっくりしました。

羽仁　私たちの場合は両方ですね。そういう自然のものをいまの子供たちに与えていかなくてはいけないということと、近代化のなかでもう一度しっかりした親子関係をつくりなおさなければ、いまのままでは行かれないという、その両方がちょうど時期的にも一致したというか……。私は長くハンガリーに行ってて、コダーイがハンガリーの社会で考えたことを学びました。コダーイの場合は幼児教育ではなくて、ハンガリーの社会全体を支えるものがハンガリー民謡だという考え方で、そのためには学校で全部そういう理念のもとに音楽教育をしなくてはいけないと彼は考えた。アカデミーの教授から何からたくさんお弟子さんがいて、それでハンガリーの音楽教育そのものに着目した。最近、その考えの元になったのがペスタロッチだということがわかってきて。ペスタロッチは、社会がどんな音楽をするのかということは、社会が決めなければいけないって言ったそうですね。それをコダーイがゆずり受けて、ハンガリーが根っこにあるような社会をつくるのに、これだけ豊かな民謡があるって……。だけど、私はわらべうただけは日本のほうがずっと豊かだと思いますよ、ハンガリーよりもっと。

西舘　民族の伝承されたものを子供たちの基礎としておけという、私たちから見ると、あたりまえのことなんだけれども……。

羽仁　だって日本では弾圧されたんだもの、わらべうたは。なんで弾圧したのかという証拠はあるんですよ。明治三十二（一八九九）年に外国人居留地が撤廃されたんです。それで外国人がどこに行ってもいいということになりましたでしょう。その年に、これからは外国人が日本中に、おまえの村にも現れるかもしれないって脅かしたわけよね、県を。それで盆踊りとかわらべうたとか、外国人が見るとみっともないから、なるべくしないほうがいいよという通達を出したんです。それがどこかに出てたんです。

西舘 山梨の「エンコ節」という盆踊りの曲がありますが、『日本民謡大集』という本の中に、そのころ十六年間、盆踊りが禁止になってたというのがありました。

羽仁 わらべうたも弾圧されてたんですよ、いっしょくたにね。

西舘 明治ってあんまりいい時代じゃないですね。

羽仁 あんまりどころじゃないですよ。

西舘 それこそ鹿鳴館からはじまって日本の文化はだめになった。

羽仁 だけど結局は、軍国主義に向かってたからですよね。だけどいまの軍国主義よりはましかもしれないけれどね、石原慎太郎の。東京都の教員いじめというか、同じじゃないですか。

西舘 なるほどね。

官製のわらべうたはない

西舘 どうして文部省はわらべうたを導入しようとしないんですか。

羽仁 だって日本の軍国主義というのは、絶対に日本じゃないものね。

西舘 明治以来ですね。

羽仁 明治というか、結局いまはアメリカだから、日本の伝統をほんとにやったら革新になっちゃうんですよ。だからいま少しずつ梅原猛とかが『古事記』とか、ああいうものに手をだしはじめていますね。昔話だってそうだけれど、民衆の根っこというのは必ず一つですよ。だからわらべうたに官製はないんです。純粋なわらべうたはあるけれども、官製のわらべうたはない。戦争中だってわらべうたは禁じられていたでしょう。禁じられたというか、やらなかったんだもの。あれだけモーツァルトはいけない、ベートーベンはいけないといっても、軍歌が全部ヨーロッパの音階でしょう。そこから先へいったらそれは危険思想なんです。だって日本の資本主義がくつがえるじゃないですか、みんながわらべうたをやったら。だからやっぱり無知蒙昧でなきゃいけないんですよ、民衆は。

西舘 日本に目覚めちゃいけないんですね、逆にいうと。

羽仁 そうよ。

西舘 子守唄はまさにそうです。個の歌だけれど個に帰られると困るという、それはいまでも変わらないと思います。というか、個が確立するとか自立するということをいちばん国は望まない。

羽仁 羽仁五郎〔父〕さんだって、私がわらべうたをやることに反対したんですよ。

純粋なわらべうたはあるけれども、官製のわらべうたはない。（羽仁）

世の中の音楽がずっと俗化しましたものね、アメリカナイズというか。そういうのに立ち向かえない。（羽仁）

西舘 そうですか、でも父親じゃないですか。

羽仁 それとは別に関係ないでしょう。彼から見れば、わらべうたというのは民族主義だというんです。だから理解しなかったんですよ。一回だけ見にきたけれど、「こんなにおおぜいの人がやってるのか」と言っただけだった。だから最後まで好意をもたなかった。だって彼はすごく偏見のある反民族主義だったから……。

西舘 日本のリベラリストの典型ですよね。ハンガリーでコダーイにであって、民族というのはとっても大きいし、そこで学んだことから見て、日本の民族のある部分の根っこみたいなものが大事だということを学べたんじゃないですか。

羽仁 まあね。以前から興味はありましたけれど。だから東欧だってみんなそうですよ。バルトークも民族主義者として非常に排斥されたわけですから。

学校にわらべうたを

羽仁 それで私はコダーイに倣って、今なんとかして学校にわらべうたを復活したいと思っているんです。

私たちはわらべうたの教科書まで作ってやっているんです。だけどどうしても保育園・幼稚園までしかいかないんです。学校の先生にもわらべうたをやってた人はいたんです。ここに子供を入れた親で教員の同僚たちがこの子すずめ保育園を見にきて、「こんなふうにできるの！」っていって、自分たちのクラスでも取り入れたんです、この松戸では。だけど、だんだんそういうことに賛同する人が少なくなって。みんな疲れちゃうんです、歌うときは大声を出せとか……。それから世の中の音楽がずっと俗化しましたものね、アメリカナイズというか。そういうのに立ち向かえない、それだけの実力がないんです。そして音楽教育を牛耳っている小学校の先生たちというのは、もっとできのいい人たちというか、どんどんそっちへもっていっちゃうのね。

西舘 なんだか西洋がいいという流れがつくられてしまったから、日本の土着のものを恥ずかしいと。子守唄はまさにそうですね。四年前に日本私立幼稚園連合会の会長さんに、子守唄、わらべうたを実践的にやらないかという提案にいったんです。その時「何いってるの？」と言われました。教育者はお母さんじゃないんだ、私たち専門家に向かって何をいうかと。そんなにわらべうたや子守唄をやりたいなら、余興でやらせてあげましょうかって言われました。そういう人がトップにいるということで私の怒りが爆発して、子守唄協会をつくった。育児について専門家だと大上段で構えるというのはどういうことだろうと。音楽教育とかわらべうたは一切いらないと。

逆にいうとそれは立証だと思うんです。それをやるとお母さんとのつながりが深いことを思いださせちゃう。保育園の教育が成立しないからということだろうと思うんです。だから実際にここで実践の様子を見ると、なぜこれが広がっていかなかったのか不思議でならない。そっちのほうにみんなが流れていってしまって、レコードでいいと。

羽仁 でもやっぱり保育の勉強をしなければわらべうたなんかできないんですよ。だってレコード一つあるわけじゃないでしょう。テレビだって……。テレビで今やってるあんなインチキなの、あれは流行ってるけど……。

西舘好子

長谷川 野村萬斎さんの「にほんごであそぼ」ですか。

羽仁 そうそう。ああいうように細切れだよね。

西舘 宮沢賢治の詩をやったり、わらべうたを歌わせたりというのははやってますね。

羽仁 あれは少し流行っていて、「あ、それ知ってる」みたいな子がいるわけよね。

西舘 「寿限無」をやったり……。でもあれも一つの危機感だと思うんです、日本にたいする。全てを統一してしまう。

羽仁 危機感なんてないですよ、NHKに。デパートだもの（笑）。これもちょっとやっておかなくちゃ世に遅れちゃうみたいな……。みんな商売気しかないですよ。

わらべうたを始めたころ

西舘 先生はハンガリーからお帰りになってすぐ実践をおはじめになったんですか。

羽仁 そうです。半年後です。

西舘 ご自分ですぐ幼稚園をおつくりになりましたね。受け入れる土壌は、ある程度あったということでしょうか。

羽仁 でも全然違う人たち。紹介もしてもらいましたけれどね。自分が行って指導しなければ力がつかないからというので、どこか紹介してくれないかって。足立の興野保育園ともう一か所、母〔羽仁説子〕に紹介してもらって行きました。

西舘 日本にお帰りになってから、すぐに現場の保育の先生に教えられたんですね。

羽仁 あっという間でしたよ、その人たちが仲間を連れてきたのは。横浜の公立の一番ぐらいの保母さんとか実力派がみんな来たので、それで広がったんです。外からの関係ではなくて。だからみんな待ち望んでいたんです、こういう保育がしたいって。

西舘 それはいま広がっているんですか、停滞しているんですか。

羽仁 私たちは、保育としてすごくしっかりしたものにしてきたので、今それで広

子守唄はものすごくむずかしいですよ。世界中にこんなむずかしい民謡はないですよ。（羽仁）

がってますよ。昔は私たちはわらべうたしかしてなかったもの。朝から晩まで歌って、もう気ちがいみたいだった。でもいまは、ましな日本人を育てるために大変いろんなことをしているので、ちょっとわらべうたはね。声とか耳とか素質でしょう、音楽っていうのは。だからそれはその量でがまんしないと。音楽だけやっててもしょうがないでしょう。

西舘 羽仁先生は、子守唄についてはどのようにお考えですか。

羽仁 子守唄はものすごくむずかしいですよ。世界中にこんなむずかしい民謡はないですよ。日本の民謡はものすごくむずかしい。だからそれがすたれる理由の一つですよね。それが日本の宿命といいますか、大衆的じゃないんですね。

西舘 それは音階の問題もありますか。

羽仁 なんでしょうね。ありとあらゆるものがいっしょになって、日本の民謡というキャラクターのなかに。個人で歌うというう……。だから、私たちがハンガリーのコダーイのお弟子さんたちとつきあってるなかで、日本の民謡を紹介すると、いっしょには歌えないわねって必ずいうんです。むずかしいんです。一人一人のこぶしが違うとかね。

西舘 そうですね。だからまた貴重だというところもあるけれども。

羽仁 ちょっと信じられないぐらい、それは社会構造の鏡。だからほんとは、耳がよくて、音楽が好きで、歌も歌えるという社会学者を一人捕まえなくちゃいけない。

西舘 そうですね。いま日本子守唄協会でも、集めた子守唄が四千曲ぐらいあるでしょうか。一つ一つの曲の背景は、どれも日本の歴史とつながっていますから圧倒されますね。

さっき、先生は恋歌とおっしゃいましたね。

羽仁 恋愛歌よね。ヨーロッパの民謡は、ほとんどが恋愛歌でしょう。だから労働歌みたいでも中身は恋愛歌だし、子守唄も中身は相手がいて……。ああいう美しいメロディーは、人が恋してる時しか思いつかないものね（笑）。

西舘 恋をしてないと空も青く見えませんからね。ほんとにそうだと思います。いま私たちは人をちゃんと愛せるなんて忘れてしまってるんじゃないですか。

羽仁 もちろん忘れてますよ。このあいだも、もう引退されたけれど、私たちの研究を助けてくれてる日本の音階論の大家の東川清一さん、あの方はわりと周囲を気にしないでやってきて、考えていることは近いんだけれど、彼ですら「羽仁さん、いくらそういっても、いまわらべうたは過去のものだって、みんな思ってるよ」って。だから、何をいまさらって。

西舘 先生も過去のものだと？

羽仁　冗談じゃないよ。

西舘　そんなことありませんよね。

羽仁　そんなことないというか、これからわらべうたをわれわれが子供といっしょに学校にぶつけて、革命を起こさなきゃいけないですね。

西舘　いいこと言ってくださいますね。

羽仁　いや、そうですよ。わらべうたを細々と小学校でやってる人たちは、「ほんとに子供がよろこぶのよね、だけどこれを見ない人は何にも信じないね」って。「羽仁さんたちおかしいよね、そんなものにかじりついててどうするのって、だれだって思ってる」っていうの。だけど私も初めてわらべうたをやるという時はついて行きますよ。一日ぐらいはやる先生がいるんですよ。そうすると子供はほんとに真剣になってやるんだけれど、先生が横から「大きい声で歌いなさい」とかね。だから帰りには嫌になっちゃう。かわいそうよね、子供が。

西舘　ほんとにかわいそうですよ。

羽仁　だいたい自分の国の音楽をやらせてもらえないというのは、植民地じゃないですか。それがまずかわいそうですね。

西舘　そうですね。私たちも何度かわらべうたをやりに行ってますけれど、どこへ行ってもソプラノの高い音で教えているんです。きれいに歌えって。

子守唄は孫まで待て?

西舘　私は孫のために子守唄をやろうと思ったんです。

羽仁　子守唄はだめですよ、あきらめてください（笑）。それはまたその先五十年。

西舘　そうですね。

羽仁　だからわらべうたで育った世代がお母さんになってようやく……。そうでないと、子守唄にみんながいろんな飾りをつけちゃって、とんでもない、救えなくなりますよ。

西舘　おそらく私の世代は子守唄を聞いていて、私が歌ってたので子供もばらばら聞いてるけれど、その下はお母さんから聞いてないんです。だからこそいまの子供からつくっていく、あるいは私は母親からつくろうと思ったんですけれどね。

羽仁　そうですよ。やっぱり近代的なものがなければ。豊かな人格を求めるという、それが育たなければ、わらべうたはとてもこんなに苦労しながらできないですよ。子供ってこういうものだろうということをいっしょに教えていくから、そうねということになるので。ただわらべうたが好きでやってるわけじゃないんですよ。だってわらべうたに先生なんていないんだもの。自分の心を出せる人がわらべうたをやっていくわけです。どう歌ったらいいのっていう人たちといっしょに……。

西舘　そうですね。それをなんとなく自

だいたい自分の国の音楽をやらせてもらえないというのは、植民地じゃないですか。（羽仁）

わらべうたを学校でやらなければ絶対にだめですよ。（羽仁）

然に覚えていった子が母親になって、次の時に子守唄を歌えるというところまで……。

羽仁　でも、わらべうたを学校でやらなければ絶対にだめですよ。変だけれど、人間というのは学校で教わったことというのは、これは何か価値があることだってだれでも思っているんです。だからいまの子たちは反発してるわけでしょう。こんなものに価値があるわけがないって。大声を出せとか、あいさつをしろとか、「それ本気なの？」って。だから子供はばかじゃないっていうこと。何がわかってないとか、そういうものじゃないって、子供は。それはやっぱり大きいですね。

西舘　子供の脳と大人の脳はそんなに変わりがない。ただ配線がどこでつながるか、どういう経験をするかぐらいなことで、三歳位までに脳は出来上がるという立証がされたわけだから、子供がばかであるわけがない。むしろ利口すぎるぐらい。

子守唄のムーブメントに向けて

西舘　私はずっと生きてきたなかで、似非文化人みたいなのがたくさんいる中にいたので、何がいちばん基本かなと思ってた時に、子供の問題から糸をたぐりよせるようにしてわらべうたと子守唄というところへきたんです。だからほんとは専門家でもなんでもないんです。正直いってわかりません。音符も読めません。全然わからないけれど無謀にも協会をつくっちゃった。個人でやってたら、たぶん二、三年研究して本が一冊ぐらい出て終わりというところへいってしまうと思うんですけれども。

羽仁　このあいだのテレビ［西舘が出演した］を拝見したときに、やっぱりこれぐらいいいかげんじゃないと、協会はつくらない（笑）。私だってあなたがおつくりになったときに、わらべうた協会にしなきゃだめなんだよねって思った。そうじゃないと、どうしても保母だけとか学校の先生だけとかになって、関係ない人を巻き込めないでしょう。

西舘　わらべうた協会はたくさんあるんです。日本に何百ってあるんじゃないですか。わらべと何とかの会とか、わらべうたを歌う会とかというのは……。

羽仁　それはみんなオルガン伴奏みたいなものでしょう。

西舘　それはほとんど大人たちが集まって、大人たちが歌ってる。でもおっしゃるとおり、子供に歌わせることをしなきゃ……。

羽仁　ただのナツメロなのよね。

西舘　ナツメロか、なつかしがってる。

羽仁　お手玉でチョンチョンやったり……。

西舘　わらべうたの中にも子守唄が入ってるので、最初はわらべうた協会でもよかったんです。でも童謡協会と同じように、わらべうた協会もある。ないのが子守唄だったんです。それでこれは子守唄協会をやったほうがいいなと思ってやって、いまアッパーカットを食らってます。それは先生がおっしゃる教育、言語、思想という三つの柱をもってる、日本の古いものを今きちんとしておかないと、日本という国はなくなっちゃうというのが……。それは私の代でなくなるのは一向にかまわないけれど、私の子供や孫の代でなくなるというのもちょっとせつないなと思ったものですから。

羽仁　やっぱり小学校を変えましょう。

西舘　それでいい加減な元気さで、やれやれということで動かされるわけですね。私は演劇畑ですから一つ一つテーマを絞って、いま、わらべうたと子守唄をいろんなテーマでやってるんです。ただ歌うんじゃなくて、男たちのためにとか、下町に限定してみたり、戦後の弾圧のことを洗ってみようとか、子守唄の背景を全部やってみようとか……。でも行きつくところはおっしゃるところと同じです。ほんとにつぶそうとする力が動いてないかぎり歌はつぶれない。でも、つぶれていっているということですね。

羽仁　世の中はとってもいいかげんですからね。お気をつけにならないとどんどん引っぱられていくというか……。まあ、私は教育に興味もあったし、ハンガリーでいろいろ教えてくれる人もあったので、みんなにリーダーシップをとれてきたわけですけれども、日本はそれがないから、教育がみんないいかげんだからね。

西舘　いいかげんでいいですから、ぜひこれからも力を貸してください。どうもありがとうございました。

（二〇〇五年四月八日　於・子すずめ保育園）

●今のような時代だからこそ祈りにも似た心の癒しの歌が親子共々必要だと思います

「子守唄」看護考

小林美智子
Kobayashi Michiko

こばやし・みちこ　県立長崎シーボルト大学教授。一九三九年生。信州大学医学部卒業。小児保健学。著書『母乳哺育のすゝめ』（地湧社）『桶谷式母乳で育てる本』（主婦の友社）

1　笑わない赤ちゃんが増えてきた！

「おやおや、どうしたんだろう……」診察台の赤ちゃんに聴診器を当てながら目を見つめても、赤ちゃんは知らんぷりです。眉間にしわを寄せ、不機嫌な顔をしています。

月一回実施される隣町の三～四ヶ月児の乳児健診での風景です。カルテの名前を見て、○○ちゃん、○○ちゃん、と声をかけますが、表情は変わりません。聴診を終えて、ベッドの傍に立っているお母さんに声をかけました。「お母さん、いつものように赤ちゃんをあやしてみて。」「?!……」身奇麗にしたお母さんはキョトンとしています。「ほら、赤ちゃんをあやしてみて」お母さんを何度か促しますと、赤ちゃんをのぞきこんで「○○ちゃん、ほら、○○ちゃん」と、声をかけます。赤ちゃんは少しは反応しますが、ニコリともしません。

こういった赤ちゃんが、増えてきています。前任地の長野県伊那保健所で一〇市町村の乳児健診をやっていましたが、十数年ぐらい前から気になりだしていた現象です。順調に育っていますと、生後三〜四ヶ月頃の赤ちゃんは人生で最もすばらしい笑みを見せます。まだ人見知りには早いので、親でなくとも人間の顔を見て声をかけられると、ニコニコと本当に天使のような笑みを浮かべるのです。それがまるで考えごとをしているかのようなシブイ顔をしている赤ちゃんが年毎に増えてきました。

発達検査を一通り終えてもう一度声をかけますと、ようやくニンマリと笑う赤ちゃんにホッとします。普段の声かけが少ないのです。あやしてみて、というと何を勘違いしているのか、「イヤだ、恥ずかしい」などと身をくねらせるお母さんや、赤ちゃんの二の腕を魔女のように伸ばした爪の指二本でつまみ上げ「ウッウッ、ウッウッ」とゆするお母さん（ゴリラより悪い!!）、そうかと思うと、リカちゃんごっこと間違えているのかしらと思うような猫なで声で「ホーラホラいい子ね、○○ちゃん」と言いながら、赤ちゃんを高く抱き上げて激しくゆするお母さんなど、様々です。

「あやす」ことを知らないお母さん達。無理もありません。母親になったからといって赤ちゃんをあやすことが自然にできるわけではないのです。大家族の時代にはおばあちゃんやおじいちゃんがいて、赤ちゃんがぐずった時など「おお、よしよしどうしたの、いい子だ、いい子だ」と抱き上げあやしてくれるのを新米母さんは見て、次に赤ちゃんが泣いたときには自分も真似てやれたのですが、現代は核家族、そばには誰もお手本を示してくれる人がいません。赤ちゃんに話しても言葉が返ってくるわけではないので、おっぱいを飲ませるときも、オムツを取り替えるときにも、無言のままの母親が増えてきています。赤ちゃんを心身ともに健康に育てるお手伝いをするのが私達の仕事です。家庭でできなくなったなら地域社会で考えなければなりません。そうかといって、あやし方の学校を開催するわけにもいきません。

2 赤ちゃんに絵本を読んで聞かせましょう!

「そうだ絵本の読み聞かせをしてもらおう」。義務教育を終えているお母さんならどのお母さんも絵本は読めるはずです。もう一つの理由は私自身、自分の子ども達に乳幼児期に絵本の読み聞かせをしてきて、子どもが思春期になった時に「絵本の読み聞かせをしてきてよかった」とつくづく感じたからです。授かった五人のどの子も、胸に抱きおっぱいを飲ませ、一緒になって泣いたり笑ったりしながら育て、育ってきたわが子達、子どもを信じていても、思春期になると、一体この子は何を考えているのだろうかとわが子が見え隠れするような不安を感じることがあるのです。そういった時、おやつに出したカステラを見て「あっ、グリとグラね」という一言や、買い物に出かけて親から離れて歩いていても、消防署の前を通りかかった時に「消防自動車ジプタがいる」

と言った時に、「ああ、この子は大丈夫」とほっとして子を信じ、安心できたからです。あの小さい頃に「もっともっと、読んで！」とせがまれ、共に絵本の世界に遊ぶ時間をたっぷりと持てたことがかけがえのない子どもとの絆になっていると、つくづくと思ったからです。

乳児健診の時にお母さんたちに「絵本を赤ちゃんに読んであげましょう」と薦めることにしました。でも絵本を読み聞かせることが、お母さん自身楽しくなくては赤ちゃんに何も伝わりません。健診の待ち時間に語り部に来てもらい、お母さんたちにお話を聞いてもらって、お話を聞くことの楽しさを知ってもらい、自分の声で赤ちゃんに話しかけ、絵本を読み聞かせることを一人一人のお母さんが出来るようにと、保健師さんたちと取り組んできました。

保健活動を地域に定着させていくには、係わる人たちがその事業の大切さや意義を共有しあうために、年に一回はお祭りをすることが大切です。南アルプスの麓の森と水と青い空に囲まれた小さな村で「心育ての子育て大会――親子スクスクカーニバル」を開催してきました。読み聞かせ、話し聞かせに曲をつけると子守唄です。第三回目の大会は子守唄大会にしました。村のお母さん達にも子供達にも歌ってもらいました。子守唄には国境はありません。タイやフィリピン、ブラジルなどから働きに来て、縁あって日本で結婚し、お母さんになっている人達もおおぜいいました。タイから来たケイコ（日本名）さんもその一人でした。働き者で子ども好き、明るく誰にでもニコニコ挨拶するやさしい彼女を見ていますと、かつての日本の母親達はこんな風だったのではないかと思われるような人でした。自分の三ヶ月になる第二子を腕に抱いてゆっくりとゆすりながら、タイ語で無伴奏で歌ってくれた子守唄。その澄んだ声は人々の心にしみわたり会場はシーンと静まりかえりました。歌詞は、「神様どうぞ赤ちゃんをお守り下さい」というものでした。故郷のタイでは八人兄弟の二番目に生まれた彼女は、妹や弟をこのように抱いて、椰子の実をゆすりながらこの子守唄を歌って寝かせつけていたそうです。フィリピンの女性は二人の子どもと一緒にタガログ語で子守唄を歌いました。彼女は文化や生活環境の違いに当初は苦労していたようですが、何とか土地に慣れ、子育ても安心してできるようになりました。アメリカ人（テキサス出身）の女性は、三人の子どもの母親です。英語で子守唄を歌ってくれましたが、乳児健診の時、「私は日本でお産ができて本当に良かったと思いました。アメリカで出産していたら、ためらわずに人工栄養で育てていたでしょう。母乳で赤ちゃんを育てる素晴らしさを知ることが出来ました」と話してくれたことが印象的でした。国が異なり言葉が違っても、赤ちゃんのために歌う子守唄は会場の大人や子どもたちの心の奥底に響き、感動を与えました。子守唄を歌っている時は子どもたちも騒がず、会場は静かになりました。

3　さあ、赤ちゃんに子守唄を歌いましょう！

現在の日本は、悲しいことに児童虐待が社会問題になっていて、加害者は実母が約六割占めるといいます。いいお母さんでありたいと願っていながら、どうしてわが子を虐待するようになるのでしょうか。母親自身が小さい頃に優しさをいっぱいに受けて育てられなかった場合が多いのです。虐待している母親自身、優しさの気持ちにひたり自分を変えることが出来るきっかけにもなるその一つが、子どもに子守唄を歌ったり絵本を読み聞かせたりすることだと思います。絵本の物語の世界に子どもと一緒に遊んでいるうちに、何とも言えないイマジネーションの世界に自分の心を子どもと一緒に広げることで、今まで心の底に眠っていた穏やかで優しい豊かな心が甦るのです。そして実際に子守唄を歌ってみて初めてわかるのです。

少し古いデータですが、かつて乳児健診に来た母親たちに協力してもらって得たデータは**表1・2**のようになっています。子守唄の効果は「子どもが落ち着く、じっと聞いている」「顔をじっと見ている」「喜ぶ、笑う」「気持ちよさそう」「眠る」「泣きやむ」

表1　母親がとらえた子守唄の効果

落ち着く, じっと聞いている, 顔をじっと見ている	130	(41.3)
喜ぶ, 笑う	52	(16.5)
一緒に歌う, 遊ぶ	36	(11.4)
寝る	34	(10.8)
気持ちよさそう	28	(8.9)
泣きやむ	17	(5.4)
泣きやまない	9	(2.9)
落ち着かない	1	(0.3)
特別反応なし	6	(1.9)
わからない	2	(0.6)
計	315	100%

表2　母親自身が感じる気持ちの変化

自分も和む, 楽しい	140	(54.1)
早く寝てほしい	46	(17.8)
かわいい, 子どもへの愛の気持ちでいっぱいになる	29	(11.2)
幸せな気持ちになる	14	(5.4)
泣きやんでほしい	9	(3.5)
一緒に眠くなる	7	(2.7)
親としての実感がわく	6	(2.3)
子どものころを思い出す	4	(1.5)
無意識	4	(1.5)
計	259	100%

でした。母親自身が歌っているときの気持ちは「心が安らぎ和み、楽しい」「幸せな気持ちになる」と六割の母親が答えています。また、子守唄を歌うことで子どもがかわいく、愛おしさでいっぱいになり、親としての実感もわいてくるようです。今のような時代だからこそ祈りにも似た心の癒しの歌が親子共々必要だと思います。

今、日本の西の端、長崎に来て、月一回隣町の乳児健診の手伝いをしています。毎回健診に来たお母さん一人一人に尋ねます。「お母さん、赤ちゃんに子守唄を歌ってますか?」「……あまり歌わない」「どうして? 子守唄知ってる?」/「いいえ……」「そう、じゃあなたの好きな歌でいいから歌ってあげてね」。また「ええ、歌います」「どんな歌?」「ゆりかごの歌」。アンケートで母親が歌う子守唄をみてみると**表3**のようでした。「童謡」「唱歌」といった昔からの子どもの歌が一番多く、ついで「日本の子守唄」「新しい日本の子守唄」でした。一番多く歌われていたのは「ゆりかごの歌」ついで「江戸の子守唄」。子どもの歌では「ぞうさん」「七つの子」「夕焼け小焼け」「犬のおまわりさん」などでした。今も「ぞうさん」はお母さんたち好きですね。私の娘の場合は、初めての子に「あゆちゃんは、ハメハメハを歌うと良く眠るの」「えっ、ハメハメハ!」まさかと思ったのですが、眠くなってぐずった時「南の島の大王は……」と歌ってゆすっていると本

表3　よく歌われている子守唄

子守歌		
日本の子守歌	114	(24.8)
新しい日本の子守歌	113	(24.6)
西洋の子守歌	31	(6.7)
外国の子守歌	2	(0.4)
子どもの歌		
昔からの子どもの歌(童謡•唱歌)	163	(35.4)
新しい子どもの歌(新しい童謡•唱歌)	14	(3.0)
テレビ幼児番組•アニメ	4	(0.9)
自分が好きな歌		
ポピュラー	4	(0.9)
愛唱歌	1	(0.2)
賛美歌•クラシック	4	(0.9)
自作の歌	10	(2.2)
計	460	(100%)

(注)数字は各分類に属する歌をあげた延人数

当にすやすや眠ったのを見ておかしいやら、驚くやらでした。赤ちゃんによって好きな歌も色々ですね。気持ちのいいリズムであること、そして何より大切なのは、歌っているお母さん自身が楽しいことです。子守唄がいいからと義務感で歌っても赤ちゃんの心に響きません。

子守唄には、「寝かせ歌」と「目覚め歌・遊ばせ歌」が有ります。「寝かせ歌」は赤ちゃんを寝かしつけようとして、抱いたり、寝かせて身体をなでたり、軽くリズミカルにとんとんと叩いたりしながら歌う子守唄です。また「目覚め歌・遊ばせ歌」は赤ちゃんが眠りから覚めたときや赤ちゃんをあやしたり遊ばせたりする子守唄です。「寝かせ歌」の代表は「江戸の子守唄」（ねんねん、ころりよ、おころりよ……）で、「目覚め歌・遊ばせ歌」の代表は「お月様いくつ十三七つ」や「うさぎ・うさぎ」などです。

お母さんの胎内にいた時からお母さんの心音とお母さんの話す声を一番良く聞いて生まれてきたのですから、誰の声よりもお母さんの声に反応することがわかっています。お母さんの歌う子守唄は生まれて間もない新生児の頃にもう母親の声として知覚され、母親との情緒的な絆をつくっていくのです。赤ちゃんは、まず最初にお母さんとのやり取り（母子相互作用）で言葉も育っていくのです。赤ちゃんにいつも笑顔で語りかければ赤ちゃんも笑顔で応えてくれます。三～四ヶ月頃になりますと、お母さんがゆっくりとはっきりと優しい声で赤ちゃんに話しかけますと、赤ちゃんはお母さんの口をじいっと見ていて、自分の口を丸くあけて一生懸命声を出そうとして、しばらくすると「アーアー、ウーウー」と声になって出てきます。言葉が出る前の音声でcooingクーイングといわれています。お母さんがうれしくなって「ああ、上手上手、そうそう、お話ししようね」と声をかけますと、本当にうれしそうに「アーアー、ウーウー」と続けます。会話の始まりです。なんとすばらしいお話でしょう。コミュニケーションが上手く出来ない若者たちが増えてきているといわれますが、赤ちゃんの「アーアー、ウーウー」を聞いていますと、どの子も素晴らしいコミュニケーションの力を持って生まれてくることに感動させられます。どんなに素晴らしいコミュニケーションの力を持っていても育たなければ人と上手くコミュニケーションはできません。大人の育てる力が大切です。

動物行動学者のデズモンド・モリスは人が人と係わりあうコミュニケーションの根源は肉体の接触（ボディ・タッチ）だといっています。人生の最も初期は、胎生期で、子宮の中で羊水につつまれて母親の心臓の鼓動や話し声を聴きながら胎児は全幅の信頼感に身をおいています。出産後、子宮の心地よさの代わりになるのが母親の世話やタッチングです。とくに母親の腕に抱かれるのが大切です。抱かれることで赤ちゃんは安心し、お母さんに信頼感を育てていくのです。これがその子の生涯の人との絆を作っていく基礎になります。また母親は抱きながら優しく赤ちゃんをゆり動かし、ゆっくり動いたり背中をとんとん叩いたりしながら軽くハミングしたり子守唄を歌ったりして「安心おし、怖くはないよ。おかあさんがこうして抱いてあげますよ」と赤ちゃんにメッセージを送っています。一方、赤ちゃんにできる直接のタッチングは乳房に対する吸啜《きゅうせつ》であり、母親に送るサインは「泣くこと」と「微笑み」です。しかし現代は、このような人間の親密行動に大切な、抱くことや赤ちゃんの微笑みに危険信号が現れ始めています。現代こそ子守唄が寝かせ歌・遊ばせ歌として大切な役割を果たす時代なのです。また、子守唄は母子相互に安らぎを与えるという心理的効果があるうえに、母親の母性愛を活性化してマザーリングを高める効果もあると考えられます。母親が赤ちゃんに子守唄を歌えるような育児環境が必要です。

4　窓を開けると子守唄が聴こえてくるよ！

核家族化が進み、家で独りで赤ちゃんを育てているお母さんが多くなっています。少子化時代で、母親になるまで赤ちゃんに触れたこともない人が、お母さんになってどう赤ちゃんの世話をしたらいいのか戸惑っています。育児で困った時に相談できる人は誰ですかと尋ねますと、一番多いのが母親、次いで夫と答えますが、母親が近くにいなかったり、夫の帰りが遅かったりしますと新米のお母さんは孤立無援状態です。日頃から、地域に新しく赤ちゃんが生まれたら、地域の誰もが歓び、誰でも気楽にお母さんと赤ちゃんに声をかけ、お母さんの子育ての力を支え、励ますことがごく当たり前のこととしてできる地域社会をつくっていくことが、これからの課題です。お母さんが安心して子育てが出来る、子守唄を歌える育児環境を、お母さんと赤ちゃんにかかわる人皆で築いていかなければなりません。

やさしさの健康文化を地域に根付かせていくために、子守唄を家に地域に響かせていきたいものです。

ほらお母さん、赤ちゃんに歌ってみて、「ゆりかごの歌」を！

子どもたち

ペーシェンス・ストロング
周郷博訳

子どものつぶらな眼に涙を湧かす前に、考えてみなさい。晴れ渡った空を曇らせるようなことばを口にする前に、ちょっと立ちどまって考えてみなさい。

子どもたちはこの悩みのおおい人の世に、自分から好んで生まれてきたのではありません。

――だから、悲しみや悩みや争いから、できるだけ彼らを守ってやりなさい。

子どもたちにはもてなしや金目のおもちゃよりも、愛情が必要です――　愛と理解が、幸福な家庭とまじり気のないよろこびが……。

にっこり笑いかける顔、思いやりのある声、平和とハーモニーが――幼い人びとに、生きていくよろこびと自信をあたえます。

お金では買えないもの――をよくわかって大事にすることを教えなさい――ひろびろとした世界、大地や海や空の美しさを。

未来というものを心に浮かべてみると、子どもたちのために私たちは身がしまります。

参考文献

Desmond, M（石川弘義訳）『ふれあい――愛のコミュニケーション』平凡社、東京、一九九三年。

正高信男『子どもはことばをからだで覚える』中公新書、二〇〇一年。

周郷博『母ありてこそ』国土社、一九七一年。

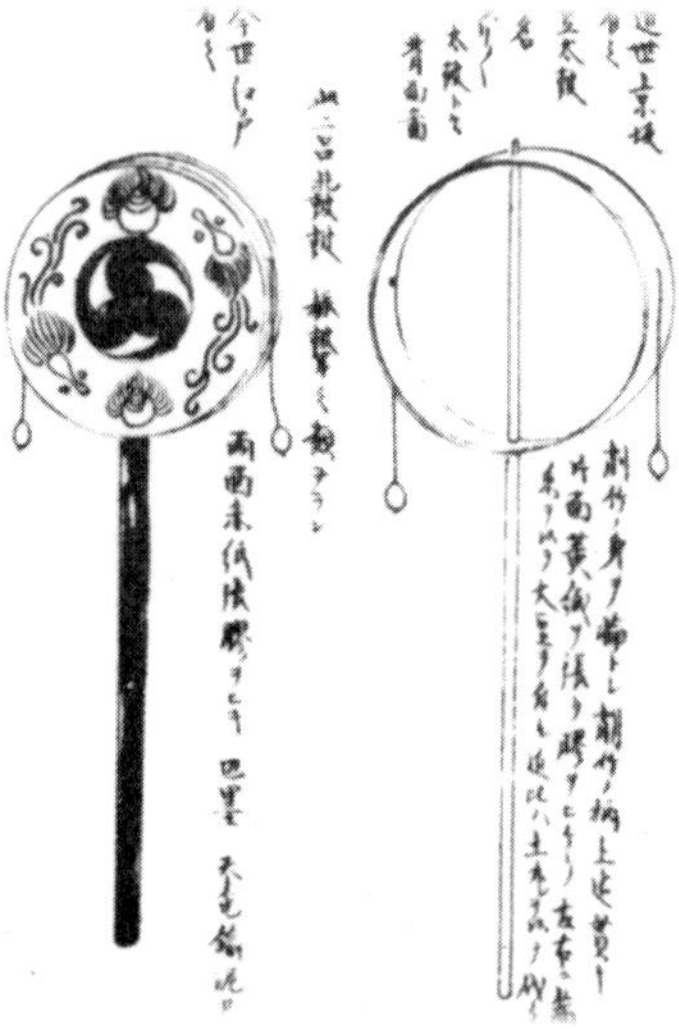

妊娠したら、子守唄

赤枝恒雄
（あかえだ・つねお／赤枝六本木診療所院長）

妊婦さんが子守唄を歌わなくなったから、こんな殺伐とした時代になってしまったのか。

どうも私たちは、子守唄というとてつもなく重要な心の栄養剤を、置き忘れてきたみたいだ。

筆者は二七年前、東京の六本木交差点近くに産婦人科医院を開業した。当初出産も取り扱っていたが、お産といえども痛みを感じさせることは、野蛮なことだという思いから、硬膜外麻酔による無痛分娩を行っていた。

陣痛が始まっているのに痛みがなく、一般的には、楽なお産と思われがちだが、実は典型的な管理出産である。妊婦さんはベッドに固定され、お腹に巻いた幅広の大きなベルトの中から胎児の心音、陣痛の強さ、血圧などの情報がナースステーションに送られてくる。異常があればアラームが鳴って知らせてくれる。妊婦さんは一人で、陣痛室や分娩室で出産を待つことになる。

こんなお産をやっていた筆者に転機が訪れた。若いカップルが来院し、自分たちのお産はこんな風にやりたいというオーダーメイドの出産を提案してきたのだ。筆者には衝撃的な提案だったが、納得できることが多かった。

〝お産は誰のもの？〟という問いに戸惑った。

医療事故を横目に新生児死亡や、妊産婦死亡と対峙していた筆者には、医療従事者が一番取り扱いやすく、異常の発見が早くできる体位がよかったから、上向き、ハリ付けの体位がベストだった。まさにお産はわれわれ医療従事者のものになってしまっていたのだ。

よーく、冷静に考えてみると、確かにお産は〝赤ちゃん〟のものであり、そして〝両親〟のためなのである。医師や助産師はそのお手伝いをすればいいのだ。赤ちゃんにとって最良の出産環境を整えて、夫婦が協力して出産する。これは正しい。確かに出産法を選べる病院があってもいいと思った。筆者の考えは、この若いカップルのおかげで一八〇度転換した。筆者はその後、日本で初めて〝水中出産〟を実践して報告した。そして、座産、しゃがみ産も提唱し、実施した。そして、生まれてくる〝赤ちゃん〟のために、環境を良くする様々な努力を重ねた。強い陣痛という高圧力の世界から、いきなり空中へ出るより、同じお湯の中に出る方が減圧効果があって自然なのでは。

明るい照明より、暗い方が赤ちゃんはまぶしくないだろう。消毒の強い臭いや器械音は赤ちゃんがびっくりするのでは。BGMは人類の発生から考え、海の波の音がいいはず等々考え、出産を重ねた。

筆者はこの〝赤ちゃんのための出産〟を心掛けたお陰で驚くような貴重な発見をした。大学病院、出張病院、初期の自分の診療所を通して知っていたのは、赤ちゃんは母体から生まれると必ず目をつむって泣くもの、また泣かないときは背中やおしりを叩いて泣かせるものというのが、常識であった。

しかし、〝赤ちゃんのための出産〟を心掛けると、なんと赤ちゃんは生まれると泣かないで、目を開けて、キョロキョロ見渡すのである。どの子も柔和でいい顔をしている。すぐ沐浴につれていかず、しばらくお母さんの胸に抱かせる。赤ちゃんは満足げな顔をする。

子供の成長の基本は情緒の安定が大切なキーワードである。出産直後の赤ちゃんが、何の不安も感じることなく、育っていくことが、何より大切なことであると信じている。明るいライトや消毒の強い臭い、ガチャガチャとした、器械音等で驚かされ、生まれてすぐ、どこかわからない、両親の声が聞こえない所へ連れて行かれて寝かされれば、赤ちゃんは間違いなく不安に襲われる。これは出生、成長の第一歩としてはあまりいいことではないような気がする。

日本の子供についてアメリカの精神医学者の興味ある報告がある。世界中各地で戦争があるが、そこでは、悲惨な光景を子供が見て精神障害児がたくさん発生しているが、沖縄での大虐殺や原爆被害があったにもかかわらず、日本では精神障害児が発生しなかったという。これは、小さい時からいつもお母さんの背中に背負われて野良仕事や家事をやっていたために、赤ちゃんに安心感を与え、情緒の安定した子供に育ったためだと結論づけていた。筆者は実はここに〝子守唄〟があったと確信している。子守唄で安心してお母さんの背中や横で眠ったに違いない。

筆者は考えた。胎児は両親の声を聞いているし、音楽にも反応することが証明されている。アメリカで胎児の頃からお母さんが胎児に向かって数学を教え、一二歳で大学に合格したという報道もあった。

子守唄は生まれてからの歌ではなく、妊娠してから歌うものだと思う。命を粗末にする現代、情操の安定した子供は必ず、思いやりのある人間味溢れる大人へと成長してゆく。

家庭の中で歌がなく、笑いがないからこんなになってしまった。妊娠したら、子守唄。母子手帳に代表的な子守唄をいれてもらい、母親学級で全員で唄う。家庭ではもちろん寝室で歌うわけだから、疲れたご主人の心の癒しにも最適である。

子守唄は生まれてからの歌ではなく、妊娠してから歌うものだと思う。

宮沢賢治

——脱境界的パートナーの子守唄

高橋世織
（たかはし・せおり／早稲田大学教授／日本文化論）

子守というと、親が専ら我が子に対してする行為のように思いがちだが、むしろ日本社会の長い歴史からみると、年長の兄姉が年下の弟妹の面倒を、あるいは、乳母や叔母筋に当たるような大人が結構世話を焼いていた。核家族単位の生活が一般的になり、少子化で一人っ子が当たり前になった現代社会では、想像し難い事態であるかもしれない。

先頃渋谷のBunkamuraザ・ミュージアムで開催された写真展「地球を生きる子どもたち」は、子供の生活や生態を視点にした優れた企画展だったが、そこにも、乳のみ子がまだ幼い兄や姉の背中におんぶされた子守の光景が何枚もあった。

子供の数が減ると、親の期待が一人か二人の我が子の一身に集中することになる。勢い教育ママが増えてくる。子供が何人もいた時代は、親の期待や関心の分圧も一人当たり小さいだろうし、長兄姉が、親との間に位置していて、人間関係の基本的な取り方の遠近法が自然に身に付いたものだ。現代では、親子関係がベッタリか、親も自信を失い、子も引き籠もり孤立して、子殺しや親殺しまで行ってしまうようなケースも珍しくない。

家族の構成員の役割を疑似体験し、自覚していく大事な学び（まねび）であったはずの、「ままごと遊び」などといった遊びも言葉も、これまた死語になりつつあるようだ。

話がやや唐突気味ではあるが、賢治童話ワールドと藤子・F・不二雄原作の『ドラえもん』とは、類似点がいくつかあると思っていたが、今回、子守唄と宮沢賢治という御題を頂いて、ますますそうした考えの輪郭が明瞭になりそうだ。宮沢賢治は一九三三年（昭和八年）に三十七歳の生涯を閉じた。この年に入れ違いのように誕生したのが、藤子・F・不二雄（本名藤本弘、富山県高岡市生まれ）であった。十三歳で高岡工芸専門学校中等部電気科に入学し、反射式幻灯機を作製する。もちろん、賢治もサイエンス・リテラシー（科学的教養）を身に付けた、理科系出身のアニメチックな文体を有したファンタジー作家である。

『ドラえもん』は、二十二世紀からやってきた子守役の猫型ロボットである。小学四年生の「のび太」の子守役を務めるのであるが、注目すべきは、「のび太」が一人っ子という設定になっている。先行する『サザエさん』が三人兄弟であるのと対照的である。七〇年代から始まった

賢治童話ワールドと藤子・F・不二雄原作の『ドラえもん』とは、類似点がいくつかある。

『ドラえもん』は、人気の衰えをみせない。一人っ子社会の到来やペットと共生し、ペットに癒され助けられる一人暮らしのライフスタイルが増えてくる社会を予見していたかのようだ。「のび太」の密かなあこがれの「しずかちゃん」も一人っ子。猫型ロボットのドラえもんは何をやってもダメな「のび太」の子守役なのだが、いじめるガキ大将ジャイアンから守り、勝れて兄弟役になっている。「のび太」を見守るのが両親ではなくドラえもん、なのである。ドラえもんは、子守唄を歌わないが、奇妙な事に、将来の夢は歌手であるガキ大将ジャイアンが下手くそな唄を歌い、しずかちゃんが聴くに耐えないヴァイオリンやピアノを弾いてのび太に聴かせる設定になっている。

賢治童話は、多面的、多元的なテーマが輻輳していて、しかも現実に対する変革の意思などのアクチュアルなメッセージ性もたっぷりと含んでいるので、様々な読みが可能な豊かなテキスト群であるため、『ドラえもん』ほど単純でもなければ、かならずしも分かりやすくもない。しかし、賢治ワールド、例えば『風の又三郎』や『銀河鉄道の夜』『どんぐりと山猫』にしても、『ドラえもん』と同じく、別の共同体に属するものが、仮初《かりそめ》こちら側にやってきて、事件を起こしてやがては戻っていくという、〈異郷滞留譚〉型の説話的構造になっているものが多い。このタイプは、「ドッドド、ドドウド、」(『風の又三郎』)といった催眠、入眠的なシグナルが「夢見の空間」を招来させる機能を持っている。しかも、興味深い事に、「兄弟愛」がほとんどの童話の基調低音を形作っているのだ。勿論賢治童話には、様々な愛のかたちが変奏されている。コズミックな感覚に溢れている為に、人間と人間以外の動植物、鉱物、星や電信柱といった異類交渉譚的な愛のコミュニケーションが多く語られている。人間同士であっても、男女間や、親子の愛のドラマは意外に少ないのである。

ドラえもんはのび太にとって、人間と動物とマシーンの脱境界的なパートナーであり、子守役であり、兄弟役を兼ねた存在であった。賢治童話も又、どこか、抽象的、無機質的、ときにスピリチュアルな存在といった脱境界的なパートナーとの対話やコミュニケーションから成り立っているのだ。賢治文学の神髄は、単独者の思想を根底にした、永遠のパートナー(最愛の妹トシとの死別もあろう)を探し求めてのユートピックな精神的冒険譚であった。子供が生死の境目をさ迷う、美しくも厳しい雪国の懐から産れた「水仙月の四日」や、至純の兄弟愛を説いた「手紙 四」などを読むと、賢治文学にとっての「子守唄」とは、深い眠りを介した異次元的、脱境界的なパートナーとのコミュニケーション(通信)であることが明示されているのである。

「長崎の子守人形」(『うなゐの友　五編』より)　提供＝尾原昭夫

●最も育児期間のながい人間では親子密着が必要だ。そして子守唄は親子密着の象徴なのである。

動物たちの子守唄

【ツルの子育てから見えたもの】

中川志郎
Nakagawa Shiro

なかがわ・しろう　財団法人日本動物愛護協会理事長。一九三〇年生。宇都宮大学獣医専攻科卒業。動物学。著書『動物園学ことはじめ』(玉川大学出版部)『動物考』(未来社)『動物たちの昭和史Ⅰ、Ⅱ』(太陽企画出版社)他。

卵が鳴く時――人工孵化の戸惑い

卵が鳴く、と言うことを皆さんはご存知だろうか？　おそらく多くの方々には想像もつかないとおっしゃるかもしれない。実は、獣医の私ですら、この事実を知ったのは動物園に就職してからのことだ。昭和三十年代、動物園もやっと戦後の混乱から立ち直って、展示動物の増殖などに本腰を入れ始め、私たちは日本の代表的な大型鳥であるタンチョウヅル(丹頂鶴)の人工増殖に取り組んでいたのである。この鳥は日本の天然記念物であるばかりでなく、北海道の限定された地域にだけ生息し、従来、何度も絶滅の危機にみまわれ、現状は安定しているとはいえ、その繁殖技術を確立しておくことはとても重要と考えられたからである。チームリーダーは当時の上野動物園長で獣医の古賀忠道博士であった。

博士は、人工増殖用のツルの卵を入手するために、じつに合理的な方法を思いついた。ツルの繁殖習性として、普通二ケの卵を産卵するのだが、これが壊れたり、なくなったりすると直ぐに生み足すという習性に目をつけたのである。最初の二ケと生み足しの二ケを採卵してしまい、三度目に産卵する二ケを親に抱卵させ、採卵した四ケは全部人工孵化機に入れて人工孵化を図ったのだ。人工孵化は私たち若い獣医と飼育係の仕事となり、温度や湿度をあれこれと工夫しながらヒナが孵化する瞬間を待った。ツルの孵化期間は鶏よりも長くおよそ三〇～三五日なので、孵化の時期になると、泊まりこんで夜通し観察する日がつづく。そんなある日、突然、孵化機の中から、「ピッピッピッ　ピルルル……」という鋭くも幼いヒナの鳴き声が聞こえてきた。

早速、飛んでいって孵化機の中をのぞいてみると、ヒナの姿どころか影さえもない。飼育係を呼んできて二人の目でみても変わりはなく、あるのは整然と並んだ薄茶褐色斑点を持つ特徴ある卵だけなのである。顔を見合わせていると、その顔の真下で再び「ピッピッピッ　ピルルル……」という鳴き声が起こった。よく覗き込み耳を近づけてみると、その鳴き声は紛れもなく卵の中から発せられているものであることが分かった。

姿は見えないけれど、卵の中のヒナが鳴いているのである‼

私たちは再び顔を見合わせ、初めての経験にいささか戸惑い、言葉もなかった。

それから数時間して、また、新たな出来事が眼前に展開した。鳴き声が止むと同時に、今度は「コツ　コツ　コツ」と卵の内側から突付くような音がかすかに起こり、やがてその頻度が多くなり、音も強く響くようになったのだ。どうやら中のヒナが卵の殻を破ろうとして幼い嘴《くちばし》でつついているらしい。少しの時間がたつと、それは現実の姿となり、黄色い嘴の一部が殻の外からも目撃できるようになった。しかも、嘴先端の上部には米粒ほどの白い突起があり、電光に鈍く光り、これが卵殻を突付き破るためにヒナにだけある「卵歯《らんし》」であることが分かった。

あとで分かったことだが、ヒナが卵のなかで鳴くのを「卵内ピッピング」と呼び、この殻破りの作業は「嘴打《はしう》ち」と呼ばれ、それぞれ孵化の独特のプロセスなのである。卵内ピッピングと嘴打ちは相前後して起こるのだが、孵化プロセスが長い時などは嘴打ちのあとにピッピングが続き、また、嘴打ちが再開と言うことも稀ではない。孵化はヒナにとって大事業なのである。事実、人工孵化のツルで自力での孵化ができず、私たちがピンセットなどを使って補助しなければならなかった例も数多い。濡れたガーゼなどで乾燥を防ぎながらピンセットの先端を慎重につかって殻を一ミリ、二ミリと剥がし取るのである。

この結果、ヒナが背中を殻の一方に押し当て、両脚を突っ張るようにして殻から脱出するとまさしく誕生となる。誕生時のこの瞬間の達成感は飼育係にとってひとつの醍醐味といってよいであろう。

思いがけない落とし穴

ヒナ達の成長は順調だった。栄養的には当時の動物栄養学を駆使して特別のメニューが考えられ、温湿度管理から日照時間にまで配慮された飼育マニュアルが用意されたのである。当時、ツルのヒナにとって大敵とされたコクシジュウムという寄生原虫も獣医的に管理されて感染の恐れは皆無だったのである。結果として、ヒナとしての死亡率はきわめて低く抑えられ、成長曲線のカーブは親による自然育雛よりもはるかに高い状況であった。

すべてが順調に経過しているように見え、その多くが五年ほどして性成熟を迎える段階に達した。あとは、これらの若いツルたちがペアを作り、産卵、抱卵、孵化育雛の段階を待つばかりとなったのである。しかし、いよいよその時期が来てオスメスを同じケージに入れて、いざペアリングのタイミングになったとき、私たちにとってまさに思いもかけない事態が起こった。何の異常も見られない若いツルのペアなのに当然行うはずのディスプレイ・求愛行動がまったく起こらないのだ。それどころか、互いに翼を広げて威嚇しあい、つつき合い、負けたほうが助けを求めて飼育係のほうに飛び込んでくるという始末なのである。これは、私たちにとって全く予想外のことであったし、タンチョウの増殖プロジェクトにとって致命的な問題となった。

それにしても何故なのか？

後には明らかになるその理由も当時の私たちにとっては皆目見当がつかなかった。

ただひとつ、私たちに残されたのは、私たちの人工孵化のプロセスと親鳥の子育てとの間にどんな違いが潜んでいるか、もう一度検証してみるということであった。

私たちは、それを理解するため、ツルの親たちが実際に卵を温め、ヒナを孵化させ、ヒナを育てるプロセスを丹念に辿ってみることにした。

親鳥の産卵と抱卵

ツルの子育ては、全工程を通してペアの共同作業である。オスメスのペアが成立し愛の交歓が終わると、ペアは安全な場所を選んで巣を作り始める。自然では川岸などの湿原の一角だが、動物園ではケージのなかの池のそばが選ばれる。観客からも丸見えの場所だが、ツルたちも観客が決して子育てを邪魔しないことを知っているのである。動物園で与える巣の材料は、竹の枝や枯れた葦など粗末なものだが、それでも丹念に積み上げてほぼ円形の巣を作る。メスが場所を決めてしゃがむとオスが巣材を嘴に挟んで運んでくるという作業が一、二日続く。メスは巣材を積み上げてはすわり心地を確かめながら嘴を上手に使って形を整えるのである。

巣が完成すると二、三日して一卵が産卵され、一日ほどおいて二卵目が産み落とされる。この間オスは、間断なく周囲に目を配り、飼育係といえども迂闊に近づくと鋭い嘴での槍のような攻撃を受けることがある。卵を抱いて温めるのはオスメスの交代制で、約三十二日間のあいだ絶え間なく温め続ける。見ていると、抱卵中に胸前を少し上げ、嘴をたくみに使って卵を上手に回転させていることに気づく。これを「転卵行動」と呼ぶが、卵に空気を当てることと、親鳥の体温が満遍なく卵に伝わり、卵の中の胚の発生が均等に進むための仕掛けである。親鳥の下腹部には卵を温めるための「抱卵斑」という拳大の無毛部があり、抱卵時期になるとここの毛細血管が特に発達し、神経が過敏になり、卵を受け入れる準備が出来上がるのだ。実際に私もこの抱卵斑に指を差し入れて様子をみたことがあるが、それはびっくりするほど熱い。鳥の体温は通常でも四〇℃を超えているのだが、更にこの場所は特別なのである。

卵はすっぽりと、ここに収まっているのだ。

卵が動く、親鳥が歌う

オスとメスが交互に抱卵をつづけ、あと一週間で孵化予定日となったころ、ひとつの変化がおこる。卵が微妙に動き出すのだ。それは、親の様子を見ていると一目瞭然で、急にそわそわと落ち着きがなくなってくるのである。試みに、この時期の卵を取り出して机の上においてみると、少しずつ動き始め、やがて左右に大きく揺れるようになる。もちろん、卵の中のヒナが行動を開始したのだ。

この変化は抱卵している親鳥にも、敏感になっている抱卵斑を通して伝わり、態度が変わるのである。人間の場合も子宮の中で胎児が動き出すのを「胎動」といって、母親を自覚する第一歩といわれるが、ツルの卵の動きもこれに類するものなのかも知れない。私たちはこれを仮に「卵動」と呼んでいるが、これは抱卵斑の敏感になっている神経を通して内分泌系に働くことは容易に推察できる。すなわちこの卵刺激は母性愛ホルモン（オキシトシンなど）の分泌を高め、抱卵行動から育雛行動へといざなうものであろう。

事実、この時期になると、オスメスの抱卵交代のときとか、転卵行動のときなどに、頻繁に親鳥の鳴き声が発せられるようになるのである。特に、転卵行動の際の鳴き声は、まるで囁くような、語りかけるようなトーンで発せられることが多くなる。

「グルー、グルー、グルグルー、グルルル……」

それは、まるで喉の奥で音が転がるような、太いけれどやさしい子守唄だ。

卵が鳴く、親鳥が歌う

卵動があって二〜三日すると、卵の中のヒナに反応が出てくる。孵化の四日ほど前からかすかな鳴き声が漏れてくるようになるのである。まわりが静かでも耳を澄まさないと聞き取れないほどの音量だが、それが卵内にいるヒナの声であることはあきらかだ。

「ピッ、ピッ、ピッ、ピルルル……」

これはまさに、私たちが人工孵化機のなかで「卵が鳴く」と感じたものと紛れもなく同じものであった。違うのは、このかすかな鳴き声が、親鳥の囁くような鳴き声の呼びかけに応じるようにして生まれ、親鳥がまたそれに応えるという双方向性のある鳴き声になっていることである。親鳥とまだ姿を見せないヒナ鳥との歌の交流は孵化前二日頃から俄かにつよく明瞭な音量となって、周囲に雑音があってさえ私たちの耳にもはっきりと聞こえるようになってくる。

「グルー、グルー、グルグルー、グルルル……」と親鳥が歌う。

「ピッ、ピッ、ピッ、ピルルルル……」とヒナが応える。

「グルー、グルー、グルグルー、グルルル……」

「ピッ、ピッ、ピッ、ピルルルル……」

これは、まさしく親子の会話といってよいであろう。すごいと思うのは、まだ顔も姿も見えていないのに、すでに親子のつながりがはっきりと出来上がっているようにおもわれることだ。「グルルル……」「ピルルルル……」という鳴き合いのなかで、それは紛れもなく、互いがかけがえのない存在であることを自覚しているのである。

事実、この鳴きあいは、ヒナがいよいよ卵殻に穴をうがち、殻から脱出する作業に着手したとき最高潮に達するのだ。禅宗の言葉に「啐啄同時」という言葉があり、師の教えを弟子が理解するのは、親鳥とヒナの気が熟したとき孵化するのと同じとの意といわれるが、まさに「鳴き合い」はその象徴的できごとなのである。

ヒナは穴を穿ち、穴を広げ、やがて両足を踏ん張るようにして殻を脱出するのだが、この間親鳥はしきりに鳴いて声をかけるものの殆ど手伝うということはない。わずかに、零れ落ちる卵殻の欠片を嘴で除去してやる程度だ。

ここで重要なのは孵化の手助けよりも、親子の絆をより確固たるものにするほうがはるかに大切であることを本能的に知っているのである。

るからであろう。事実、卵内の鳴き合いから孵化時の鳴き合いを経過し、囁きかけた親の鳴き声を頼りに孵化直後に親の姿を視覚的に確認したヒナは、これ以降、ものすごい勢いで、親鳥の後を追うようになり、一瞬たりとも離れ離れにならない関係に入るのである。

ツルのように地上に巣を作り、孵化直後から行動できるヒナとして誕生する鳥では、親の庇護が無ければ一日たりとも生き延びることは難しく、可能な限り、親との絆を早く結ぶことが生存の第一要件なのである。

そして、もうひとつ、ここには大きな秘密が潜んでいた。

秘密の正体・刷り込み

私たちは、タンチョウの人工孵化・人口育雛と親による自然孵化・育雛の両方を経験比較して、人工孵化のヒナたちが、身体的には一見順調な成育をしながら、性成熟に達した時点でどうして性行動ができず、番《つがい》になることさえできず、ついにはペアが傷つけあうという不可思議な行動をとるのかを解明しようとした。

両方のプロセスを比較検討してみて分かったことは、卵内のヒナの働きかけである「卵動」に対しても、ヒナの呼びかけである卵内ピッピングに対しても飼育係である私たち人間は、ツルの親たちが行ったような反応をまったく返すことができなかったという事実である。

ヒナの卵動の時に見せる親たちのグルーミングトーク（やさしい語りかけ）も、ヒナが孵化するプロセスでの親たちの励ますような歌声も、そして、ついに孵化したときの両親の向き合っての高らかな囀りなど、どれをとってみても、人工孵化のヒナでは経験させられない内容である。

ひょっとしたら、人工孵化ヒナたちの異常は、このことと関係があるのかもしれない。私たちが、そのように思い始めたちょうどそのころ、それを学問的に裏付ける研究が確立し、世界中に旋風を巻き起こしたのである。それは、K・ローレンツ博士が創始した動物行動学といわれるもので、博士はその功績によって一九七三年度のノーベル医学・生理学賞を受賞した。博士は、ツルやガン・カモのように孵化時から自力で移動、採食できるような早熟な鳥（早成性）では、孵化直前、孵化直後の親との交流が決定的な影響を及ぼすことを、「刷り込み・Imprinting」と呼び豊富な観察事例をもとに証明したのである。

孵化の、そのときに親がそばに居れば（自然では当然のことだが）、そのヒナは急速に親を記憶し、自らがその種類であることを自覚し、親とともに成長して群れの仲間と同調し（社会化）やがては、性成熟してペアリングし、番となって次の世代を作るのである。

逆に、孵化の直前直後に親がおらず、私たちのように人間がいて関与すると、それは人間が親として記憶されてしまい、姿かたちはツルなのに自分ではツルという自覚のない中途半端な生き物になってしまうのである。ローレンツ博士はこのような生き物を「心理的雑種」とよんだ。私たちは、この結果に慄然とした。私たちはまったく意識せずに「心理的雑種」を作り続けていたのである。なんとか、このような鳥にしない人工孵化の方法はないであろうか。飼育係の姿を見せない人工孵化や、ヒナに鏡をみせて自分がツルであることを自覚させる方法、そして、人工孵化の直前直後に親鳥の鳴き声録音テープを孵化機のなかに流すなどの手当てを行ってみたが、いずれも期待したような効果はあげられずにおわってしまった。

私たちはこの経験から貴重なことを学んだ。

〝動物はその種類の動物として生まれるのではない。親に育てられ、群れに入り、社会化できて初めてその種類になるのである〟と。「ツルの子守唄はツルの親にしか歌えない！」のである。

終わりに

今回は、ツルの子育てを例に、私たちの失敗体験をもとにして、誕生前後の親子の交流が如何に大切かを紹介した。乳を飲んで育てられる哺乳類ではなお更であり、最も育児期間のながい人間ではたとえようもなく親子密着が必要だ。そして子守唄は親子密着の象徴なのである。

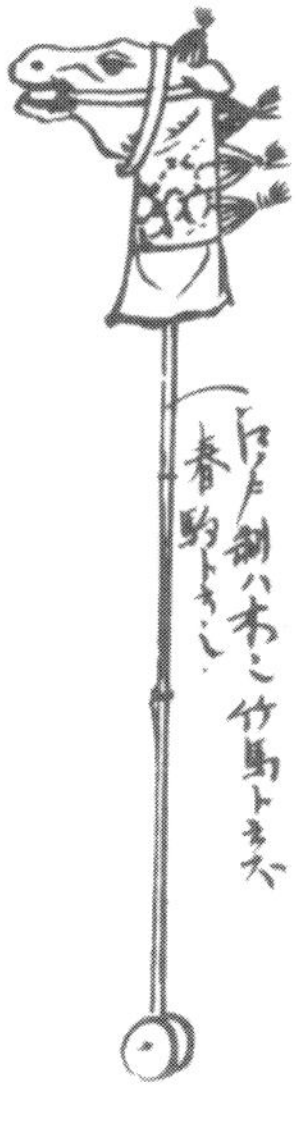

●群れをなさないつよい熊にとっては強烈な激しい一瞬の別れ方が一生を決定してしまう

親離れの儀式

【小熊がひとりだちするとき】

西舘好子
Nishidate Yoshiko

にしだて・よしこ　一九四〇年東京生。八二年、劇団「こまつ座」主宰、プロデュースを手掛ける。八五年第二〇回紀伊国屋演劇団体賞を受賞。八七年(株)「リブ・フレッシュ」設立。八八年、劇団「みなと座」主宰。九四年、数多くの芝居をプロデュースした功績でスポーツニッポン芸術大賞受賞。九九年、「日本子守唄協会」を設立し、代表に就任。

熊の住む山に入る

山の仙人のような友人、刈宿松男・テル夫妻に連れられて、彼らの山に行ったのは二〇〇四年の初夏のことです。山といっても、それはあまりにも大げさなといわれそうな、夫妻にすれば、ほんの入り口、山菜取りの真似事が出来る程度の場所に連れて行ってくれたというところでしょうか。しかし、腰には熊よけの鈴となたを下げてという物々しさは、山の怖さを十分納得させるものでした。

ブルドーザーで切り開いたという山道は見知らぬ草花におおわれて、そこが道だと教えてもらわなければ分からないほどでした。途中ですずらんを数株採取して鬱蒼とした木々の中を下っていったところに、木々がまばらな少しひらけた場所に出ました。あたり一面大きなフキの葉が群生しています。眼が慣れてくると教えてもらったばかりのウドの葉もあちこちに見えてきました。四輪駆動の車を止めて、歩いていきました。車を降りるときに刈宿さんがクラクションを一度おおきく鳴らしました。

「山にいるものに、ここに来たということを知らせるためさ」ということです。

山菜といっても山のそれは、背ほども伸びて大きいのです。山の中では話をしたり、口笛を吹いたり、絶えず音を発していきました。というのは今ここで人間が山菜を取っているという事を山に棲む熊に知らせるためなのです。

熊の生活空間での作法

春先、冬眠から覚めた熊は小熊をつれて、雪のある場所から、食べ物を求めて、沢を伝って餌をさがして歩きまわります。雪が最初にとける日当たりに良いところにはふきのとうが一番に芽を吹きます。岩手のこのあたりではバッケと呼ばれているのだそうです。山菜に限らず、雪解けあとに芽を出す新芽はどれもが熊にとってはごちそうです。冬眠中に何も食べていなかった熊には食べられるものなら何でもご馳走なのでしょう。

母熊は手当たり次第に食べては小熊に母乳をあげなければなりません。

子連れの母熊は危険です。母熊は命がけで小熊を守ります。動物が戦闘的になるのは、空腹か、子どもを連れていて、子どもを守ろうとするときとあって、人との遭遇は危険極まりないものです。

「ほんとは熊の方だって怖いのさ」、人間がいると分かれば決して現れてくるということではないようです。

とはいうものの刈宿さんは、何度か熊と遭遇したことがあるのだそうです。ある時、車で山道を登っている時、とつぜん熊と鉢合わせになりました。驚いた熊は大きな声を上げて立ち上がったのでした。その声を真似て聞かせてくれましたが、とても形容できません。文字にすればギャーと書くしかないのですが、まさに猛獣というにふさわしいというか、そんな声があたりの山々にこだましたら、きっと恐怖に立ちすくんでしまうことでしょう。刈宿さんにとってもそのときの恐怖は「薄い髪の毛もすべて逆立つほど」だったというのですから、よほど恐ろしかったのでしょう。剥製となった熊の手ひとつ見ても、その頑強なつめの鋭さと大きさに襲われたらと想像しただけで恐怖がはしります。

わたしはといえば、本当に透き通るような空気を吸い、緑を堪能し、山菜を抱えて帰ってきたのですが、その話を聞いて、周りを見廻してぞっとしました。実はわたしたちがその道を通るほんの少し前に、熊が道を横切っていたというではありませんか。わたしには全く分かりませんでしたが、熊が通った痕が道を横切って、下の沢につづいていたのでした。

「夏の終わるころにも熊はよく出はるよ」

いつかも、奥さんを伴って山に入ったときのこと、と刈宿さんが言いました。

その日は、伐採する木の測量をするために、二人で山に出かけたそうです。

刈宿さんが木を測って数字を奥さんが書きとめていたとき、クーン、クーンという声が聞こえてきました、「どこかで、子犬がないている」と奥さんが言いました。

こんな山の奥に迷い子犬などいるはずがありません。刈宿さんは、とっさに空を見上げ「どうも、雨が来そうだな、帰ろう帰ろう」とせきたてて車に戻ったというのです。もし万が一にも奥さんが驚いて大声をあげたら、どんな事態が起こるのか想像もできませんから。

山は熊の棲み家で、人間は熊の生活空間に入れてもらっているということを忘れてはいけないと刈宿さんはいいます。

小熊がクーン、クーンとないていたのは、この日が熊の親子の別れの日だったのだろうということでした。母熊と小熊は一緒に行動していますが、やがて子との別れをする時期を迎えます。それは、自然の摂理にのっとっているのですから、仕方ありません。

母熊と小熊が別れる儀式

母熊はある日、薔薇イチゴの野に子熊を連れて行きます。薔薇イチゴは熊の大好物、子熊は大好物の薔薇イチゴを前にして、一心不乱に食べ続けます。大好物の薔薇イチゴをお腹いっぱい食べられるなんて、そうそうあるものではありません。その姿を見ながら、親はそっと子を残して去っていくのです。以後、二度と子の元には戻らないのです。子が親を忘れて食べるものをむさぼる日が親離れの儀式の遂行の日だと知っているからです。

自分の力で食料を調達できる日、その日が子熊の親熊からの卒業日でした。

しかし、お腹をいっぱいにした小熊は親熊を探します。

「かかあの乳のにおいに小熊がよってきた」と刈宿さんはいいます。熊の臭覚は発達しているので、お乳の甘い香りがお母さんである奥さんからしていることが分かったのです。

どこかでまだ、親熊が見てないとは限りません。うっかり、小熊にでも近づこうものなら母熊の逆鱗にふれるかもしれません。そうなったら、たまったものではありません。奥さんをせきたてて下山したのにはそんな理由があったのです。

それにしても、あの獰猛といわれている熊にも、お乳の恋しいあかちゃん時代があるのです。この話に触れてから、熊を目の敵としているわたしたち人間が、実は、山を、薔薇イチゴの野をなくしてしまっているのではないか、この親離れの儀式こそ、生きるために人間にも必要なのではないだろうかとしみじみ思います。生死が日常の些細な事で決定してしまう動物の世界では、一人で身を守ることが生きるということなのです。ましてや、群れをなさないつよい熊にとっては強烈な激しい一瞬の別れ方が一生を決定してしまうのです。

どんなに可愛い我が子でも、自分の力で生きていかなければならない時が来るのです。

親熊の子守唄もまるで風が一瞬に吹き去るように過ぎていくようでした。

吼える熊の目に涙があると刈宿さんは言うのですが。

喜多川歌麿「風流子寶合」 提供＝尾原昭夫

●子守唄も決して目的ではなく、私たちの心に安らぎをもたらすひとつの媒体に過ぎません

子守唄から平和を考える

ペマ・ギャルポ
Pema Gyalpo

Pema Gyalpo　桐蔭横浜大学教授、岐阜女子大学教授。一九五三年チベット、カム地方ニャロン生まれ。一九六五年来日し、中学高校生活を経て亜細亜大学法学部卒業。一九八〇年〜九〇年ダライ・ラマ法王アジア・太平洋地区担当初代代表。著書『悪の戦争論』（あ・うん）他。

現代日本にとっての子守唄

最近では妊婦が、出産前に胎内の子供になるべく良い音楽を聞かせれば、安産で済むだけではなく、その後の子供の成長過程にも良い影響があるとして、一生懸命になっているようです。昔から世界各国の母親たちは生まれたばかりの子供の成長過程において、子守唄を聞かせることによってその子に精神的安らぎを与えると同時に、その子の優しい性格の育成に願いをこめて子守唄を聞かせてきました。そのような歌には伝統と精神（たましい）の継承も含まれていました。また多くの子守唄には人間と自然との関わりについての教えが挿入されていたり、空の星から野草までが癒しの材料として、その役割を果たしてきました。世の中の風潮として一時そのような民族の伝統や文化を軽視するような傾向が見られましたが、最近の若年層による犯罪の増加や、その犯罪の内容の凶悪化が目にあまるようになってから、子守唄が見直されるようになってきています。

ヒマラヤ地域の女性たちは、厳しい毎日の生活の中で母親や祖

母たちの真似事をしながら、我が弟や妹を背負いつつ子守唄をくちずさむことで、いつのまにかその習慣を自然と身につけてきました。現代の、最先端の文明国である日本の生活から見れば、信じられないような原始的な暮らしが今も脈々と受け継がれています。便利な道具やコンセントの数は少なくとも、家族がきちんと向き合い絆を強めながら命の灯を明るく照らしているのです。精神的に豊かであろうからと原始の生活に戻れといっても、今からではとても困難極まるでしょうから、どのようにすれば今後の世の中に生かせるのか、日本人は今こそ色々なことを考えるべきと思うのです。

民話に夢を託して

私が日本に来た今から四〇年ほど前は、日本の学校でも子守唄が音楽の教科書に載っており、学んだ記憶があります。その時は来日してまだ日も浅く、言葉の意味があまりわかりませんでしたが、これが子守唄であることと、何となく眠りを誘うような優しいメロディーから安らぎを感じた記憶があります。人間は知らない言葉や外国語を学ぶとき、意味を知るためひとつひとつ辞書を引いたりしますが、学校で習わなくても体で体感出来てしまえることもあるのだと思います。子守唄と同様に幼児教育に欠かせない重要な役割を果たして来たのは民話です。私は一九七〇年代後半あたりから日本の社会が、民話や子守唄などを一時的であれ軽視した結果として、青少年の精神状況に暴力的な要素が現れてきたと感じ、自らボランティアとして民話を語る会を作りたいと思い、当時住んでいた渋谷区役所に申し出たことがあります。今から考えれば無理も無いことであったかもしれませんが、当時独身で暮らしていた私の申し出は、むしろ警戒の対象になりあっさりと却下されてしまいました。しかしまだ若く血気盛んな青年であった私は、日本の状況を憂えてとにかく行動を起こさずにはいられなかったのです。現代で同じ申請をどこかでしたら大歓迎されたかもしれませんが、当時のことを思い出すとその無謀さに少々苦笑してしまいます。

何らかの形で考えたことの実現を模索しましたが、そのころの私には他に媒体が無かったため、自分が主催していたチベット文化研究会会報にチベット民話を掲載し続けました。その一部が後に『チベット民話一八夜物語』(新山手書房)として出版されました。当時申請に出向いた区役所の方にも懸命に説明しましたが、私の故郷のチベットにおいて民話は教育の最も効果的な手段のひとつとして道徳、倫理、社会学、性教育まで網羅した総合学習の基礎であると考えられていました。私たちは良いことは自ら体験し、喜びを体で覚えたほうが良いと思いますが、悪いことに関しては他の経験や反省を通して、なるべく味わわずに済めばそれに越したことは無いと思います。むしろ他の経験から学ぶことによってそのような悲しい経験や、苦しい経験を避けることが出来れば、と思うのです。

最近日本の著名な作家が言った「日本には全てのものがあるが、夢がない」という指摘がきっかけとなって、日本の若者に夢を持たせるべきという主張があちこちから聞こえてきますが、私は子守唄、民謡、民話こそがその夢を持たせるための教材としても最適であるように思っています。

チベットの様々な子守唄

世界中に存在するであろう子守唄は大きく分けると幼い子供を眠らせるときに歌われるものと、遊ばせるときに歌われるものの二つのパターンがあるようです。「眠り歌」にはやさしいフレーズの繰り返しと言葉がわかるかわからないかの相手に安堵感を感じさせるような歌詞が見られ、「遊び歌」には区切りの良い言葉を繰り返す、調子の良さが感じられるようです。かつて私が幼かったとき、爺やが弟をあやすときに歌った歌で、私が一番気に入っていて自分でも弟や妹に歌ったのは、次のような歌です。ある少年が魔女の意思に反して、親に反抗したためシカに変身させられてしまいました。そのシカをなんとかして元に戻そうとするおさななじみの少女が、魔術を解いて少年を救うために、様々な困難を乗り越え、七つの谷と七つの川を渡ってその向こうにある聖水で清めて、少年に戻す旅に出かける、その間におけるシカと少女の間の会話が歌になっているものです。七つの谷と七つの川を渡るたびに不安がっているシカは、少女に対し「ポモ、ポモ（チベット語で娘よという意味）、あの山は何の山か」と尋ねると、少女は、「シャワ、シャワ（チベット語でシカ）、あの山はトルコ石の山ですよ。あの山を越えて谷を渡ればトルコ石の川があり、それを渡ればあなたが人間に戻れるチャンスが大きくなるのよ」というふうに、不安がるシカを聖なる水へ安心を与えつつ誘導していくのです。途中、さんご、ルビー、サファイア、貝殻、水晶、ラピスラズリからなる山と川を渡って最後は無事少年の姿へと戻ります。その歌を聞いて育っていく子供は成長する過程で、登場する貴重な宝石の山や川を夢想し、いつのまにか無意識のうちに歌を記憶して、自分より小さい者のために歌うようになるのです。

昔のチベットではいわゆる現代風の幼稚園や保育所はありませんでしたが、祖母や祖父を含む老人、または兄や姉たちが幼い子供をあやしながら口ずさむ歌というのは数多くありました。特に教科書や譜面があった訳ではありませんが、先祖代々から受け継がれたこれらの歌や童話は最適の教育教材でした。歌の内容は子供の成長を願いながら自然の偉大さや先祖の誇りを伝えるものでした。例えば「あなたの微笑みは、ひまわりの花よりも美しく、輝く太陽のようなもので、その微笑みは私の心を明るくする」とうたいながら幼子のあごをくすぐります。そして「私の太陽ちゃん、私のひまわりちゃん、はい笑って、笑って」というような感じで、裸のままの子供を羊の皮の敷物に仰向けにさせ、太陽の下、全身をくすぐりながらあやすのです。またおでこ、鼻、唇、首、へそ、内腿のつけねなどにバターを擦りこみます。こういった外気にさらされる体の部分は、どうしても乾燥地帯のチベットでは保湿の必要があり、へそや内腿などは逆に常に衣服やおむつに覆われているためかぶれやすいのでバターを塗るのです。またこうした行為を続けることで、いつまでもバターが沢山食べられ、飢えを知らずに暮らせますようにと祈願し、歌いながら体中をバターでマッサージをしてあげるのです。

夢があった子供時代

チベットのカム地方の領主であった父の祖父つまり私の曾祖父は、カム地方の殆どを治めていました。曾祖父を敬愛する人々からは「ニャケゴンポナムギャル」(ニャロンから十法に響く勝利の保護者)として尊敬され、また恐れる人々からは「ニャロンプロンマ」(ニャロンの片目)として語り継がれていました。最近はゴンポナムギャルのブームがあり、ハーバード大学で研究者によって彼を史実に基づいて描いた博士論文を発表する人もいれば、中国共産党でさえも、彼の研究を許しており、現在公式に研究者たちが数多くの論文を発表している他、酒のブランド名にもなっています。私の所にもその中の一本が巡りまわってきましたが、正直言って特においしいとは言えませんでした。しかしながら馬上でライフルを背負う勇ましい姿のイラストラベルにはある種の誇りと、自慢をさえ感じさせました。片目と言われていた理由は二説あり、生まれつきであったというものと、戦場で敵の放った矢が刺さり、自ら引き抜いたことで失明したという美談的なものがあります。曾祖父の冷酷で残酷と言われる面は、征服した部族や藩主の女、子供を人質に取り、自分に忠誠心を示させるために他の領主を攻めることを命じ、見事に征服して手柄を立てた者にはその領土を支配させましたが、裏切った者の子供には、牛乳を無理やり腹いっぱい飲ませて城の屋上から投げ落として、水風船が破裂するような様を見せしめとして皆の前で実行するほどでした。一方一般大衆を味方にすることには長けており、自分に対して尽くすものには富も権力も分け与えました。

曾祖父に関しては数々の伝説がありますが、亡命先のインドにある亡命政府の研究員であったチベット学のタシ・ツェリンさんが詳細を知るその権威です。もともとボン教の影響も受け入れているチベットでは、恐れられたあまり曾祖父が神化されチベット四大宗派のひとつであるサキャ派の座主によってまつられています。そのため東の果てにあった我が一族の者が中央チベットを訪れるときは、伝統的に更に足を伸ばして西のサキャまでご挨拶に伺うという慣習がありました。私も一九八〇年代当初ダライ・ラマ法王の米国における最初の時輪タントラの灌頂を授けたとき随行し、帰りに許可を頂き、シアトルにお住まいになっているサキャ・ダチェン尊師へご挨拶に伺いました。サキャ派は日本の西と東の本願寺のように二家があり、交代でサキャ派の大座主を努めておられます。日本の東西本願寺が大谷であるようにチベットではこの二家もプンツォク・ポタンとドルマ・ポタンとして知られており、両家の元はひとつとなっています。

私たち家族が住んでいた屋敷は、窓にガラスがはめ込まれたその地方ではまだ珍しい建築様式でしたので、人々からは「ガラスの城」と呼ばれていました。父、二人の母、兄と弟妹、沢山の家来、大臣、男女の召使などそれは大勢が暮らしていましたので、少なからず色々な人間模様を目の当たりにすることが出来ました。兄弟姉妹のなかで兄は既に寺におり僧侶になるべく修行を始めておりましたので、実質後継ぎとして私がさまざまな教育を受けていました。その他今考えるとまるで動物園かと思うほど、沢山の動物も飼育しており、犬、鳥はもとよりサル、シカ、クマ、ヒョウまでも私の遊び相手となっていました。

山のふもとにあった私の家のすぐ下にニャクチュという大きな川が流れており、このニャクチュの砂から取れる金をニャクセルと言い、赤味がかった色の金として有名でした。当時チベットでは自然の恵みを勝手に人間が掘り起こしたり、取ったりすると不幸が起こるとされていたため、中国人が許可を取って掘っていました。私の父はかつて南京に留学していたため色々と中国風の経験があり、この砂金取りの中国人たちは父のところへ魚を取っては献上にやってきました。チベットでは魚を食べることは良しとされていませんでしたので、さすがの父でさえも、ドアを閉めて人目を気にしながら食べている様子でした。その川の岸辺で砂で城を作ったりすると、次の日に行くとテブランという親指くらいの大きさの小人たちがその城にやってきたという足跡が沢山ありました。チベットではこのテブランという小人のはなしを沢山聞いたことがあります。またそれを子守唄風にメロディーをつけて語ってくれるひともいました。大人になってわかったのですが、これはかわうその足跡だったのです。しかし子供の時は本当に小人の存在を信じており、父が中国から持って来た蓄音機を初めて聞いたときも、箱の中にテブランが沢山いるということも信じていました。このようにして種を明かせば夢が壊れるような気がしますが、子供のときはとにかく民謡、民話、子守唄を通して夢が沢山あったように思います。

　私は人間教育の基礎になる優しい心、平安な心を養うためにこのような世間では非科学的と言われるかもしれませんが、ファンタジーの世界に入り込むことも人間の成長の過程においては重要であると考えております。抗生物質のように一発で効くような薬ではないかもしれませんが、副作用の心配もいらない人間の心にとって安くて普遍的な薬として子守唄を始めとする民話、童話、民謡などをもっと大切にし、もっと普及させることが世界平和の基礎作りとして極めて効果的であり重要であると信じております。どの民族や特定の地域に限定されることなくこれらの伝統、文化は人間共通の財産であり、しかも社会的地位、宗教の違い、文化の違いなどを乗り越えて人間の心に響くものがあるようです。

　私の恩師の倉前盛通先生が初めて手遊びをまじえながら日本の有名な子守唄「おどまぼんぎりぼーんぎり……」と酒の席で歌ってくださった時は、その言葉の単語ひとつひとつよりも、言霊として伝わってくるものがあって、胸にしみいる思いがいまだに忘れられません。

ひとりひとりを大事にする子守唄

　最近少々気になりましたが、卒業式などに出席しても非常にドライに儀式化され、かつてのような人生の節目としての感情的なものが欠如しているように思います。理由はいろいろあるでしょうが、私の考えでは一番大きなものは言霊がなくなったからだと思います。「仰げば尊し」、「蛍の光」そして校長先生やPTA会長などの言葉にも昔は個性があり、共に体験したことを熱く語られました。挨拶をされる方にも堂々とした威厳があり、地元の名士たちも風格と情熱そして厳しい言葉の中にも「愛」を感じることが出来ました。最近はその送る人からのはなむけの言葉、送られる人からの感謝の言葉もパターン化され、決まりきった言葉の羅列になってしまっているように感じます。優しい言葉や平和、人類、世界などという言葉を借り物として使っているのであって、自分の心や人生観が伝わって来ないのです。流行だけを追っているような昨今の風潮を憂うのは私だけでしょうか。

　そもそもファッションを「流行」として訳しているところからまちがっているかもしれません。本当にファッションとしての表現センスを持ち合わせている人はその人にしか無いもの、その人に一番合っているものを選ぶのであって、そこにはその人ならではのもの、その人の個性が入っているはずであるのに、今日本などでファッションとしてもてはやされるものは、一時的にもてはやされるもののコピーに過ぎないのです。ですからファッションを流行として訳したところにやはり間違いがあるのかもしれません。私たちはもともと同じ親から生まれても一人一人どこかが違うわけですので、その違いをお互いに尊重し、個性を伸ばしていくことの方が、一律に平等化し、コピーしていくことよりも大切であるのかもしれません。

そのような意味でチベットの子守唄はひとりひとりがそのとき、その子に対して自然に心から湧きあがってくる気持ちや祈りが多く、教科書に書いてあるような歌ではなく即興性が強くありました。生まれたばかりの子羊を草で拭いてやりながら、子守唄を歌う羊飼いも見たことがあります。今東京のど真中に住み、テレビをお茶の間で見ている時、通り魔事件や校内侵入事件などを見ていると、我がチベットやモンゴルの大草原で子羊や子犬を抱きながら、子守唄を歌う子供たち、裸の子供を懐に入れて馬にまたがって空を飛ぶ鳥に語りかけて歌うたくましい母親の姿を思い浮かべながら、人間にとって教養とは何か、幸せとは何か、平和とは何かを考え込んでしまうこともあります。

私たちは教育というとつい、読み書きを学び、データを沢山頭にインプットすることであると勘違いしている面があるのかもしれません。いま私たち現代人が行っている教育は、あくまでも人間が豊かで平和で幸せに暮らすためのひとつの方法あるいは媒体に過ぎないのに、いつのまにかそのこと自体が目的であるかのように勘違いしているのかもしれません。同様に子守唄も決して目的ではなく、私たちの心に安らぎをもたらすひとつの媒体に過ぎません。ただその要素がもしかしたら軽視されてきたために、心の中でバランスを失ってきているとすれば、そのバランスを取り戻すためにもう一度真剣に子守唄も見直す価値があると思います。最近サプリメントなどがテレビショッピングなどでも飛ぶように売れているようですが、お金もかからずしかも害の無い心のサプリメントとして子守唄に少し注目してはいかがでしょうか。

日本の子供たちにもう一度子守唄の大切さ、楽しさを再認識するべくこの企画を打ち上げた藤原書店と編集部の皆様に対し、心からの敬意と賛同を表したいと思います。また単に観客席からエールを送るだけではなく私が出来ることがあれば積極的にお手伝いもしたいと考えています。

●この日本には子どもたちを守るためのシェルターのひとつもないのだ

原発なくそう子守唄

春山ゆふ
Haruyama Yuhu

はるやま・ゆふ　主婦。一九三九年生。学習院大学政経学部卒業。「女性の声」（一九六七〜七一年）「おきび」（一九七三〜九五年）「ともに」（一九八八〜九七年）「ひとなる」（一九九九〜〇四年）等、同人誌、機関誌、季刊誌を発行。

はじめに

物書きでもない私に、京都に住んでいるということで、とりあえず〝京都の子守唄〟というテーマが振られたが、東京から転居してきて二年が経ったばかりの身。子守唄の研究者でもない、ただの半惚け婆さんにとってはこれ程無茶な注文はない。但し何でも自由に書いてよいということなので惚け頭叩いて、この分厚い『環』に埋没するであろうことを書かせていただくとする。

京都とのご縁

どうして京都に越して来たのかと問われれば、それには幾分の事情があるが、今回のテーマから少し逸脱するので省くが、〝ひとり〟暮しが淋しいので娘の居る京都に来たのだと云うことにしている。

唯、四十年程前から京都とは多少のご縁があった。数年前に他界した夫の育った処であり、菩提寺もある。夫は普通の月給取りだが女房の方は家事より本を読んで暮していた変な夫婦だったが、十数年後には二人の娘と姑と私の父母の七名が二階建二世帯住宅に暮すようになっていた。当時は朝から夜中まで階段を昇り降りする生活をしていた。

そして、いつか母から父、姑、夫と次々と遠い旅に出て行った。葬式、法事に明け暮れる日々が一段落し、ホッとして周りを見廻したら、我街〝三鷹〟は理解に苦しむ厄介な街になっていた。そしてだんだんと〝ひとり〟で居ることが怖く感じられるようになった。

京都の子どもたち

姑の住んでいた辺《あたり》は北野天満宮近くの商店街だった。姑は、早くに夫と死別してからこの実家に戻って化粧品店をしながら二人の子どもを育てた。私共が結婚した四十年程前は、まだ景気よく機の音が響いていた西陣のそばだった。町内の催物は民家の間に点在するお寺さんと結びついていて、ひとつの季節の空気のように感じられた。子どものお祭にも歴史があるのだなぁと思われた。

我家の娘たちは産まれるやいなから夏は京都で過すのが習慣になっていた。八月二十三日の地蔵盆を中心に大文字焼・天神様の出店が終わってわが家の夏も終わりになる。暑い夏と寒い冬の嫌いだった夫も子どもには勝てず、我家の娘たちは暑さにも寒さにも自然と鍛えられた。他に七五三も京都だったし、その種のとどめは〝十三詣り〟でこれは関東にはないしきたりだった。ここから着物がおとな仕立てになって、あちこち上げをして、嵐山のお寺（天竜寺？）にお参りする。そして帰りに渡る〝渡月橋〟は何があっても振り向いたらあかんと少々芝居がかった怪しげな人生訓が語られたりする。

こうして想い出してみると暑い夏と寒い正月を隙間だらけの古民家で鍛えられたことになる。そのせいかどうか判らないけれど、二人の娘ともどもアラスカに行こうがメキシコだろうが暑いの寒いのと文句をきいたことはない。

姑の偉さと母の哀しみ

ひとつ家に二人のおばあちゃんがいるので初めの頃は多少の混乱があったので名前で呼ぼうということになったが、姑さんは「いまさらそないなけったいなことかなん、おばあちゃんにしといとくれやす」ということで母は以前から名前で呼んでいたので丁度よかった。二階はおばあちゃんで下は千鶴さん。

ことほど左様におばあちゃんの偉い処は自分の意見を持っていたこと。朝日と日経を毎日何時間かかけて、好きな連載小説から株を少し持っていたせいか株式欄にまで目を通していた。

一九〇五年生れのおばあちゃんは八十歳すぎてからの同居にも拘らず、〝一家に女は二人いらずや〟と言って自分はまだ働けるからと、二階の共有部分はおばあちゃんにまかせて、私は一階の母の世話をすることができた。母は一九一五年生れで、おばあちゃんより十歳も若かったけれど、当時は重度のリューマチで身動きが自由にできないからだになっていた。母千鶴さんは女子師範を出てから戦時中の疎開の時二～三年を除いてずっと小学校の教師をしてきた。ダンスの好きな、〝運動会ばあさん〟と渾名される程子どもたちと一緒に運動場に居ることの多い教師だったときく。父も高校の教師だったが二人とも政党に属していない少数派としての苦労もついてまわっていたようだった。母はよく「いまの若い先生たちは子どもの方を向いていない。上役《うわやく》の顔色ばかり気にして……」と云い、自分の教えた処を子どもたちがどれだけ理解したかを知る為のテスト用紙を刷っていると他の組の先生が〝ついでに〟自分の分も刷ってほしいと云われて、いつも学年分のテスト用紙を刷りながら、このテストは自分の教え方がどうだったかを識る為のテストなのに、テストをはきちがえている教師ばかりだと嘆いていた。そのうちに、テスト用紙は業者テストになり、次には偏差値を出すのに都合のよいように市全体が業者テストなっていった。

一方、当時、女性を校長に登用することが流行っていて、母にも声が掛ってきたが、母は一も二もなく断ったようだ。「私は子どもたちといたい」。年金がついてすぐ辞めることにした時も、私は心身ともに子どもたちと活動する力がなくなったから辞めるんじゃない。もう教員室に行くのが厭になったから、そう言って母は教師を辞めた。

ひとりは自営業で常に自分の生き方を決めてきた人と、組織のなかで自己を表現し実現することに疲れ切った人の生き方とが私の目の前にあった。どちらもほぼ同時代をそれぞれの環境のなかで一生懸命生きていた。働く女性だった。

「年寄りはひとつの図書館に匹敵する」という諺があるが、二人とも図書館ほどではないが文庫位の役割は果たしてくれた。もっともっと、ゆっくりと二人の話をきいておくべきだったと惜しまれる。

親の忙しさ――競争の始まり

戦後は終ったと言われた頃から、都会には雨後の筍の様に団地が出来て、三種の神器と呼ばれた洗濯機、掃除機、TV《テレビ》が競って買われた。その為に主婦はパートタイムの働き手となった。家事の合理化で時間に余裕が出来た主婦は自主的学習によって民主主義の担い手になるとノーテンキなことを云っていた政治学者は、主婦のアルバイト率が上がったことを誤解してくれた。ものを買い揃える競争意識は、一度その快感を憶えると天井知らずに欲求は肥大していった。そして、終局は、「うちのお父さんの月給」への不満となり、我子はお父さんよりもっと月給の多いエリートになってほしいという素直な不満が家族の不幸の始りになった様に思う。

父親の存在を蔑《ないがしろ》にして、いくらかのパート労働の稼ぎを女性の自立と錯覚させる男女平等論がはびこったこともあって、家庭は子どもにとって親子の絆を育てる場ではなくなってしまった。エリートコース目ざしてテスト（偏差値）にふりまわされる親の欲望の場となっていった。

当時私は、親の介護と家事とに追い廻されているなかで、どうしても見過せないことに出会った。ひとつは子ども同士の〝いじめ〟であった。気がついた時には（娘はかくしていたが）彼女のからだは痣《あざ》だらけで、生命にかかわる毎日をすごしていることがわかった。この娘たちの生命を守る為に私に何ができるだろう。一生懸命考えた。それからは敬遠していたPTAにも積極的に出ていった。そして驚いたことに若いお母さん方は堂々と自分の子を誉めて恥じる処がなかった。本当に家でも良い子をやっているのだろうか。だから学校で発散してアレコレと事を起こすのだなと、子どもの切なさが判ってきた。家でさえ自由に息のできない様子が判った。皆が塾やお稽古に行って遊び仲間がいないでしょんぼりしている我子をみていて、どこかおかしいと思いつつ、子どもの遊びにまでおとなが日常的にかかわることにはだいぶ抵抗があった。しかし十歳位までの子どもを精一杯遊ばせたくても確かに仲間がいなかった。学区をこえて（三鷹と武蔵野の）二つの市の拡がりのなかでようやく、群れて遊ぶということが可能になった。私の子どもの頃には向う三軒両隣で成り立っていたことに同じおもいの親が場をつくって〝子ども村〟なんて名前をつけたりしなければならないなんておかしいを通りこしている。しかも日常はコンクリートのなかで……野や山へ連れて行った時、子どもたちは朝早くから夜中まで野外の生活をたのしんで都会に帰りたがらなかった。

もうひとつの経験は、教師が生徒たちとの約束を一方的に簡単に反古にした時の娘の怒りだった。教師を尊敬するおとなとみなして一生懸命、言われたことをクリアしてきた末なだけにその怒りの持ってゆきようがなく、娘は二階の廊下の壁に頭をぶつけて、その怒りを表現していた。暫らくして娘の出した結論は、もう学校に行きたくはない。勉強はしたいけれど学校でするのはいやだ。尊敬できない教師と皆で渡れば恐くないという自分の意見を持ちつづける友人の居ない学校はいやだ。彼女は夫の反対を押し切って中学卒業と同時に学校制度から離れた。

私の忙しさは、親の介護、七人家族の家事、子どものこととまるで三重苦を背負って車をたよりに走りまわっていた。

花いちもんめ

一九八〇年代の子どもたちの反乱は小中学生だった。六〇年代が大学で七〇年代が大学・高校で、とうとう小学生まで拡がったということは、三十年間、文部省も日教組も、子どもたちの状況を理解し解決への方策をみつけられないできたということだろう。「中教審」の出す教育改革案をすべて政治の網にかぶせて全否定してきた日教組。又日教組の中では社・共の勢力競いに血まなこの教師たち。誰も子どもに眼を向けてはいない教師も又その構造を知っていても知らん顔の親たち。そんななかで学校へ行かなくなった子どもたちについて、その責任のなすり合いが始った。「とも角、問題は学校でおこっているのだから」という幼い議論によって、日教組左派の別動隊としての「親の会」が圧倒的に支持を得た。全国津々浦々に到るまで「親の会」が出来た。ここで日本の公教育は実質的に崩壊した。

その後に来たのは金持ち日本の親は自らの子どもについて、日本の歴史について何を考えたかということだろう。忙しい親は問題を外国に送ったり、外国ブランド商品を行列して買うのと同じ精神で事を済まそうとしてきている。

自爆装置をかかえて六十年
――シェルター（避難場所）もない日本――

一九四五年、敗戦の日から今日まで、愚かな太平洋戦争のお陰で、日本はアメリカの属国化されてきた。そしていつの間にか自爆装置を五十二基も持った自殺大国になってしまった。

地震列島日本に原発をつくることがどれほど愚かなことかを誰も考えなかったのか。そしていま、奇蹟的に自爆装置を抱えたまま三十年が過ぎて、すでに限界に来ている原発がいくつもあるとき、この日本には子どもたちを守る為のシェルターのひとつもないのだ。

京都から私が送る子守唄は「原発即時全面廃止の子守唄」と同時に「シェルターつくろう子守唄」になってしまった。


（二〇〇五・一・二十一）

北原白秋『トンボの眼玉　絵入童謡集』挿絵(あるす、1919年。ほるぷ出版『名著復刻　日本児童文学館』所収)。
提供＝尾原昭夫

●私たちの心のなかで日本の原風景となっている、田んぼのある田舎、これこそが子守唄の情景です

〈対談〉日本の子守唄は、命の繋がりを取り戻す

ミネハハ＋新井信介
Minehaha & Arai Shinsuke

ひとつに繋がってこそ、自分が分かる

新井（以下A）　今日はミネハハさんと、今年初めて会えて、とてもワクワクしているのですよ。

ミネハハ（以下M）　昨年秋、京都の町屋で開かれたコンサートの打ち合わせで初めてお会いして以来、新井さんからは日本の不思議をいろいろ教えてもらいましたが、そのあと、冬至の日に一緒に九州に行って以来ですね。あの日は未明に鞍岳から阿蘇中岳に上る朝日を見て、そして午後には高千穂神社の上流にある、秋元神社の光を見て、皆で「ひとつ」を歌いましたね。

A　私たちは、これまで文明を進める過程で、どんどん自然界にある命の繋がりから、離れてきてしまいました。意識でも実生活でも。分離感が経済活動を加速させ、最後はコンピュータの仮想空間と、コンビニ弁当で暮らせる便利さを手にしているのですが、そこには本当の幸福感もなかった。今、スローライフ

が新たにお洒落になりつつありますね。本物の幸福とは、いろいろな命に囲まれて、本当に心が開いている状態ですね。

M　そう、本物の幸福は、生きているこの三次元で、とにかく繋がっていること、それを頭だけでなく、体中で体感し、再確認したときね。私は今、全国で「ひとつ」を歌っていますが、あの歌の意味は、自分だけ強く特別であろうとすることの、反対。皆が繋がっていることの心の豊かさを、歌っています。

ミネハハ
本名・松木美音。「六甲のおいしい水」、「人形の久月」、「ポンジュース」など、今までに3000曲以上のCMソングを歌うCM界の女王。1994年にソロシンガーとしてデビュー以来、全国のコンサートで「愛」「勇気」「思いやりの心」を発信し続けている。

A　ミネハハの声のヒビキに浸ると、個人個人の垣根が溶けていきますね。そうすると、そこにいる全ての存在を生み出している、根源的な命のヒビキに私たちの感覚が繋がるようです。まさに、小指の痛みは全身の痛み。地球上で、ひとつでも不幸があれば、それは私の痛み、と感じられる感性が蘇りますね。

M　私が、本当に皆に取り戻してもらいたい感覚ね。

A　皆が溶けてひとつになると、その中で自分の意志で動くものは何か、それは自分の体なのですが、ここで、自分自身に対し、大きな責任感が生まれます。繋がっているからこそ、自分の体や、自分の体験・言動を大事にしていきたいと。

M　私は女性としていつも思うのですが、本来、その繋がりの感覚を最もよく持っているのは、母親ですね。だって、自分でお腹を痛めた子供を生んでいるのですから。

A　ミネハハさんの名前は、確か、北米インディアン・ダコタ族の娘の名前ですね。

M　そう、ミネは水で、ハハは微笑み。

水の微笑よ。

A 僕は初めてっきり、本名・松木美音（ミネ）さんが人類の母として、世の中に母性を取り戻そうと決意してミネハハと名付けたのかな、と思っていました。でも、歌声を聴いていると体の深いところから、じわぁーと涙が滲みだします。しかも、その場にいる人と一緒に、今を生きている、安心感と喜びが湧いてきます。僕は新曲の「木蓮」も気に入っています。〽わたしの愛に、つつぅまれなぁ～さい。わたしはぁ、いつでもここにい～る……。

M あれ、結構いい声していますね。新井さんに伺いたいのですが、日本語は、何か、他の言語と違うところがあるのじゃないかしら。よく、「言霊《ことだま》」っていうでしょ。

A 言語に関して言うと、文字を持たない民族・部族は、世界中にまだまだ残っているけど、歌を持たないものはいません。日本の場合、どうも、この文字を持つ前の、原始的な歌と同じヒビキを、言語そのものが持っているようなのです。

M それは、縄文時代のことですか？　でも、私たちが使っている日本語には、漢字もあれば、カタカナ、平仮名、外来語といろいろありますでしょ。

A 日本語成立の基礎となる枠組みは、日本に大和朝廷ができた奈良時代のことでしょう。このときには一万年続いた縄文時代の言葉の上に何回も波状的に来た渡来人のそれぞれの言葉が乗り、さらに古代朝鮮語や漢から唐までの中国語が加わった。私たちが普通、大和言葉といっているものでも、そのルーツは、朝鮮半島やインド、さらにペルシャや地中海世界のものまであります。

M でも、そんなに多くの言語が混じりながら、なぜ、「言霊」になっているの？

A 今から二〇年前に東京医科大の角田忠信博士が、コオロギを使って面白い実験をしていますね。「日本人の脳」はコオロギの鳴き声を左脳で聴いている。これと同じなのはポリネシアがそうだったと。しかも、親の人種や言語に関係なく、五歳から一三歳の幼少時に日本語をきちんと身につけると、風の音、虫の音などの自然音を誰もが左脳で捉えている、つまり、意味のあるもの、心のあるものとして理解している、と。その点、英語や中国語では、右脳で雑音として処理している、と。

M ということは、日本語をきちんと話すと、花や鳥や動物などと、どんどん気持ちが通じやすくなるのですね。

A そうです。自分の存在を意識するよりも先に、そこにある、いろいろな生き物の、心の状態を感じやすくなるのです。これは生き物の声を聞いて、その意味を探ろうとする感性です。言い方を変えれば、生命として如何に調和するかを探る、積極的な知性なのです。

M　新井さん、それ、子供の頃に母親が聞かせる、子守唄と関係しないかしら。

新井信介

あらい・しんすけ　1957年生。文明評論、時事解説。中国経済、日本文明論。東京外語大学中国語学科卒業。著書『新東方主義』（新人物住来社）『世界覇権大移動』『真実の中国』『大予言大予測』（総合法令出版）『世界激動超予測』（徳間書店）他。

和らぎの日本の風土は、どこから

A　全然違う言語の人間が、限られた土地に一緒に生きるときに、まず、相手が何を言っているか、言葉の意味よりも、その言葉を発する前の、何かを掴んでいるはずですね。それは心の状態ですね。ウソ偽りのない。日本列島では縄文時代以降、そういう状況があちこちであったはず。

M　例えば？

A　縄文時代は一万三千年前に、ウルム氷期がもっとも寒くなったときに津軽海峡が氷結し、シベリア系の住民が北海道から本州に渡り、ポリネシア系の住民と混血するところから始まります。五五〇〇年前には青森の三内丸山に巨大集落が生まれました。しかし、その前後は地球規模で暖かくなり、大陸では大洪水が続きます。日本列島の気候変動は比較的、穏やかでしたが、大陸では生存をかけた闘争と、種族間での凄まじい戦いがありました。

　そして、日本に最初に稲作が伝わる三〇〇

○年前くらいから、どんどん渡来者が現れました。

M それ、弥生人？

A 学校では簡単にそう教えますが、実は、日本列島への渡来は、聖徳太子の時代までに、二千年以上に渡って続いています。

M それでは、本当に多くの種族、多くの血が日本人に入っているのですね。でも、なぜ、それが、ひとつになれたのでしょう。

A そこで、実は、日本の子守唄と関係すると思うことがあるのです。ミネハハさん、ヨーロッパでも中国大陸でも、戦闘が繰り返されたあと大きな王権が生まれ、また栄枯盛衰があるのですが、そのとき、日本列島は、どんな状態に映っていたでしょう。

M きっと、大きな争いがない、平和な社会。

A では、そんな日本に来るのはどんな人？

M やはり家族でかな？ でも、海を渡らないといけないから、殆どが遠征隊や亡命者。

A そのとき、男女の比率は？

M あ、そうか。圧倒的に男の方が多いわね。

A 日本のどこかの入り江に着いて、現地の種族と和平の証に通婚しますが、そのとき、相手となった女性は……。

M そうか、いつも、女性側は先住者になるわね。しかも、新たに生まれる子供は、母のオッパイを飲みながら、母の言葉、母の子守唄を聴きますね。

A だから、子供たちはまず、母の言葉を覚え、次第に父の言葉も吸収していきますね。

M でも、渡来人にも女性はいたでしょ。少数かもしれないけど。彼女たちは、基本的には戦士ではないから、亡命者で、しかも、貴族のお姫様だから、結構、教養人かな。

A 縄文人の頃は完全に自然界のいろいろな音を、聞き、感じ取り、自然に順応して生きていたでしょう。その上にドンドン、大陸での戦いで鍛えられた渡来人が入ってきても、新たに生まれる子供たちには、島国の感性・感覚の上に、言葉が広がっていきますね。

M ということは、子守唄には、自然と響きあう太古の周波数と、父親が持ってきた、いろいろな物語が同時に乗っているのね。でも、時にその旋律が、何か悲しいのはなぜ？

A 渡来系の人は、鉄剣を持ったり、騎馬で来たり、基本的には征服者。先住者は、抵抗して殺されるものもあれば、あとは隠れます。その中で、女性は、和睦の印に婚姻しますが、征服者側の姫様たちも、従者となった彼女たちには、女性として同情しますね。自分自身、大陸を流浪した厳しい日々や、失った家族のことを思い出すでしょう。

M で、女性たちが歌う子守唄には、お互いの悲しみが、共感しあえる調べがあるのね。

A　日本文化の特徴は、怨霊思想ではなくて、実は「悲しみの共有」です。ミネハハさん、この名前、アメリカ・インディアンのものでしょ。彼らは近代化が始まった西欧人によって大虐殺されましたが、時間を越えて命を大切にする、素晴らしい智恵がありますね。

M　彼らは、物事を判断する時、自分の七世代前と七世代後の上下四〇〇年を考えてから行動する、というものですね。昨年、富士山の朝霧高原で、世界の先住者たちによる、祈りの儀式がありましたね。新井さんも行ったでしょ。

A　WPPD（ワールド・ピース＆プレイヤーズ・デイ）ですね。あの日は、私たちを生かしてくれている大地に、感謝と祈り……これは、私達がもうこれ以上、地球環境を壊さないという誓いでもありましたが、そのためだけに暴風雨の中、四千人が集まりました。

M　今、その祈りが、各家庭の中から、消えているようでならないのです。これだけ、文明が発達して便利になっているのに、ごく普通にあったはずの、命の繋がりの感覚が、欠乏している。

A　自分の肉体を脈打つ鼓動は、実は、地球上に原初生命が生まれた、三六億年前の鼓動を今に伝えているのですが、私たちの意識が、自分の父母や子供との繋がりを忘れだしてしまったのですね。でも、そんな意識の人に言葉で説明しても、そんなことと分かっている、と言われるだけで、なかなか真意は伝わらない。そこで、ミネハハの声の出番。しかも、生きている、今の肉体を繋いできたDNAに直接話しかける子守唄。これしかない。

M　なんだか、是非、日本の子守唄を、世界中の言葉で歌いたくなってきたわ。

A　今、日本の「和」が、見直されています。考えて見ますと、私たちの心のなかで、日本の原風景となっている、田んぼのある田舎、これこそが子守唄の情景ですが、あの棚田での稲作こそ、人間の人為と自然が一体になった姿です。本物の命が溢れ、しかも、そこには、土地は有限でも、永遠の豊かさがありました。

M　ミネハハは、日本の言霊で、子守唄を歌う。これできっと、スピードや効率でカチンカチンになった人に、新しい意識と行動が生まれる、と確信しました。今日は楽しかった。

A　こちらこそ。それから、うちのこどもが、ひとつチャンに、よろしくって。

（二〇〇五年一月二三日　於・名古屋）

縄文の声と子守唄

菅原三記
（すがわら・みつのり／NPO法人 感声アイモ 演出・指導）

子守唄を聞いていた赤ちゃんが泣き出した。観衆の冷たい視線を浴びながら歌手をしり目に母親が場外に連れて出る。何が起ったのか。

以前こんな経験をしたことがある。世界的に活躍する歌手の唄う「さくらさくら」に何か不思議な違和感を覚えた。後でそっと尋ねると、彼女は日本人だが生まれも育ちもオーストリアで言葉のリズムが本質的に違う。特に海外公演で謡うヨーロッパ原語の歌は素晴らしく絶賛を浴びている。そこでは歌声を反響板に当てて響かせる。しかし、日本の歌は直接、声を響かせるという。

赤ちゃんが喜ぶ歌声の秘密は何だろう。爽やかな朝、家の傍《そば》の電柱の上でカラスが仲間に通信している。小さな体のカラスが遠くまで通る声を出すのに何時《いつ》も感心していた。その会話があまりに楽しそうなのでつい悪戯《いたずら》心が顔を出し物陰に隠れて同じように啼いてみた。するとカラスは驚いたように辺りをキョロキョロ見回し「不思議な仲間」に声をかける。そのやり取りが三十分ほど続いたが、カラスはその間「声だけの仲間」を見つけようと一生懸命探していたのだ。

カラスが私の声に反応したのは何故だろう。縄文時代の日本人を感じてくれたのかなと愉快な空想をした。テープレコーダーやCDなど録音機器がない時代なので、縄文人がどんな声をしていたのか直接聞く術《すべ》はない。

そこで人間に最も声帯が似ているカラスの鳴き声を真似て「縄文の声」が再現出来ないものかと思いついた。

いざ発声すると喉の奥から出す安定した母音に特徴がある。能や歌舞伎・浄瑠璃など古来の伝統芸能の基本的な声に近いと感じた。

私が指導する男性に初めて男児が産まれ「どんな声をかけてあやしたら良いか」と相談された。その時、重度の行動障害・高機能自閉症の青年の笑顔が目に浮かんだ。ある「発声」をすると楽しく愉快になり全身で何度もせがむのである。そこで呼吸法も発声法も、始めて間もない彼にこの「発声」を試してみてはとアドバイスした。

暫くして彼が報告に来た。お風呂に入れる時も寝る時も一緒の時は、例の「発声」をすると機嫌が良い。ある日おしめが濡れて大泣きしたので母親が替えようと声をかけると激しく嫌がる。そこで彼が交代し、いつもの調子で「オシメヲカエヨウネ」と言ったら、どうしたことか今までの大泣きが嘘のようにピタリと止み「ウン」と頷いて素直におしめを換えさせた。これには子育てに絶対の自信を持っていた母親も吃驚《びっくり》。是非その理由《わけ》を聞きたいと訪ねて来た。

二十一世紀は、心の時代と言われる。人間の情報を全て統轄する脳も心で変わる。心の育成次第で免疫力や身体の成長までも大きく左右される。急速に脳の研究が進み脳内物質メラトニンが眠りを誘い、セロトニンの分泌が人間を明るく元気にするという。呼吸によって多くの脳内物質が交感神経と副交感神経に作用し生体エネルギーの育成を促進する。

昔から赤児の仕事は寝ること、お乳を飲むこと、泣くこと。特に力一杯の泣き笑いは発育に欠かせない全身運動。子守唄は寝かせるだけでなく生体リズムを調節し心を健やかに育む。

そこでは「声」が非常に重要な役割を果たす。

その音色が脳波を穏やかなα波にも緊張した時のβ波にも変える。α波の母音が感性を刺激し心に直接安心感を伝える。言葉を知らない赤ちゃんは「母音」の響きを感じ暖かい愛としてしっかりと受け止め逞しく成長する。

彼がいつも赤ちゃんにしていた「発声」こそ、喉の奥からスタッカットに「ハッ・ハッ・ハッ……」と笑うように出す音色の声。α波の母音「あ」の旋律だったのである。

母親や教師をはじめ日本人の言葉がおかしい。日本語が崩れていくのと歩調を合わせて様々な犯罪が多発する。「言葉の乱れは心の乱れ、心の乱れは国の乱れ」とは先人の教訓だ。

縄文の感性を受け継ぐ赤ちゃんに「母音」の発声を点検してもらわねばならないのか。

音《おん》が全て母音に還る美しい日本語。それが心を感じる「感声」の基本。心を癒す音色だ。感声の母音で子守唄に命を吹き込んで欲しい。

日本子守唄協会主催の公演で「縄文の声」を紹介した。終了後ロビーでお客様を見送っていると、ロシア人の若く美しいバイオリニストが通訳と共にやって来た。「どうすればあの声が出せるの」と尋ねるので訓練方法を話し「カァ・カァ・カァ」と実演した。すると満面に笑顔を浮かべて大喜びする。音楽家の彼女がどうしてこれほど感動したのだろう。

カラスの鳴き声を練習していてハッと閃いた。下部腹筋（丹田）と腰から背中の筋肉・横隔膜を一瞬緊張させ「アア」と一気に発声すると「カァ」となる。この同じ動作をゆっくり行うと「ウンギャア」となったのだ！

縄文の遥か悠久に響く「感声」がカラスと赤ちゃんの声に重なり優しく脳幹に甦った。

音《おん》が全て母音に還る美しい日本語。感声の母音で子守唄に命を吹き込んで欲しい。

子守唄にはハーモニカがよく似合う

斎藤寿孝
（さいとう・じゅこう／全日本ハーモニカ連盟理事長）

ハーモニカの音色に哀愁を感ずる、とよく言われます。僅か三センチ足らずの小さな薄い金属の弁から発する音は、思いがけぬほど強大でビックリしますが、聴きとれないぐらいの弱音を出すこともできます。音色は透明感があり遠くでも聴きとれるほど存在感があります。シンプルな楽器なのでとっつき易く、誰にでも馴染める親しさがあります。安価なので、昔はどこの家にも何本かのハーモニカがゴロゴロしていたものです。子どもの頃に玩具がわりにブカブカ吹いた体験をお持ちの方も多いでしょう。また、どこの街や学校にもハーモニカの名手が必ずいて、得意気に吹いていたものです。こうした幼い頃の想い出が郷愁を誘い、哀愁と感ずるのでしょう。

ハーモニカという楽器は祖先を中国の笙とするリード楽器で、足踏み式のリードオルガンやアコーディオンと同じ仲間です。生誕は一八二七年、南ドイツのスイスとの国境に近いシュヴァルツヴァルト（黒い森）附近の寒村トロッシンゲンの一職人、クリスチャン・メスナーの手によって今日見るような型のものが商品として完成されたと言われています。日本への渡来は一八九五年（明治二十八年）頃というのが通説となっています。銀座十字屋の広告にある「西洋横笛（ハーモニカのこと）……呼吸に任す自在の袖珍楽器なり」（明治二十九年）というところから、その前年には少なくとも商品として輸入されていたと考えられるからです。

一口にハーモニカと言ってもいろいろあります。日本で一般的なのは複音ハーモニカといって、一音につきリードが二枚ずつ付いているもの。二枚のリードにピッチ差があるため、フッと息を吹き（吸い）込むだけで爽やかなトレモロが生じます。一音につきリードが一枚だけの単音のハーモニカもあります。これには二種類あり、半音（ピアノで黒鍵に当る音）が付いているクロマチック・ハーモニカと付いていない一〇ホールズ・ハーモニカです。この他にも合奏用の特殊なものや飾り物や玩具などいろいろあって、数えきれないぐらいです。

日本へ渡来したのは複音ハーモニカでした。「ド」「ミ」「ソ」が吹音であとは吸って発音するのですが、このハーモニカの低音部には「ファ」と「ラ」があり

子守唄の現在と未来

ませんでした。その代わりに吸っても「ソ」が出せました。全部で二〇の音が出せる二〇穴のハーモニカでした。ドイツでは音楽の基本を理解させるために、子ども向けに和音を重視した構造のハーモニカを造っていたのです。低音部を吹くと主和音（「ド」「ミ」「ソ」）、吸うと属和音（「ソ」「シ」「レ」）ときれいなハーモニーが出せます。調律も純正調でした。

しかし、この頃の日本にはまだハーモニー感覚は希薄でしたから、旋律さえ吹ければいいということで低音部の吸音「ソ」を「ラ」に改造しました。さらに後年、一穴増やして二一穴として低音部に吸音の「ファ」を加えました。これで小学唱歌などは楽に吹けるようになりました。現在、市販されている複音ハーモニカはみんなこのタイプです（ヨーロッパでは依然として、子どもの教育用の和音重視の構造のものが売られています）。普段、何気なく吹いているハーモニカにこんな歴史が秘められていたことを知る人は少ないでしょう。

やがて、すべてのリードを調律して半音上げたハーモニカを重ねて使用することで半音も出せるようになり、いろいろのキーのものも造れるようになって、複音ハーモニカの完成度が高まりました。吹奏技術にも工夫が加えられていきました。一九二七年（昭和二年）《ハーモニカ生誕一〇〇年祭》がドイツのトロッシンゲンで盛大に催され、これに日本から代表として参加した青年佐藤秀廊は、この日本製の新型ハーモニカを吹いて、その時に行われたコンテストで優勝、地元の新聞は「信じられないほどのテクニックだ！」と絶賛しました。このハーモニカとその奏法は《日本的奏法》と呼ばれ、広くアジア地域全般に普及していきました。

ヨーロッパでは、楽器としてのハーモニカの完成をクロマチック・ハーモニカに見出していました。常に伴奏を伴う演奏スタイル。一方、日本では無伴奏で一人で楽しむ楽器として複音ハーモニカの世界が打ち建てられました。いわば「個」の楽器です。

「個」の楽器であるからこそ、吹き手の思いは素直に伝わります。伴奏にとらわれることもなく、自由に感情を表現できるのは子守唄を歌うのと同じです。ハーモニカが好きな人達は皆んな誰でも、自分自身のためのララバイを吹いているのです。

ハーモニカが好きな人達は皆んな誰でも、自分自身のためのララバイを吹いているのです。

Photo by Ichige Minoru

〔附〕

全国子守唄分布表（県別）

地域名	子守唄名	唄いだし
北海道		
釧路・白糠郡白糠町和天別	ピルカ　ピルカ	ピルカ　ピルカ
石狩・札幌市	あんよは　お上手	あんよは　お上手
石狩・札幌市	ねんねんころりよ	ねんねんころりよ　おころりよ
後志・寿都郡寿都町	ねんねこや	ねんねこや　ねんねこや
十勝・帯広地方	赤い山青い山	ねんねの寝た間に　何せよいの
十勝・中川郡幕別町白人	テタ　マクタ　マクン　フチ	テタ　マクタ　マクン　フチ
石狩郡当別町川下	ころころころころ	ころころ　ころころ
胆振・白老郡白老町海岸	ハタハ　ハタハ	ハタハ　ハタハ
留萌・苫前郡羽幌町	おつむてんてん	おつむてんてん
留萌・苫前郡苫前町	ここまでおいで	ここまでおいで　あんよは上手
日高・沙流郡平取町荷負	ホー　チーポ　チプ	ホー　チーポ　チプ
日高・沙流郡平取町二風谷	フワ　ハエン	フワ　ハエン
日高・新冠郡新冠町万世	トイ　カワ　ホプニペ　モコンネ	トイ　カワ　ホプニペ　モコンネ
日高・静内郡静内町農屋	ホイスハ　オハオ	ホイスハ　オハオ
青森県		
青森市諏訪沢	諏訪沢の子守唄	寝ろじゃ寝ろじゃ寝ろじゃえ
弘前市富田	ねにゃもにゃ	ねにゃもにゃどご行た

地域名	子守唄名	唄いだし
八戸市三日町	かれェコ焼んかえ	かれェコ焼んかえ　火けさえ
三戸郡三戸町	三戸の子守唄	ねたこ　ねたこ　ねたこへ
三戸郡倉石村	倉石の子守唄	ねんねこ　ねんねこ　ねんねこせェ
三戸郡倉石村	倉石の子守唄	ねんねこ　ねんねこ　ねんねこやェ
上北郡横浜村	横浜の子守唄	ねろじゃ　ねろ　ねろ
上北郡七戸町	七戸の子守唄	ねんねろ　さんねろ　酒屋の子
下北郡佐井村	かんかんご	かんかんごからかんご誰がのった
下北郡佐井村	佐井の子守唄	ねんねこヤーエ　ねんねこヤーエ
下北郡川内町	川内の子守唄	ねろじゃ　ねろ　ねろ
東津軽郡今別町大川平	大川平の子守唄	俺の太郎は寝ろじゃよ
西津軽郡岩崎村	岩崎の子守唄	泣げば山がらもっこァ来るじゃ
西津軽郡森田村	十歩八歩	十歩八歩はやまのはやしコ
西津軽郡木造町	木造の子守唄	ねんねころりよおころりよ
南津軽郡碇ヶ関村	手ん車手ん車	手ん車手ん車誰乗った手ん車
南津軽郡碇ヶ関村	おれのおんぼこァ	おれのおんぼこァ　ねんねこへ
南津軽郡尾上町金屋	金屋の子守唄	俺のハナコ寝たこへ
南津軽郡平賀町	きっこたっこ	きっこたっこ咬まないしるし
岩手県		
盛岡市	ゆっきゆっき桃の木	ゆっきゆっき　桃の木

地域名	子守唄名	唄いだし
盛岡市	かれっコ燃えで	かれっコ燃えで
盛岡市	あずきまんまさ	ねんねろヤーエ　こーろころ
一関市	ねんねこのけっつ	ねんねこのけっつさ
遠野市	友達な友達な	友達な　友達な
遠野市	千福山（1）	千福山の　中の沢で
遠野市	千松コ	おらが弟の　千松コ
江刺市岩谷堂	おら家の前の　ずさの木さ	おら家の前の　ずさの木さ
上閉伊郡大槌町	千福山（2）	千福山の　中の沢で
下閉伊郡田野畑村	一匹ほえれば（2）	ねんねこねんねこ　ねんねこや
九戸郡九戸村伊保内	一匹ほえれば（3）	ねんねこやェ　ねんねこやェ
九戸郡野田村野田	女の子守りは	女の子守りは　辛いもの
紫波郡紫波町遠山	一匹ほえれば（1）	ねんねこせ　ねんねこせ
紫波郡紫波町佐比内	向かいお山で	ねんねろころころ　ねんねろや
紫波郡紫波町赤沢	ねんねこや	ねんねこや　ころこや
紫波郡紫波町日詰	ねんねこやあっぱこ（2）	ねんねこせ　ねんねこせ
西磐井郡平泉町	紫の折戸	紫の折戸の　賤が家に
稗貫郡大迫町	まわれ水車	まわれまわれ　水車
稗貫郡大迫町	はじめて唐臼	はじめて唐臼　踏まれけり
稗貫郡大迫町亀ヶ森	ねんねこやあっぱこ（1）	ねんねこねんねこ　ねんねこえ
陸前高田市広田町	一にゃこわいのは	一にゃこわいのは
和賀郡沢内村猿橋	かねこもり	かねこもり　べんざいこ
和賀郡沢内村川舟	ねんじゃねれねれ	ねれじゃ　ねれねれ
宮城県		
仙台市	ねんねんころりよ	ねんねんころりよ　おころりよ
仙台地方	ねんねんさいさい	ねんねんさいさい　酒屋の息子
仙台地方	ねんねろねんねろ	ねんねろねんねろ　ねんねろや
仙台地方	坊やはよい子だ　ねんねしな	坊やはよい子だ　ねんねしな
石巻市	ねんねこやねんねこや	ねんねこや　ねんねこや

地域名	子守唄名	唄いだし
石巻市大瓜	こけしぼっこ	ハー　スケスサスセヨ　スサスサスセヨ
遠田郡小牛田町	りんがじんと	りんがじんと　ががじんと
栗原郡若柳町地方	ねんねこやおんぼこや（2）	ねんねこや　おんぼこや
栗原郡鶯沢町	ねんねこやおんぼこや（1）	ねんねこや　おんぼこや
志田郡松山町	ねんねこや　かんかこや	ねんねこや　かんかこや
登米郡登米町地方	子守りの役	一つひどいのが　子守りの役で
本吉郡大島村地方	大島子守唄	ねんねすらんせ　およらんせ
秋田県		
鹿角市八幡平	からすぁかあてば	からすぁかあてば　勘三郎
鹿角市八幡平	ともだちな	ともだちな　ともだちな
鹿角郡小坂町杉沢	鰈こ焼いで	鰈こ焼いで　ひっくり返して
河辺郡雄和町種沢	ゾンゾンふげば	ゾンゾン　ふげば
河辺郡雄和町種沢	ねんねんころちゃこ	ねんねんころちゃこ
仙北郡協和町小種	一にこわいのは	一にこわいのは子守の役だ
仙北郡神岡町	こぼしこやまの	こぼしこやまの白犬こ
仙北郡西仙北町高屋敷	おら家のはしご	おら家のはしごは
仙北郡千畑村	おら家のつぼめの	おら家のつぼめの大石は
仙北郡南外村落合	ねねこんこよーよ	ねねこんこよーよ
平鹿郡十文字町梨ノ木	ジゴバゴ引げば	ジゴバゴ引げば
北秋田郡阿仁町小様	けっちあぶり	けっちあぶりのコンコン
由利郡仁賀保町院内	一につらいこと	一につらいこと子守りの役目
由利郡由利町西滝沢	ねんねこねんねこや	ねんねこ　ねんねこや
山形		
上山市	ねろねろや	ねろねろや　ねろねろや
上山市	ねんねんや　お守りや	ねんねんや　お守りや
上山市	裏の裏のじさの木さ	裏の裏のじさの木さ
上山市	山形地方の子守唄	おら家のおぼこは　誰泣かせた

地域名	子守唄名	唄いだし
天童市	村山地方の子守唄	ねろねろや　おんねろねろや
南陽市	赤湯地方の子守唄	オワイヤ　オワイヤ　オワイヤレヤレ
最上郡最上町	小国郷の子守唄	やんまのえりの　おいのこは
最上郡真室川町安楽城	せんどのやんま	ねろねろ　ねろねろ　ねろねろやードー
最上郡真室川町安楽城	エンヤマッカゴエン	エンヤマッカゴエン　エンヤマッカゴエン
最上郡真室川町安楽城	子守りくどき	一にゃこわいもの　子守りの役よ
東置賜郡高畠町	ねんねんころりよ	ねんねんころりよ　おころりよ
西置賜郡飯豊町	おら家の子守っ子	おら家の子守りっこは
西置賜郡小国町	小国地方の子守唄（1）	やんやん山形の　弥兵衛母さは
西置賜郡小国町	小国地方の子守唄(2)	子守り娘は　楽なようでつらいもんだな
西置賜郡白鷹町	ねんねこせ	ねんねこせ　ねんねこせ
西置賜郡白鷹町	白鷹地方の子守唄	オンバエヤレヤ　オンバエヤレ
福島県		
いわき市三和町	いぐら泣いでも	いぐら泣いでも　この子は憎ぐはね
いわき市泉町	ねんねんころりよ（1）	ねんねんころりよ　おころりよ
いわき市泉町	ねなねなねなねな	ねなねなねなねな　ごうとねなんしょよ
いわき市平	ねろやねやまの	ねろやねやまの
相馬市原釜	ほらやれほらやれ	ほらやれほらやれ　ほらほらや
相馬市南飯淵	ほらほらや	ほらほらやほらほらや
白河市二番町	お月さまいくつ	お月さまいくつ　十三七つ
白河市二番町	ほらよいほらよい	ほらよいほらよい　ほらよいやぁ
安達郡安達町	おらいのややは	おらいのややは　どこさ行ったべ
安達郡岩代町	ねんねんこんころ	ねんねんこんころ　おとの守り
安達郡大玉村	ねんねんころりよ（3）	ねんねんころりよ　おころりよ
安達郡白沢村	ねんねこぼこちゃん	ねんねこぼこちゃん　亀の子ぼこちゃん
安達郡本宮町	よいよいよこづかの	よいよいよこづかの　ぐりぐり乙女
伊達郡保原町	守り子なんて	守り子なんて楽なようで
西白川郡西郷村	おらどごのややは	おらどごのやぃやは　ねんねしねが

地域名	子守唄名	唄いだし
石川郡石川町	守り子しあきた	守り子しあきた　叱られあきた
石川郡浅川町	ねんねんねた子に	ねんねんねた子に　何やろか
大沼郡会津高田町	ほらねろほらねろ	ほらねろほらねろ　ほらねろやや
田村郡三春町	ねんねをして	ねんねをして　起ぎだらば
田村郡三春町	ねんねんころりや	ねんねんころりや　おころりや
田村郡船引町	一でいじめられ	一でいじめられ　二で憎まれ
田村郡滝根町	ねんねんころりよ(2)	ねんねんころりよ　おころりよ
南会津郡檜枝岐村	ねんねの子守りは	ねんねの子守りは　辛いもの
茨城県		
古河市	ねんねんねこのけつ	ねんねんねこのけつに
古河市	ねんねんおころり	ねんねんおころり　ねんころり
古河市	おどもり子守りは	おどもり子守りはつらいもの
勝田市馬渡	守りちゃ楽のよで	守りちゃ楽のよで　こわいもんでんす
常陸太田市	さあさあれ見な	ねろてば　ねねえのか　この子供
真壁郡明野町	床屋の娘は	床屋の娘は　おしゃらくね
真壁郡明野町	勘平さんは	爺よ婆よ　勘平さんは
真壁郡明野町	かっこんかっこん	かっこん　かっこん
東茨城郡常北町	ねんねんころりや	ねんねんころりや　おころりや
西茨城郡岩間町	守りっちゃ楽なようで	守りっちゃ楽なようでこわいもの
行方郡玉造町	ヤーイ山見ろ	ヤーイ山見ろ　筑波見ろ
那珂郡東海村	おいらやだやだ	おいら　やだやだ
栃木県		
黒磯市板室	ねんねん猫のけつ	ねんねん猫のけつ
佐野市大和町	そまつにするな	そまつにするなと　母上の
真岡市荒町	あっち向けこっち向け	あっち向け　こっち向け　筑波見ろ
足利市相生町	お月さんいくつ	お月さんいくつ　十三七つ
大田原市親園	坊やはよい子だ	ねんねんころりよ　ねんこしな

地域名	子守唄名	唄いだし
大田原市親園	おともりゃ楽なよで	おともりっちゃ楽なよで
塩谷郡塩谷町	ねんねこどっちゃん	ねんねこどっちゃん　亀の子どっちゃん
塩谷郡塩谷町	おともり子守りは	おともり子守りは　つらいもんだよ
芳賀郡茂木町	ねんねんころりよ	ねんねんころりよ　おころりよ
芳賀郡茂木町	おともりっちゃ楽なようで	おともりっちゃ楽なようで
群馬県		
前橋市城東町	ねんねん子守りは	ねんねん子守りは　つらいもの
前橋市総社町植野	水沢どんどん	水沢どんどん　かけ流し
前橋市総社町植野	ねんねんよかんかんよ	ねんねんよ　かんかんよ
前橋市日吉町	かいぐりかいぐり	かいぐり　かいぐり　とっとの目
桐生市梅田町皆沢	ねんねんね山の	ねんねんね山の　白ねこが
碓氷郡松井田町	お獅子の子は	お獅子の子は
碓氷郡松井田町入山	ねんねこぼっち	ねんねこぼっち　かんかかぼっち
吾妻郡嬬恋村今井	ねんねんねころげて	ねんねんねころげて　がにがはいこんだ
新田郡藪塚本町	のんのさんいくつ	のんのさんいくつ　十三七つ
利根郡白沢村高平	ねんねこねんねこ	ねんねこ　ねんねこ　ねんねこや
千葉県		
千葉市中央	ねんねんおころり	ねんねんおころり
我孫子市柴崎	お里のおみやげ（1）	ねんねんよう　おころりよう
市原市牛久	あんよはじょうず（2）	あんよはじょうず
市原市飯給	ぎっこうがっこう	ぎっこう　がっこう
市原市飯給	あんよはじょうず（1）	あんよはじょうず
市原市養老	ぎっこなばっこな	ぎっこな　ばっこな
市原市養老	ちゃんぽんぽんの木の下に	ねんねんころりねんころり
銚子市四日市場町	坊やの父さん	ねんねんころりよ　おころりよーオ
茂原市下永吉	お里のおみやげ（2）	ねんねんころりよ　ねんねしな
野田市堤台	かいこうまんま	かいこう　まんま　お舟が通る

地域名	子守唄名	唄いだし
銚子市四日市場町	泣いてくれるな	泣いてくれるな出船の出先ヨ
安房郡千倉町	ホラホラほうらい豆	ホラホラ　ほうらい豆
東葛飾郡関宿町江戸町	坊やが泣けば	ねんねんころりよ　ねんころり
埼玉県		
浦和市常盤	とっとのめ	ちょーちちょーち
浦和市常盤	ねんねんねこの	ねんねんねこの　けつめどに
加須市阿良川	あがり目さがり目	あがり目　さがり目
秩父市本町	ここまでおいで	ここまでおいで　甘酒進上
秩父市本町	ねんねんころりよ	ねんねんころりよ　おころりよ
与野市上落合	おつむてんてん	おつむてんてん
与野市上落合	しゃんしゃんしゃん	しゃんしゃんしゃん
児玉郡児玉町金屋	お月のんのん	お月のんのん　こうのんのん
児玉郡児玉町金屋	守りっ子というもの	守りっ子というもの　つらいもの
与野市上落合	あんよはじょうず	あんよはじょうず
東京都		
千代田区猿楽町	赤いじょじょはいて	赤いじょじょはいて
千代田区猿楽町	あんよはじょうず	あんよはじょうず
千代田区猿楽町	ちょちちょちあわわ	ちょち　ちょち　あわわ
千代田区猿楽町	おつもてんてん	おつもてんてん
千代田区神田小川町	千ぞや万ぞ	千ぞや万ぞ　お舟はギッチラコ
千代田区神田小川町	ねんねこのけつ（1）	ねんねこのけつに
文京区本郷	ここまでおいで	ここまでおいで　あまざけしんじょ
文京区本郷	小山の子うさぎ	ねんねんころりよ　おころりよ
墨田区両国	塩屋かぎ屋	塩屋　かぎ屋　塩一升おくれ
江東区佐賀	坊やはよい子だ（江戸子守唄）	ねんねんころりよ　おころりよ
墨田区両国	千手観音	千手観音　拝んでおくれ
日野市日野	ねんねん寝屋町	ねんねん寝屋町米屋町

地域名	子守唄名	唄いだし
八王子市下恩方町	ねんねこのけつ（2）	ねんねこのけつへ
八王子市美山町山入	ねんねこした子にゃ	ねんねこよォ
八丈島（八丈町三根）	テテンクンクン	テテンクンクン
八丈島（八丈町三根）	ジョーセイジョーセイ	ジョーセイジョーセイ　クビジョーセイ
八丈島（八丈町三根）	ねんねが子守りは	ねんねんねんねん　ねんねしな
神奈川県		
横浜市瀬谷区瀬谷町	どっこい丼鉢（2）	どっこい丼鉢ゃ
川崎市多摩区	小桜節	あのや上桜をナーアヨ
厚木市猿ヶ島	ねんねねてくれ	ねんねねてくれ　朝起きてくれ
厚木市猿ヶ島	島はよいとこ	島はよいとこ　来てみらしゃんせ
厚木市下古沢	ねんねんころりよ	ねんねんころりよ　おころりよ
厚木市下古沢	子守りゃ楽なようで	子守りゃ楽なようで　してみりゃつらい
厚木市酒井	どっこい丼鉢（1）	どっこい丼鉢ゃ
厚木市酒井	信州信濃の	信州信濃の　しんそばよりも
逗子市小坪	いか採り舟の歌	沖に見えるは　いか採り舟か
藤沢市打戻	子守りゃ子でもつ	子守りゃ子でもつ
山梨県		
甲府市屋形町	ねんねんころりよ（1）	ねんねんころりよ　おころりよ
甲府市屋形町	坊やのかあちゃん	坊やのかあちゃん　どこへ行った
甲府市屋形町	坊やが大きくなったら	坊やが大きくなったら嫁をとる
山梨市上神内川	ねんねんころりよ（2）	ねんねんころりよ　おころりよ
山梨市上神内川	お月さん神さん	お月さん　神さん
中巨摩郡櫛形町	ねんねんころりよ（3）	ねんねんころりよ　おころりよ
南巨摩郡鰍沢町	ねんねん猫のけつ	ねんねん　猫のけつへ
南巨摩郡鰍沢町	おらんお子守りゃ	おらんお子守りゃ　どこへ行った
南巨摩郡早川町奈良田	奈良田の子守唄（1）	よいよいよお　よいよいよ
南巨摩郡早川町奈良田	奈良田の子守唄（2）	よお　よいよいよ

地域名	子守唄名	唄いだし
東八代郡御坂町	ねんねんねんねしな	ねんねん　ねんねん　ねんねしな
長野県		
諏訪市	ねんねんねえぼに	ねんねんねえぼに　花が咲いた
佐久市三井	ねんねんねこのけつ	ねんねん　ねこのけつに
須坂市野辺町	ねんねこぼっちゃん	ねんねこぼっちゃん
下伊那郡高森町	わしほど因果な者はない	わしほど因果な者はない
上高井郡若穂村	ねんねんよ	ねんねんよ　ねれば子も楽親も楽
下高井郡野沢温泉村	ねんねんね山の	ねんねんね山の　米屋町
下高井郡野沢温泉村	ねんねんねむの葉っぱ	ねんねんねむの葉っぱ　ねるだろし
東筑摩郡	向こう通る猿が	向こう通る　猿が三匹通る
南佐久郡八千穂村	ねんねん子守りは	ねんねん子守りは　つらいもの
新潟県		
長岡市神田町	ねんねんねんねん	ねんねん　ねんねん　ねんねんや
栃尾市北荷頃	ねんねんこんこん	ねんねんこんこん　こんこんや
十日町市学校町	ののさんいくつ	ののさんいくつ　十三七つ
古志郡山古志村	ねんねんころりん	ねんねんころりん　ねんころや
古志郡山古志村	ねんねこねんねこ	ねんねこ　ねんねこ　ねんねこや
中魚沼郡中里村	ねんねんこうや	ねんねんこうや　ねんこうや
中魚沼郡中里村	一にいじめられ	一にいじめられ　二に憎まれ
中魚沼郡中里村	よいよいよっこら島	よいよいよっこら島の　がんがらおよし
南魚沼郡塩沢町	お月さまいくつ	お月さまいくつ　十三七つ　まだ年ゃ若いな
南魚沼郡塩沢町	ねんねんねったか	ねんねんねったか　ねったかや
富山県		
富山市下熊野	ねんねやおろろわい	ねんねや　おろろわい
富山市下熊野	泣くなや泣くなや	泣くなや泣くなや　すずめの子
富山市下熊野	ねんねこさんねこ	ねんねこ　さんねこ　酒屋の子
富山市北代	ねんねんおろろわいや	ねんねんおろろわいや　おろろわいや

地域名	子守唄名	唄いだし
黒部市三日市	いま泣いたもんな	いま泣いたもんな　だるじゃ
黒部市石田	ねんねんころりん	ねんねんころりん　ねんねんころりん
射水郡大門町水戸田	たんたんたぬきの	たんたんたぬきの　運動会
射水郡大門町水戸田	ねんねやねんね	ねんねやねんね
上新川郡大山町桑原	ねんねんころりや	ねんねんころりや　おころりや
下新川郡入善町	ねんねんこっこ	ねんねんこっこ　ねんこっこ
東砺波郡上平村皆葎	ねんねこいこい	ねんねん　こいこい
婦負郡細入村	おお泣かれんど	おお　泣かれんど　泣かれんど
石川県		
金沢市才田町	思いきりゃんせ	思いきりゃんせ　牧山の太郎兵衛
金沢市三社町	ゆんべ夢見た	昨夜夢見た　地獄の夢や
金沢市三社町	ねんねの母は	ねんねの母は　どこ行った
金沢市田島町	ねんねこうこ	ねんねこうこ　ねんねの守りは
金沢市田島町	わらっち子どんども	わらっち子どんども　花折りに行かんか
輪島市上大沢町	ねんねんねんね	ねんねんねんね
七尾市三室町	ねんねんころれよ	ねんねんころれよ　ねんころれ
小松市波佐羅町	一升ま二升ま	一升ま二升ま　ますん底ァ抜けた
小松市波佐羅町	ねんねの寝た間に（２）	ねんねの寝た間に　オロコロしょう
松任市徳光町	ねんねこ寝まっしゃれ	ねんねこうこ　寝た子はかわい
石川郡鶴来町	七つ八つから	七つ八つから　子守りに出たら
石川郡白峰村	寝せよ寝せよ	寝せよ寝せよ　寝せよ寝せよ
石川郡美川町	泣ァくみ泣ァくみ	泣ァくみ泣ァくみ　かすくれ
石川郡野々市町	手ってのねずみ	手ってのねずみ　はしかいねずみ
江沼郡山中町	ベロロンサイコ	ベロロンサイコ　トコサイコ
能美郡寺井町	じんじいばんばあ	じんじい　ばんばあ　けんどんや
鳳至郡能都町	ねんねのちゃあちゃあ	ねんねんころりよ　おころりよ
羽咋郡志賀町	金が湧くてて	ねんねんころりよ　おころりよ
羽咋郡志賀町	りんかじんと	ねんねんころりよ　おころりよ

地域名	子守唄名	唄いだし
羽咋郡富来町	おっちゃかわいもな	おっちゃかわいもな
河北郡宇ノ気町	泣いた権兵衛	泣いた権兵衛ァどこ行った
河北郡七塚町	ねんねの寝た間に（１）	ねんねの寝た間に　何をやろ
福井県		
福井市鷹巣	ねんねんや（１）	ねんねんや　おべどこじゃ
敦賀市横浜	ねんねしなされ（１）	ねんねしんされ　ねた子はかわいい
敦賀市沓見	ねんねんよ	ねんねんよ　ねんねんよ
坂井郡丸岡町	ねんねんや（２）	ねんねんや　おべろんや
坂井郡丸岡町	おべろんや（１）	おべろんやァ　ねんねんや
坂井郡丸岡町	おべろんや（２）	おべろんやァ　ねんねんや
三方郡美浜町	ねんねしなされ（２）	ねんねしなされ　今日は二十五日
静岡県		
静岡市井川	一じゃいじめられ	一じゃいじめられ　二じゃ憎まれて
静岡市中島	寝ると寝床へ	ねんねんおころり　おころりよ
静岡市麻機	守りは辛いもんだ（２）	守りは辛いもんだ
清水市三保	ねんねん猫のしっぽ	ねんねん猫のしっぽ
清水市北矢部	守りは辛いもんだ（１）	お泣き泣きん面
浜松市大人見町	泣けばお山の	ねんねんおころり　おころりよ
浜松市天神町	泣くと長持	ねんねんよ　ねんねんよ
沼津市大岡	この子のかわいさ	坊やはよい子だ　ねんねしな
賀茂郡東伊豆町	寝ないとねずみに	ねんねんよ　おころりよ
田方郡大仁町神島	子守りとゆうもな	子守りとゆうもな　辛いもの
田方郡函南町	ねんねんねっころばち	ねんねんねっころばち
浜名郡可美村	かいぐりかいぐり	かいぐりかいぐり　とっとの目
愛知県		
名古屋市昭和区	天満の市（１）	ねんねころいち　天満の市は
名古屋市瑞穂区	この子のかわいさ	坊やはよい子だ　ねんねしな

地域名	子守唄名	唄いだし
名古屋市千種区	かいぐりかいぐり	かいぐり　かいぐり　しったら
名古屋市千種区	鷺どん	鷺　鷺　なんで首投げた
名古屋市千種区	へこきむし	そごでごそつく　なにもんだ
名古屋市東区	天満の市（2）	ねんねころいち　天満の市やえ
名古屋市北区	しったらしったら	しったら　しったら　あっあっわ
名古屋市名東区	古谷の子守唄	守りさ　子守りさ　紺屋の守りさ
一宮市大志町	木曽川の子守唄	ねんねこ　ねんねこ　酒屋の子
豊川市	花折りに	子供たち　子供たち
豊田市越戸	馬はとしとし	馬はとしとし　泣いても強い
岡崎市	岡崎地方の子守唄	ねんねんよ　おころりよ
岩倉市下市場	今泣いただれ	今泣いた　だれ　お寺のチャボか
春日井市寿町	ねんねしなされ	ねんねしなされ　朝起きなされ
春日井市妙慶町	つばな摘みに	つばな摘みに　行こみゃあか
小牧市小牧	守りはつらいぞえ	守りはつらいぞえ　餅つきもつらい
小牧市上末町	おらがこの子は	ねんねんよォー　おこらんよ
愛知郡日進町	ええ子だよ	ええ子だよ　ええ子だけれど
海部郡弥富町	守りさ子守りさ	守りさ子守りさ
海部郡弥富町	こんな泣く子は	こんな泣く子は　よう守りせんに
中島郡祖父江町	守りさどこいく	守りさどこいく　白足袋はいて
岐阜県		
益田郡金山町	ちょちちょち	ちょち　ちょち　ちょち
加茂郡川辺町	ねんねんよう	ねんねんよう　おころりよ
可児郡御嵩町	ねんねこせ	ねんねこせ　ねんねこせ
海津郡南濃町太田	こんな泣く子は	こんな泣く子は　よう守りせんに
郡上郡白鳥町石徹白	坊やはよい子じゃ	坊やはよい子じゃ　ねんねしょよ
不破郡垂井町	西の丁から	西の丁から　東の丁まで
揖斐郡久瀬村	ねんねころいち	ねんねころいち　竹馬よいちよ
揖斐郡藤橋村東横山	守りのういのは	守りのういのは　秋冬五月

地域名	子守唄名	唄いだし
揖斐郡徳山村本郷	ねんねしてくりょ	ねんねしてくりょ　今日は二十五日
三重県		
伊勢市一之木町	ねんねん猫島の	ねんねん猫島の　ちんちら乙女
伊勢市神久町	ねんねんよう	ねんねんよう　よう　おころりよ
名張市赤目町	ねんねころいち（2）	ねんねころいち　竹屋の与市
亀山市南崎町	頭の上に	頭の上に　豆さんをのせて
松阪市小片野町	松阪の子守唄	この子よい子や　ぼた餅顔や
上野市三田	伊賀の子守唄	ねんねしなされ　ねた子がかわい
上野市農人町	お月さんなんぼ	お月さんなんぼ　十三一つ
上野市友生	ねんねころいち（3）	ねんねころいち　竹屋の与市
一志郡一志町	ねんねこさんねこ	ねんねこ　さんねこ　酒屋の子
一志郡一志町	一志の子守唄	ねんねをせえ　もうたをせえ
員弁郡員弁町	富士山の山へ	富士山の山へ　花折りに
員弁郡員弁町	つうねん坊子守唄	かくれん坊につうねん坊に　ぬけがみや
員弁郡員弁町	員弁の子守唄	ねんねしなされ　ねる子はかわい
員弁郡員弁町	この子よう泣く	この子よう泣く　よう守りせんで
員弁郡藤原町	藤原の子守唄	ねんねんころりよ　ねんころり
員弁郡北勢町	かいぐりかいぐり	かいぐりかいぐり　とっとのめ
員弁郡北勢町	この子よい子だ	この子よい子だ　ねんねをなされ
阿山郡阿山町	阿山の子守唄	うちのこの子に　赤いべべ着せて
桑名郡長島町	長島の子守唄	バーバーバー　晩に寝てバー
志摩郡志摩町	片田の子守唄	守りや守りやと　軽蔑するな
飯南郡飯高町	飯高の子守唄	ねんねねてくれ　ねた子がかわい
鈴鹿郡関町	ねんねころいち（1）	ねんねころいち　竹屋の与市
鈴鹿郡関町	ねんねんころりや	ねんねんころりや　おころりや
鈴鹿郡関町	新所の子守唄	ねんねねんねと　ねた子はかわい
鈴鹿郡関町	関の子守唄	この子よくねる　宵からねやる

地域名	子守唄名	唄いだし
滋賀県		
大津市坂本本町	この子よう泣く	この子よう泣く
大津市上田上桐生町	竹のまのよいち	ねんねころいち　竹のまのよいち
大津市上田上芝原町	田上のヨンヨー節	ねんねころいち　竹馬のよいちナ
大津市尾花川	竹馬のよいち	ねんねころいち　竹馬のよいち
近江八幡市上畑町	竹馬よいち	ねんねころいち　竹馬よいち
近江八幡市八幡町	うとて歩くは	うとて歩くは　やかましけれど
草津市大路	大坂見たか	ええとこ見せたろかァ
長浜市元浜町	お姫さんのかご	お姫さんのかごと　天神さんのかごと
八日市市金屋	かんかん堂のお宮さま	かんかん堂の　お宮さま
八日市市金屋	ねんねなされませ	ねんねなされませ
八日市市市辺町	ねんねしてたも	ねんねしてたも　まだ夜は明けぬ
八日市市上平木町	キッコーマイコー	キッコーマイコー
八日市市上平木町	高い山から	高い山から　谷底見れば
八日市市柏木町	うちのこの子は（1）	うちのこの子は
伊香郡西浅井町集福寺	ななよ泣くなよ	ななよ泣くなよ　赤いべべ買うてやろ
犬上郡甲良町長寺	ねんねする子に（甲良の子守唄）	ねんねする子に　やりたいものはーァ
甲賀郡信楽町田代	うちのこの子は（2）	うちのこの子は　なんでこれ泣きゃる
甲賀郡水口町嶬峨	ねんねんねむの木	ねんねんねむの木　ねんころよーォ
高島郡高島町勝野	ねんねん森の	ねんねん森の　子鳩たち
高島郡今津町三谷	ねんねしてくれ	ねんねしてくれ　今日は二十五日
坂田郡伊吹町甲津原	オッチキチョーウワイチョー	ねんねころいち　竹馬よいち
京都府		
京都市左京区広河原	広河原の子守唄	はたちこえたら　嫁入りはおそいな
京都市伏見区竹田内畑町	高瀬の子守唄	うちのおとっつぁん　高瀬の船頭
京都市伏見区竹田内畑町	竹田の子守唄	守りもいやがる　盆からさきにゃ
京都市北区賀茂	ねんねおしやす	ねんねおしやす　きょうは二十五日

地域名	子守唄名	唄いだし
旧京都市域	チョチチョチアババ	チョチ　チョチ　アババ
旧京都市域	とんとんどなた	とんとん　どなた　大丸丁稚
旧京都市域	京の子守唄（1）	ねんねなされませ　今日は二十五日
旧京都市域	京の子守唄（2）	よいよい　よいよい　淀より下は
旧京都市域	優女	優女　優女　京の町の優女
綾部市	ねんねころいち（2）	ねんねころいち　こは竹のいち
綾部市高津	綾部の子守唄	ねんねしなされ　おやすみなされ
宇治市	宇治の子守唄	ねんね　ねんねん　ねんねをなされ
亀岡市千歳	コッコイコイ	ねんねねんねん　ねんねの守りは
宮津市小田	守り奉公は	守り奉公は
向日市	乙訓の子守唄	ねんねなされませ　きょうは二十五日
福知山市	ねんねころいち（1）	ねんねころいち　こは竹のいち
熊野郡久美浜町	久美浜の子守唄	ねんねしなされ　きょうは二十五日
相楽郡加茂町銭司	去年のやや	去年のややと　今年のややと
相楽郡加茂町当尾	紺屋のねね	紺屋のねねは　かしこいねねで
相楽郡加茂町仏生寺	加茂町の子守唄	うちのこの子に　やりたいものは
相楽郡笠置町下有市	笠置の子守唄	この子いなんだら　出て奉公するのに
相楽郡山城町上狛	山城町の子守唄	ねんねころいち　ねた子はかわい
相楽郡南山城村今山	おまえ百まで	おまえ百まで　わしゃ九十九まで
相楽郡和束町杣田	オッチョコチョイ	ねんねころいち
竹野郡丹後町間人	でんでん太鼓（3）	ねんねんねんねん　ねんねんや
竹野郡網野町浜詰	どこの軒ねに	足は冷たし　背の子は泣くし
竹野郡網野町木津	でんでん太鼓（2）	ねんねの子守りは　どこへいった
竹野郡弥栄町・網野町・丹後町	ねんねしなされ	ねんねしなされ　おやすみなされ
竹野郡弥栄町芋野	かかに似んと	母に似んと　父に似い
竹野郡弥栄町味土野	でんでん太鼓（1）	ねんねん守りは　どこへった
綴喜郡宇治田原町奥山田	宇治田原の子守唄（2）	あー　ねんねんよ
綴喜郡宇治田原町郷ノ口	宇治田原の子守唄（1）	ねんねねんねん　ねた子はかわい

地域名	子守唄名	唄いだし
綴喜郡田辺町薪	キッコバッコ	キッコバッコ　臼ひき　米ひき
綴喜郡田辺町薪	天満のお市	ねんねころいち　天満のお市
綴喜郡田辺町飯岡	ナッチロリン	ねんねころりよ　ねんねして
北桑田郡美山町	美山の子守唄	ねんねしなされ　今日は二十五日
北桑田郡美山町佐々里	佐々里の子守唄	ねんねんしてくれ　よい子でねたらな
与謝郡伊根町	キッコカイヤ	キッコカイヤ　伊根までやってくれ
与謝郡伊根町	ちょんちょんちょ太郎	ちょんちょんちょ太郎は
与謝郡伊根町	オカメにかましょ	ねんねせん子は　オカメにかましょ
与謝郡伊根町本庄宇治	チョチチョチチョチや	チョチ　チョチ　チョチや
与謝郡岩滝町	ねんねが山の	ねんねが山の　雉の子
与謝郡野田川町	朝はおはよで	ねんねしなされ　おやすみなされ
与謝郡岩滝町・野田川町・加悦町	与謝の子守唄	ねんねしなされ　おやすみなされ

大阪府

地域名	子守唄名	唄いだし
大阪市鶴見区鶴見	鶴見コイコイ節	守りは守りづれ　子は子供づれ
大阪市鶴見区鶴見	鶴見ヨイヨー節	うとて回れば　やかましけれどヨー
大阪市東区伏見町	紺屋のネズミ（2）	紺屋のネルミ　藍食て糊食て
大阪市南区笠屋町	天神さんの駕籠（2）	天神さんの駕籠と
大阪市浪速区元町	難波の「天満の市」	ねんねころいち　天満の市
大阪市内各地	紺屋のネズミ（1）	紺屋のネズミ　藍食て糊食て
茨木市泉原	清渓コイコイ節	ねんねころいち　天満の市よ
河内長野市長野町	天神さんの駕籠（1）	お姫さんの駕籠と
交野市星田	星田の「天満の市」	ねんんころいち　天満の市で
高槻市西面	西面コイコイ節	寝たら念仏　起きたら勤め
高槻市西面	うとて歩き	ねんねもたもた　もたれて寝たらヨーエ
寝屋川市池田	ほうり子	ほうり子　ほうり子
吹田市山田東	山田コイコイ節	うとて回れば　やかましけれど
泉佐野市南中樫井	行て来ましょ	エッサッサッ　行て来ましょ
泉佐野市南中樫井	樫井の子守唄	泣いてくれるな　泣かいでさえも

地域名	子守唄名	唄いだし
泉南市岡田	手の鳴る方へ	手の鳴る方へ
泉南市岡田	ブランコシャブランコ	ブランコ　シャブランコ
泉南市岡田	雨よ降れ降れ	雨よ降れ降れ　川い水ァたまる
枚方市中宮	私部金太郎さん	私部金太郎さんの　嬢さんの衣装は
豊能郡能勢町天王	でんでん太鼓	ねんねんころりよ　ねんころり
豊能郡豊能町余野	余野コイコイ節	うちのこの子は　なんで泣くしらん
泉南郡岬町多奈川小島	小島の子守唄	この子よう泣く　ひばりかひよかヨー
泉南郡岬町淡輪	淡輪ヨイヨイ節	回れ回れと　大きな家回れ
大阪府内各地	だんごだんご	だんごだんご　だーんご
大阪府内各地	おにぎり	おにぎり　おにぎり
大阪府内各地	ちょちちょちあばば	ちょちちょち　あばば
大阪府内各地	ここまでおいで	ここまでおいで

兵庫県

地域名	子守唄名	唄いだし
姫路市糸引区伊伝居	お山のかーか	ねんねんよ　ねんねんよ
姫路市糸引区東山	天満の市	ねんねころいち　天満の市は
伊丹市荒牧	伊丹のねんねころいち	ねんねころいち　ころ竹のいち
伊丹市野間	ねいよねいよと	ねいよねいよと　尻たたかれて
加古川市神野町	日が照りばあさん	日が照りばあさん　日が照っておくれ
加古川市神野町	去年のややと	去年のややと　今年のややと
三田市母子	母子の子守唄	ねんねしなされ　おやすみなされ
三田市藍本	こいこい木挽さん	こいこい木挽さん　お茶飲んできてんか
三木市細川町中里	お月さんなんぼ（1）	お月さんなんぼ　十三七つ
三木市細川町中里	ねんねんよいよいよい	ねんねん　よいよいよい
赤穂市坂越	ひにふにだ	ひにふにだ　だるま堂のち
赤穂市坂越	坂越のねんねんよ	ねんねんよ　おころりよ
川西市東畦野旭	うちのこの子は	ア　うちのこの子は　よい子やさかい
豊岡市気比	気比の子守唄	守りはえらいもの　これから先は
加東郡東条町	寝たら山の	ねんねんよいよ　寝たら山のきじの子

地域名	子守唄名	唄いだし
三原郡西淡町慶野	この子どこの子	この子どこの子　丹波のやけの子
三原郡西淡町慶野	ねんねんねんねこ	ねんねんねんねこ　酒屋の子
宍粟郡千種町奥西山	寝た子はよい子	ねんねしなされ　寝た子はよい子
宍粟郡千種町河呂	いいちくたあちく	いいちく　たあちく　たァまんご
宍粟郡千種町岩野辺	ねんねんばっぽを	この子はよい子じゃ　ねんねしいな
出石郡但東町中山	中山の子守唄	うちの子さんの　お正月着物は
城崎郡香住町余部	余部の守り唄	山の木の葉が　紅こうなる見なれョ
城崎郡竹野町床瀬	竹野の子守唄	ねんねころりは　日の暮れが大事
神崎郡福崎町寺前	ねんねのころいち	ねんねのころいち　ねんころり
赤穂郡上郡町野桑	お月さんなんぼ（2）	お月さんなんぼ　十三九つ
多可郡黒田庄町福地	黒田庄の子守唄	ねんねん　よいよ
多紀郡今田町黒石	黒石の子守唄	ねんねしなされ　寝る子はかわいよ
多紀郡今田町本荘	守り子守りよ	守り子守りよ　なぜ子を泣かすナ
多紀郡今田町立杭	立杭の子守唄	うちの次郎さんに　やりたいものは
多紀郡篠山町小多田	この子よい子じゃ	この子よい子じゃ　よい子じゃさかいな
朝来郡山東町与布土	与布土の子守唄	上の橋から　下の橋までも
朝来郡生野町上生野	生野の子守唄	ねんねころいち　寝た子はかわいよ
津名郡北淡町野島	野島の子守唄	淡路島見りゃ　去にとてならぬ
美方郡温泉町塩山	きっきのばあさん	きっきのばあさん　臼ひきに
美方郡温泉町塩山	塩山の子守唄	ねんねねてくれ　ねてさよくれりゃ
美方郡温泉町桐岡	ねんねんよ	ねんねんよ　ねんねんよ
美方郡浜坂町居組	居組の子守唄	泣くないや泣くないや
氷上郡青垣町市原	市原のねんねんよ	ねんねんよ　ねんねんよ
氷上郡柏原町下小倉	柏原の子守唄	ねんねしなされ　おやすみなされ
氷上郡氷上町新郷	沼貫の子守唄	ねんねしなされ　おやすみなされ
養父郡養父町奥米地	養父の守り唄	ねんねしなされ　おやすみなされ
奈良県		
奈良市三条横町	奈良の子守唄	守りのつらいのは　霜月師走

地域名	子守唄名	唄いだし
奈良市中天満町	油買いに	油買いに　酢買いに
奈良市北半田西町	ねんねころいち（2）	ねんねころいち　きょうはこの子の
宇陀郡大宇陀町	ねんねころいち（1）	ねんねころいち　寝た子はかわい
吉野郡下北山村寺垣内	北山の子守唄	泣くな泣くな　泣くなよ
吉野郡吉野町龍門	龍門の子守唄	だけの山から　とんできたからすよ
吉野郡西吉野村	西吉野の子守唄	お子がかわいけりゃ　守りから大事よ
吉野郡大淀町	かあさんかんよ	かあさん　かんよ　帰りの道で
吉野郡大淀町	下市の子守唄	ねんねしなさい　おやすみなさいよ
吉野郡大淀町	泣くな一太郎	泣くな一太郎　泣かすな二太郎よ
吉野郡天川村洞川	おいよ才平は	おいよ　才平は　まだ戻らぬか
添上郡月ヶ瀬村	ねあせりゃ	ねあせりゃ　起きる
和歌山		
和歌山市加太	堺住吉いとまの太鼓	堺　住吉　いとまの太鼓よ
和歌山市布引	ねんね根来の（1）	ねんね根来の　かくはん山でよ
田辺市上万呂	ねんねころいち（1）	ねんねころいち　天満のていちよ
御坊市	ねんねねた子に	ねんねねた子に　赤ばい着せてよ
御坊市上野	ねんねねんねん（1）	ねんねねんねん　ころりとなされよ
新宮市	泣いてくれるな（2）	泣いてくれるなよ　御殿の留守によ
新宮市三輪崎	ねんねしゃっしゃりませ	ねんねしゃっしゃりませ
東牟婁郡古座川町古座	泣いてくれるな（1）	泣いてくれるな　泣かいでさえもよ
東牟婁郡古座町伊串	わしら山行きゃ	わしら山行きゃ　茨が止める
東牟婁郡那智勝浦町下里	守りがにくいとて（5）	守りがにくいとて　破れ傘きせてよナーヨ
東牟婁郡北山村竹原	ちょっちょっちょうの	ちょっちょっちょうの　カーリカリ
東牟婁郡本宮町本営	ねんねしなされ（1）	ねんねしなされ　お休みなされよ
西牟婁郡すさみ町	守りがにくいとて（3）	守りがにくいとて　破れ傘きせてよ
西牟婁郡すさみ町	守りがにくいとて（4）	守りがにくいとて　破れ傘きせてよ
西牟婁郡中辺路町温川	ねんねねんねと	ねんねねんねと　背中をたたく
西牟婁郡中辺路町近露	ねんねのお守りは（1）	ねんねのお守りは　どこへ行た

地域名	子守唄名	唄いだし
西牟婁郡中辺路町近露	ねんねしなされ（2）	ねんねしなされ　ねる子はふとる
西牟婁郡中辺路町小松原	ねんねしやんせ	ねんねしやんせ　ねる子はふとる
西牟婁郡中辺路町小松原	守りがにくいとて（2）	守りがにくいとて　破れ傘さし
西牟婁郡中辺路町小松原	むしの出た子は	むしの出た子は 出来よが悪いよ
西牟婁郡日置川町安居	ねんねのお守りは（2）	ねんねのお守りは　どこへ行た
西牟婁郡日置川町安居	ねんねしなされ（3）	ねんねしなされ　ねる子はかわい
西牟婁郡白浜町栄	ねんねんころりよ	ねんねんころりよ　おころりよ
西牟婁郡白浜町栄	守りがにくいとて（1）	守りがにくいとて　破れ傘くれて
那賀郡貴志川町神戸	じんごやかんごや	じんごや　かんごや　かんごやのおばさん
那賀郡貴志川町神戸	ねんね根来の（2）	ねんね根来の　かくばん山でよ
那賀郡那粉河町鞆渕	鞆渕の子守唄	花が咲く咲く　八幡山によ
日高郡印南町	ねんねねんねん（2）	ねんねねんねん　ねた子はかわいよ
日高郡印南町印南	ねんねねむの木	ねんねねむの木　朝はよ起きよよ
日高郡中津村	ねんねねむたい	ねんねねむたい　ねた子はかわいよ
日高郡中津村	うちの姉さん	うちの姉さん　大坂嫁入りよ
日高郡日高町萩原	ねんねころいち（2）	ねんねころいち　天満のていち
日高郡由良町畑	ねんねんよおころりよ	ねんねんよ　おころりよ
有田郡広川町広	ねんねした子に	ねんねした子に　赤いべべ着せてよ
有田郡広川町上津木	こわいおそろし	こわいおそろし　室河の坂は
有田郡清水町二川	太鼓たたいて	太鼓たたいて　守り子を寄せてよ
有田郡清水町二川	ねんねこさんねこ（1）	ねんねこさんねこ　酒屋の子
有田郡清水町二川	ねんねん子守りは	ねんねん子守りは　どこ行た
有田郡湯浅町湯浅	りんかじんと	りんかじんと　ががじんと
伊都郡九度山町河根	河根の子守唄	高野雪降りゃ　神谷は霰よいよい
海草郡下津町	おろろんころろん（1）	おろろんころろん　子は泣くな
海草郡下津町上	この子ねんねしたら	この子ねんねしたら　赤いべべ着せてよ
海草郡下津町方	おろろんころろん（2）	おろろんころろん　子は泣くな
海草郡美里町中	ねんねこさんねこ（2）	ねんねこさんねこ　酒屋の子

地域名	子守唄名	唄いだし
岡山県		
倉敷市	ねんねの守りは	ねんねん　ねんね
倉敷市	ねんねんねんね	ねんねん　ねんね
倉敷市児島	とうすを引け	とうすを引け　米かましょ
井原市	ねんねこさっしゃりませ	ねんねこさっしゃりませ
阿哲郡神郷町	山んだァのじいの子	山んだァのじいの子
阿哲郡神郷町	こうさか港にゃ	こうさか港にゃ　船がつく
久米郡柵原町	ねんねんころいち	ねんねんころいち　ころいちや
真庭郡八束村	高い山で光るは	高い山で光るは
真庭郡美甘村	ねんねんよねんねんよ	ねんねんよ　ねんねんよ
赤磐郡熊山町	ねんねこうろ	ねんねこうろ　こうろの山の　うさぎは
赤磐郡熊山町	この子かわいさ	この子かわいさ　かぎりなし
赤磐郡熊山町	ねんねんころりよ	ねんねんころりよ　おころりよ
浅口郡鴨方町	チョチチョチアワワ	チョチ　チョチ　アワワ
邑久郡牛窓町	泣く泣くよ	泣く泣くよ　泣く泣くよ
邑久郡牛窓町	ねむれば楽しい	ねむればたのしい夢の国
邑久郡牛窓町	守りのつらいのは	守りのつらいのは　霜月　師走
和気郡佐伯町	あまんだァぶり	あまんだァぶり　こだぶり
和気郡佐伯町	ねんねんねんねんよ	ねんねん　ねんねんよ
和気郡日生	うさぎさんのお耳	うさぎさんのお耳は　なぜながい
広島県		
広島市安佐南区安古市町	守りはどこ（5）	ねんねんやあ　こうこうやあ
広島市安佐南区安古市町	寝た子の可愛らさ	ねんねんころりや　ねんころり
三原市幸崎町	竜泉寺の鐘	ねんねしなさい　おやすみなさい
三次市上田町	里のみやげに（1）	ねんねんころりや　おころりや
山県郡大朝町	まんまんさん	まんまんさん　まんまんさん
山県郡大朝町	守りはどこ（4）	ねこねこせ　たんたこせ

地域名	子守唄名	唄いだし
沼隈郡沼隈町	寝たら餅を	ねんねん　ねんねん　ねんねんよ
世羅郡甲山町	守りはどこ（2）	ねんねんや　ねんねのお守りは
世羅郡甲山町	守りはどこ（3）	ねんねん子守りは　どこ行った
双三郡三和町	お月さんなんぼ	お月さんなんぼ　十三九つ
双三郡三和町	守りはどこ（1）	ねんねんや　ねんねんや
双三郡作木村下作木	里のみやげに（2）	ねんねんよ　ねんねんよ
御調郡向島町立花	ねんねこしゃっしゃりましゃ	ねんねこしゃっしゃりましゃ
佐伯郡能美町	寝たらおもちゃを	ねんねんよ　ねんねんよ
比婆郡西城町	ねんねこさかもちゃ	ねんねんよう　こっこうよ
豊田郡豊町	ねんやころいち	ねんやころいち　天満の市に
豊田郡豊町	ねんねん山のうさぎは	ねんねんや　ねんねんや
豊田郡豊町	ねんねこさんねこ	ねんねんねんねん　ねんねんや
豊田郡豊町	今日は二十五日	ねんやさせましょ　今日は二十五日
豊田郡豊町	うちの裏には	うちの裏には　茗荷が二本
鳥取県		
鳥取市赤子田町	ねんねんころりよ（1）	ねんねんころりよ　ねんころりーイ
堺港市芝町	寝た子かわいや	寝た子かわいや　起きた子は憎いよ
米子市富益町北口	関の姉やちゃ	関の姉やちゃ　子が無あて悲しいよ
東伯郡東郷町引地	この子あよい子だ	この子あよい子だ　ぼた餅顔で
東伯郡東伯町八橋	ねんねこねんねこ	ねんねこねんねこ　ねんねこや
岩美郡福部村左近	だんなよう聞け	だんなよう聞け
岩美郡福部村湯山	次郎や太郎や	次郎や太郎や
岩美郡福部村湯山	ゆうべ生まれた坊主子が	ゆうべ生まれた坊主子が
八頭郡佐治村尾際	ねんねんころろん	ねんねこねんねこ　ねんころりーイ
八頭郡佐治村尾際	ねんねんころりよ（2）	ねんねんころりよ　おころりよ
八頭郡智頭町波多	ねんねんころりや	ねんねんころりや　さんころり

地域名	子守唄名	唄いだし
島根県		
大田市川合町吉永	ねんねんさとばこ	ねんねんねんねん　ねんねんや
隠岐郡海士町御波	ねんねこした子は	ねえん　ねえん　ねえんや
鹿足郡柿木村柿木	ねんねのお守り	ねんねんよ　ころりんよ
鹿足郡六日市町田野原	猿が三匹（1）	向かい山　猿が三匹通る
仁多郡横田町大呂	ねんねこさかぼこ	ねんねんねんねんや
那賀郡三隅町古市場	子供衆子供衆	子供衆　子供衆
那賀郡三隅町古市場	ねんねんよねんねんよ	ねんねんよ　ねんねんよ
那賀郡三隅町三隅	ねんさいよさいねこよ	ねんさいよ　さいねこよ
那賀郡三隅町福浦	ねんねこさいのこ	ねんねこ　さいのこ　酒屋の子
八束郡八束町波入	寝た寝た寝たよ	寝た　寝た　寝たよ
美濃郡美都町二川	守りほどつらいものはない	守りほどつらいものはないィ
邑智郡川本町川下三島	ねんねんころりや	ねんねんころりや　おころりや
山口県		
山口市	かおかおかおよ	かおかお　かおよ
山口市	きっこうばい	きっこうばい　やんごらせ
山口市	この子はどこの子	この子は　どこの子
山口市	ねんねこよ	ねんねこよ　ねんねこよ
山口市	ねんねん猫のけつに	ねんねん猫のけつに
山口市	ねんねん小山の	ねんねこよ　ねんねこよ
山口市	お子供衆お子供衆	お子供衆お子供衆
山口市	あとさまなんぼ	あとさまなんぼ　十三九つ
岩国市南岩国町	ねんねんよ（2）	ねんねんよ　おころりよ
新南陽市西中町	あとはんなんぼ	あとはんなんぼ　十三九つ
長門市大泊	ぎっこたんまっこたん	ぎっこたんまっこたん
長門市通	ねんねんよ（1）	ねんねんよ　ねんねんよ
柳井市阿月	大さむ小さむ	大さむ小さむ　小さむの家にゃ

地域名	子守唄名	唄いだし
柳井市日積	ねんねんよ（3）	ねんねんよ　ねんねんよ
岩国市平田	お前は唐の	お前は唐の唐人か
阿武郡田万川町	婿をとるのは	婿をとるのは　だれむすめ
玖珂郡錦町	けんけん山の	けんけん山の　きじの子は
玖珂郡錦町	お月さんなんぼ	お月さんなんぼ　十三七つ
玖珂郡錦町	ねんねん唱名	ねんねん唱名
玖珂郡美和町	ねんねこほんそ	よいよいよー　こんぼいよ
美祢郡秋芳町	次郎や太郎や	次郎や太郎や
豊浦郡豊浦町	どこへ行くとも	どこへ行くとも　八ヶ浜にゃ行くな
豊浦郡豊田町	ちょちちょちあばば	ちょちちょちあばば
徳島県		
徳島市富田町	徳島の子守唄	ねんねする子に　赤べべ着せて
鳴門市撫養町	撫養の子守唄（1）	とんと徳島に　芝居がでけて
鳴門市撫養町	撫養の子守唄（2）	ねんね　ねぶたいのに
鳴門市撫養町	撫養の子守唄（3）	とんと徳島に　芝居ができて
阿南市椿泊	椿泊の子守唄	ねんねする子に　赤べべ着せて
海部郡海南町	ねんね浜の松	ねんね浜の松　ねむろとすれば
海部郡牟岐町	牟岐の子守唄	守りよ行かんか　お役所の前に
海部郡牟岐町	ねんねしなはれ	ねんねしなはれ　今日は二十五日よ
三好郡山城町	ねんねんころいち	ねんねんころいち　床屋の子
三好郡西祖谷山村	祖谷の子守唄（1）	この子が十五に　なるときは
三好郡西祖谷山村	祖谷の子守唄（2）	この子の姉さん　どこへいた
三好郡池田町	ぎんぎやもんも	ぎんぎやもんも
勝浦郡上勝町	上勝の子守唄（1）	お守りというもな　つらいもの
勝浦郡上勝町	上勝の子守唄（2）	守りほど悲しい　ものはない
勝浦郡上勝町	げしなれげしなれ	げしなれ　げしなれ　げんげばな
那賀郡那賀川町	うちの裏の士さん	うちの裏の　士さんが
美馬郡一宇村	美馬の子守唄	守りが憎てか　やぶれ傘くれて

地域名	子守唄名	唄いだし
美馬郡一宇村	坊やのぼりさん	坊やのぼりさん　どこいた
名西郡神山町	ねんねねんねと（1）	ねんねねんねと　ねる子はかわい
名西郡神山町	ねんねねんねと（2）	ねんねねんねと　たたいてねさす
名西郡神山町	神山の子守唄（1）	ハーとんと徳島にハー
名西郡神山町	神山の子守唄（2）	ねんね　ねんねと　たたいてねさす
県内各地	ねんねんころりよ	ねんねんころりよ　おころりよ
県内各地	坊やのお守りは	坊やのお守りは　どこへ行た
香川県		
丸亀市塩屋町	坊やはよい子じゃ	坊やはよい子じゃ　ねんねしな
丸亀市川西町	お山の兎の子	ねんねこお山の　兎の子
丸亀市土器町	山田の法専寺（2）	ねんねこ山田の　法専寺
善通寺市善通寺町	おつむてんてん	おつむてんてん　耳ひこひこ
綾歌郡綾上町	山田の法専寺（1）	ねんねこ山田の　法専寺
三豊郡豊浜町	ねんねんころりよ	ねんねんころりよ　おころりよ
大川郡引田町	赤いべべ着せて	赤いべべ着せて
大川郡引田町	仕事せなんだら	仕事せなんだら　うちのお母さんが
仲多度郡仲南町	お山の兎さん	ねんねんねんね
仲多度郡仲南町	この子が寝たまに	ねんねんねんよ
木田郡三木町	ねんねおしませ	ねんねおしませ
木田郡三木町	うちのこの子の	うちのこの子の　お正月べべは
木田郡三木町	子守り子泣かすな	子守り子泣かすな
愛媛県		
新居浜市	ねんねんころりよ	ねんねんころりよ　おころりよ
新居浜市	ねんねしなされ	ねんねしなされ
新居浜市大島	この子十五に	この子十五に　なったなら
西条市中之池	ねんねんころりの	ねんねんころりの　やぐらの子
八幡浜市	ねんねんさんねん	ねんねんさんねん　酒屋の子

地域名	子守唄名	唄いだし
大洲市	ねんねんやぼろろんや	ねんねんやァ　ぼろろんや
伊予郡松前町	ちょうちちょうち	ちょうち　ちょうち　ちょうちや
越智郡魚島村	下の金毘羅さん	下の金毘羅さんに
喜多郡内子町	籾すりこんご	籾すりこんご
周桑郡丹原町	大やぶ小やぶ	大やぶ小やぶ
南宇和郡内海村家串	ねんねねさせて	ねんねねさせて
高知県		
高知市	北山焼けた	北山焼けた　鹿みな逃げた
高知市	坊やいとしに	坊やいとしに　限りない
安芸市	ゆんべ生まれた亀の子	ゆんべ生まれた　亀の子
土佐市高岡町灘	ねんねんねんねん(里のおみや)	ねんねんねんねん　ねんねんよ
土佐市高岡町灘	おォのうるさい	おォのうるさい　この家のうちは
土佐清水市加久見	幡多地方の子守唄(3)	ねんこしよゆうて　ねる子はかわい
土佐清水市中ノ浜	幡多地方の子守唄(1)	ねんねしよしよ　ねる子はかわい
土佐清水市養老	幡多地方の子守唄(2)	ねんねするゆうて　ねる子はかわい
香美郡赤岡町	ねんねこさいろく	ねんねこさいろく　お亀の子
高岡郡佐川町	ねんねん山の(うさぎのお耳)	ねんねん山の　子うさぎは
高岡郡佐川町	つくつく法師	つくつく法師は　なぜ泣くの
福岡県		
福岡市	博多の子守唄	うちの御寮さんな　がらがら柿よ
福岡市城南区	もっつきぼう	もっつきぼうが　来たれども
福岡市城南区	とっぱいぴいひゃろ	とっぱい　ぴいひゃろ
北九州市小倉北区	木町の子守唄	しものやの　つくつく法師は
久留米市草野町	賽の河原を眺むれば	賽の河原を　眺むれば
大牟田市岬	おろろんころろん	おろろんころろん　いうて
柳川市	あの山に光るは	あの山に光るは
八女市柳島	柳島の紙漉き子守唄	どうかそらちゅうて　半年暮れた

地域名	子守唄名	唄いだし
甘木市黒川	長崎見るか京見るか	長崎見るか　京見るか
行橋市行事	坊やはよい子だ	坊やはよい子だ　ねんねしな
宗像市大穂町	はなちゃんりんごが	はなちゃん　りんごが
春日市春日	御寮聞け聞け	御寮聞け聞け　旦那んも聞け
大川市小保	この子はいらん坊主	この子は　いらん坊主
鞍手郡鞍手町	眉毛の殿さま	眉毛の殿さまが　妾を連れて
鞍手郡小竹町	師走十三日が	師走十三日が
糸島郡志摩町	椎の山通れば	椎の山通れば　椎がぼろりぼろりと
糸島郡二丈町	守りはいやよ	ととさんかかさん　守りはいやよ
糟屋郡篠栗町	ちょうちちょうち	ちょうち　ちょうち　あばば
糟屋郡篠栗町	よいよいよォい	よいよいよォい
糟屋郡粕屋町	臼すり婆女	臼すり婆女
浮羽郡浮羽町	ねんねこねんねこ酒屋ねこ	ねんねこねんねこ　ねんねこばい
八女郡矢部村	矢部の子守唄	おろろん　ころろん　子が泣くばい
佐賀県		
佐賀市	しっちょこはっちょこ(1)	しっちょこ　はっちょこ
佐賀市	田打ちにゃ	てぁうちにゃ　てぁうちにゃ
佐賀市	佐賀子守唄	ねんねねんね　ねんねしな
鳥栖市	あっとうさんないくつ	あっとうさんないくつ
鳥栖市	ヨイヨイの亀しゃん	ヨイヨイの　亀しゃんは
鳥栖市	ねんねんよ	ねんねんよ　おころりよ
唐津市	ねんねせろ	ねんねせろ　ねんねせろ　ねんねせろ
唐津市	いねすりこすり	いねすり　こすり
伊万里市	ねんねんころりよ	ねんねんころりよ　おころりよ
佐賀郡川副町	うちの裏のちゃの木	うちの裏の　ちゃの木に
佐賀郡富士町	しっちょこはっちょこ(2)	しっちょこ　はっちょこ
小城郡小城町	はよねんしゃい	はよねんしゃい　ねんしゃいよ
神埼郡三瀬村	ああひやこひや	ああひや　こひや

地域名	子守唄名	唄いだし
神埼郡東脊振村	向こうのお寺は	ヨイヨイ　ヨイヨイ　ヨイヨイヨー
神埼郡東脊振村	千松父っつぁん	ヨイヨイ　ヨイヨイ　ヨイヨイヨー
東松浦郡呼子町小川島	あずまどんが	あずまどんが　寝った家にゃ
長崎県		
長崎市	長崎の子守唄	とん　とん　とん　とんと長崎
長崎市	あとしゃま　とうと	あとしゃま　とうと　ぜんぜ百
佐世保市木原町	酒屋ごご	ひっちょこ　はっちょこ　酒屋ごご
佐世保市木原町	ひっちょこはっちょこ	ひっちょこ　はっちょこ　蜂の巣
松浦市今福町	いちょうたけ雀の	いちょう　たけ雀の　道下り
福江市幸町	酒屋の子	ひっちょこ　まっちょこ　酒屋の子
福江市幸町	アッパッパ	ねんねんよ　ねんねんよ
福江市上大津町	なまず川	ねんねんよ　ねんねんよ
島原市	島原の子守唄	おどみゃ　島原の　おどみゃ　島原の
島原半島地方	島原の子守唄	ねんねしなされ　まだ夜は夜中
東彼杵郡川棚町	がんがん島	かんがんじみゃ　船きゃ7ぎゃ
東彼杵郡波佐見町	イッチョココンボコ	イッチョコ　コンボコ
西彼杵郡外海町	ギッコンバッタン	ギッコンバッタン　チャンポロリン
西彼杵郡外海町	ねんねせろ	ねんねせろ　こんぼせろ　うっちせろ
西彼杵郡三和町	ねねうらきゃて	ねねうらきゃて　伝馬の陰寝せて
西彼杵郡三和町為石	為石の子守唄	おどまこのいが　いつまでおきろ
西彼杵郡三和町蚊焼	蚊焼の子守唄	親のおらん子は　磯辺の千鳥
西彼杵郡西海町	一の木二の木	一の木二の木　三で桜四の木
北高来郡小長井町	おれろんこんぼ	ひっちょこ　はっちょこ　蜂の巣
南高来郡加津佐町	潮ぶりこぶり	潮ぶりこぶり　潮んなきゃ　ポチャリン
南高来郡加津佐町	加津佐の子守唄	ねんねする子の　かわいさ　みぞさ
南高来郡口之津町	ねんねしなされ	ねんねしなされ　朝起きなされ
南松浦郡岐宿町	三匹の雀	向こから雀が　三匹　とんできた
南松浦郡岐宿町	岐宿の子守唄	あらよ　つらさよ　他人のめしは

地域名	子守唄名	唄いだし
南松浦郡有川町	三年奉公	福江のおっさんたちゃ
上県郡上県町	小太郎が守りょして	アララン　コラランン　コラリヨ
上県郡上対馬町	高い山から	高い山から　谷底見ればよ
下県郡厳原町	ころろん	ころろんころろん　ころろんや
壱岐島	壱州子守唄	ねんね　ねんね　ねんねよ
熊本県		
人吉市瓦屋町永田	ねんねのお守りは	ねんねんころり　ねんころり
人吉市瓦屋町永田	ちょんちょこべえ	ねんねこや　ねんねこや
人吉市紺屋町	ギッコンバッコン	ギーッコン　バーッコン
人吉市赤池町水無	おひぃがっちゃん	おひぃがっちゃん
人吉市藍田町	おろろんや	おろろんや　おろろんや
人吉市藍田町	ねんねこや	ねんねこや　こんぼしや
八代市本町	おどま盆ぎり(2)(八代の子守唄)	おどま盆ぎり盆ぎり　盆から先ゃおらん
山鹿市	ねんねこねんねこ(ねんねこ節)	ねんねこ　ねんねこ　ねんねこよォ
宇土市恵塚町	子供衆ゃ泣かす	盆なはってかす　子供衆ゃ泣かす
阿蘇郡阿蘇町小里	おろろん亀屋にゃ	おろろん　おろろん　おろろんばい
阿蘇郡阿蘇町竹原	向かえの山に	向かえの山に　灯が明かる
阿蘇郡阿蘇町竹原	この子が眠ったら	この子が眠ったら　さぞよかろ
芦北郡芦北町湯浦	ねんねしなされ(4)	ねんねしなされ　おやすみなされ
芦北郡芦北町湯浦	今年ゃこけおって	今年ゃ　こけおって
芦北郡芦北町湯浦	親が難儀で(1)	親が難儀で　十三の年
球磨郡五木村	五木地方の子守唄	おどま非人非人　ぐゎんぐゎら打ってさるこ
球磨郡五木村•相良村	五木四浦地方の子守唄	おどま盆ぎり盆ぎり　盆から先ゃおらんと
球磨郡五木村頭地	ねんねしなされ(2)	ねんねしなされ　朝おきなされ
球磨郡五木村頭地	おどまいやいや(五木の子守唄)	おろろん　おろろん　おろろんばい
球磨郡山江村山田別府	まんまいさんいくつ	まんまいさんいくつ
球磨郡山江村山田別府	ねんねここんぽこ	ねんねこや　こんぽこや
球磨郡山江村山田別府	おどま盆ぎり(1)(五木の子守唄)	おどま盆ぎり盆ぎり　盆から先ゃおらんと

地域名	子守唄名	唄いだし
球磨郡上村永里	ちょっちょっちょっ	ちょっ　ちょっ　ちょっ
球磨郡上村永里	すーすー子供	すーすー子供　あしたけ　あさってけ
球磨郡上村永里	ぎーっちゃん	ぎーっちゃん　ちゃんごろりん
球磨郡相良村	ねんねしなされ（5）	ねんねしなされ　はよおきなされ
球磨郡相良村四浦春山	けさの寒さに(四浦春山の子守唄)	けさの寒さに　親なら子なら
球磨郡多良木町	ねんねしなされ（6）	ねんねしなされ　朝おきなされ
玉名郡横島町京泊	お月さんないくつ	お月さんないくつ
玉名郡横島町京泊	おろろん畠の	おろろん畠の　ぼうぶらは
玉名郡横島町京泊	江戸の父さん	江戸の父さん　早よもどれ
玉名郡横島町京泊	うさぎのお耳	おろろん畠の　しねうさぎ
鹿本郡鹿央町広	まんまいさんはいくつ	まんまいさんはいくつ
鹿本郡鹿央町広	おろろんいうて	おろろんばい　おろろんばい
鹿本郡鹿央町広	ねんねこさんねこ	ねんねこ　さんねこ　酒屋が子
鹿本郡鹿央町広	あの人とあの人は	あの人とあの人は　川とんぼ
上益城郡嘉島町上六嘉	ねんねしなされ（3）	ねんねしなされ　まだ夜は明けぬ
上益城郡甲佐町船津谷	ねんねした子の（1）	ねんねした子の　かわいさむぞさ
下益城郡小川町小川	おろろんが守りは(雨乞い子守唄)	おろろんよ　おろろんよ
下益城郡富合町	ねんねんよ	ねんねんよ　ねんねんよ
下益城郡富合町	おまんがお父っつぁん	おまんがお父っつぁんな
天草郡河浦町	うんどみゃばかばか	うんどみゃばかばか
天草郡倉岳町宮田	ねんねんころころ	ねんねんころころ　鳴く虫の
天草郡倉岳町宮田	わが子かわいなら	わが子かわいなら　餅ゃ守り食わせろ
天草郡倉岳町宮田	ねんねした子の（2）	ねんねした子の　かわいさみぞさ
天草郡天草町福連木	ねんねこばっちこ(福連木の子守唄)	ねんねこばっちこ言うて
天草郡姫戸町牟田	おれろばんごばんご	おれろ　ばんごばんご
天草郡姫戸町牟田	親が難儀で（2）	親が難儀で　十三の年
天草郡有明町須子	おろろんべえの	おろろんべえの　かくさんな
天草郡有明町大浦	ねんねしなされ（1）	ねんねしなされ　はよおきなされ
天草郡有明町大浦	おろろんおろろん	おろろん　おろろん　おろろん
天草郡竜ヶ岳町	おどんがもった子は	おどんがもった子は
天草郡竜ヶ岳町	何が心に	なにば案じっかよ　日の暮れ方に

大分県

地域名	子守唄名	唄いだし
大分市国分	心せくより	心せくより　川堰きなされ
大分市利光	フーラにいれ	フーラにいれ　にいれよ
竹田市本町	三重の重箱	三重の重箱　おにぎり握って
竹田市本町	向こう山の兎は	向こう山の　兎は
中津市下正路町	ひらいたひらいた	ひらいた　ひらいた
中津市金谷町	おむくの父さん	おむくの父さん　どこへ行った
中津市金谷町	隣が人と	隣が人と　我が人と
臼杵市稲田	次郎んぼ太郎んぼ	次郎んぼ　太郎んぼ
臼杵市東福良	ギッコショマッコショ	ギッコショ　マッコショ
玖珠郡九重町菅原	坊やはよい子だ	坊やはよい子だ　ねんねしな
日田市亀山町	おどんがこまんかときゃ	おどんが　こまんかときゃ
津久見市保戸島	食べてみらんせ	食べてみらんせ　他人の飯を　ヨイヨイ
東国東郡国東町富来	ねんねん子守りは	ねんねん子守りは　どこに行った
東国東郡姫島村	ねんねんさいろく	ねんねんさいろく　酒屋の子
南海部郡宇目町	宇目の唄げんか	あん子つら見よ　目は猿まなこ
南海部郡宇目町小野市	ねんねねんねと	ねんねねんねと　寝る子はかわい
南海部郡蒲江町西野浦	ここのご家は	ここのご家は　めでたなご家　ヨイヨイ
南海部郡蒲江町畑野浦	わしの思いは	わしの思いは　阿蘇山やまの
南海部郡米水津村色利浦	色利ゃ日が照る	色利ゃ日が照る　みやんだ曇る　ヨイヨイ
大野郡大野町中井田	坊やはよい子だ	坊やはよい子だ　ねんねしな
大野郡野津町前河内	ほらほらねむれ	ほらほらねむれ　ねむれよオン
直入郡直入町長湯	ねむれねむれ	ねむれ　ねむれ　ねずみの子
日田郡前津江村柚木	さっこさっこ	さっこさっこ上がれば

地域名	子守唄名	唄いだし
宮崎県		
延岡市島野浦	ねんねこさっしゃりませ	ねんねこさっしゃりませ
延岡市島野浦	この子よい子じゃ	この子よい子じゃ　ぼた餅顔じゃ
延岡市島野浦	雨の降る日と	雨の降る日と　日の暮れぐれにゃ
串間市笠祇	いやだいやだよ	いやだいやだよ
串間市大平	こげな泣く子は	よいよいよと　ねる子はかわい
西都市銀鏡	狩人子守唄	眠れ眠れ　猫の子
西都市銀鏡	爺のかたん行たら	爺のかたん行たら
西都市穂北	さるけさるけ猿の子（1）	さるけさるけ　猿の子
西都市穂北	さるけさるけ猿の子（2）	さるけさるけ　猿の子
都城市太郎坊	ぼんがえんお父っちゃんな	ホーラホーラ　ホーラヨ
都城市太郎坊	ぼんがえんひゅうたんな	ホロロホロロ　ホロロロ
日南市細田	よい子よい子いうて	よい子よい子いうて　眠らん子は
日南市酒谷	よいよこよいよこ	よいよこよいよこ　よいよこよい
東臼杵郡諸塚村	眠れ眠れ猫の子よ	眠れ眠れ　猫の子よ
東臼杵郡椎葉村	ねんねこやいやこ	ねんねこやいやこ　ねんねこや
東臼杵郡椎葉村小崎	一の木二の木	一の木二の木　三の木さくら
東臼杵郡椎葉村大河内	ねんねん子守りは	ねんねん子守りは　いやなもの
東臼杵郡椎葉村不土野	ねんねこしゃんせ	ねんねこしゃんせ　とこしゃんせ
東臼杵郡南郷村	ほーわれほーわれ	ほーわれほーわれ　ほーわれよ
東臼杵郡北浦町	ねんねこぱんぱこ	ねんねこぱんぱこ　酒屋が子
東臼杵郡北川町	親のならいで	ねんねんねんねん　ねんねんや
東臼杵郡北方町	早く来りゃよい	早く来りゃよい　正月盆が
西臼杵郡高千穂町尾峯	ねんねんお守りは	ねんねんお守りは　どこへ行た
児湯郡西米良村	ねんねこせん子は	ねんねこねんねこ　ねんねこせ
児湯郡西米良村村所	むかえの原に	むかえの原に　鹿が鳴く
北諸県郡山之口町	ちにれちにれ	ちにれちにれ
西諸県郡高原町	ねんねねんねこ	ねんねねんねこ　ねんねこよ

地域名	子守唄名	唄いだし
西諸県郡須木村	べぶん子が一ぴき	べぶん子が一ぴき
南那珂郡北郷町	よいそらよいそら	よいそらよいそら　よいそらよ
鹿児島県		
出水市	出水地方の子守唄	おろろ坊が泣く
薩摩郡東郷町南瀬	川薩地方の子守唄	烏が父ちょは　何所いたか
日置郡市来町	りんがじんと	隣が人と　我家人と
日置郡東市来町	東市来の子守唄	昔の座頭が　銭ぬ百文　拾るた
川辺郡知覧町	南薩地方の子守唄	ねんね　ねんね　ねんねよ
奄美（大島郡笠利町）	笠利の子守唄（1）	ハーランヨ　ハーランヨ
奄美（大島郡笠利町）	笠利の子守唄（2）	生まれ運や　無んてぃむよ
奄美（名瀬市）	名瀬の子守唄	ねぃぶりぶり　わらび
沖永良部島（大島郡和泊町）	沖永良部の子守唄	親ぬ産し御蔭
屋久島（熊毛郡上屋久町永田）	永田の子守唄	ハ　ネンネンヨ　ネンネンヨ
屋久島（熊毛郡上屋久町宮之浦）	宮之浦の子守唄	俺共がヨ　父ちゃなんだ
屋久島（熊毛郡上屋久町楠川）	うっつけうっつけ	うっつけ　うっつけ　牛の子
屋久島（熊毛郡上屋久町楠川）	楠川の子守唄	この子が迎えて　行くときは
口之島（鹿児島郡十島村）	向かえの坊主は	向かえの坊主は　火をたくちゅー
口之島（鹿児島郡十島村）	口之島の子守唄	うんだがこんこやんな
黒島（鹿児島郡三島村）	黒島の子守唄（1）	ヨーヨ　ヨーヨ　ヨーヨ
黒島（鹿児島郡三島村）	黒島の子守唄（2）	俺共が納戸の石垣にゃ
種子島（熊毛郡中種子町）	よーかいよーかい（1）	よーかい　よーかい　よーかいよ
種子島（熊毛郡南種子町島間・平山）	コッチコイ	おっ母よ思んかよおら寝た間にも
種子島（熊毛郡南種子町平山）	一で香箱	一で香箱よ　二で鏡
種子島（西之表市）	よーかいよーかい（2）	よーかい　よーかい　よーかいよ
種子島（西之表市）	よーかいよーかい（3）	よーかい　よーかい　よーかいよ
種子島（西之表市州之崎）	赤馬一匹黒馬一匹	赤馬一匹　黒馬一匹
徳之島（大島郡伊仙町）	徳之島の子守唄	ねんねぐヮし　ねんねぐヮし
与論島（大島郡与論町）	与論島の子守唄（1）	ヨーヨーサ　ヨーヨーサ　泣くな

地域名	子守唄名	唄いだし
与論島（大島郡与論町）	与論島の子守唄（２）	泣きぶさぬ　面なんや
硫黄島（鹿児島郡三島村）	硫黄島の子守唄	ねんねんねんね　ねんねんころよ
沖縄県		
沖縄本島（那覇市首里金城町）	耳切り坊主（１）	大村御殿ぬ
沖縄本島（名護市）	子守やん頼でぃ	子守やん頼でぃ
沖縄本島（名護市屋我地）	我が抱ち抱ち	我が抱ち抱ち　ふるわーさば
沖縄本島（名護市名護）	いったー子とぅ	いったー子とぅ　我ったー子とぅ
沖縄本島（沖縄市泡瀬）	べーべーぬ草刈いが	いったー母　何処かいが
沖縄本島（国頭郡国頭村辺土名）	母がよ	母がよ　飛び衣やよ
沖縄本島（国頭郡国頭村安田）	いったー父や	ホイホイホイ　ホイホイホイ
沖縄本島（国頭郡国頭村安田）	あったー子とぅ	あったー子とぅ　我んなー子とぅ
沖縄本島（国頭郡国頭村安田）	ヨイヨイヨイ	ヨイヨイヨイ
沖縄本島（国頭郡今帰仁村今泊）	東明がりば	東明がりば　墨習が行ちゅさ
沖縄本島（国頭郡今帰仁村今泊）	天ら落てぃてぃぬ	天ら落てぃてぃぬ　糸満ぐヮー
沖縄本島（国頭郡今帰仁村今泊）	ヘイヨーヘイ	ヘイヨーヘイ　泣くなよ
沖縄本島（国頭郡大宜味村喜如嘉）	てぃーちたーち読みば	一ち二ち読みば　三ち四ちなゆん
沖縄本島（国頭郡東村平良）	耳切り坊主（５）	あまふま　歩ちーくんたな
沖縄本島（国頭郡本部町渡久地）	いったーとーとーめぐヮー	いったーとーとーめぐヮーとぅ
沖縄本島（国頭郡本部町伊豆味）	いったー門ぬ	いったー門ぬ　梅檀木
沖縄本島（中頭郡読谷村宇座）	ヘルヘルヘル	ヘルヘルヘル　泣くなよ
沖縄本島（中頭郡読谷村宇座）	耳切り坊主（３）	ゆさんでぃ畑かい
沖縄本島（島尻郡玉城村前川）	母や母や	母や母や　何処かいが
沖縄本島（島尻郡玉城村仲村渠）	耳切り坊主（２）	ゆさんでぃ童
沖縄本島（島尻郡玉城村仲村渠）	母乳	母乳　飲みが　母乳　無らんど
沖縄本島（島尻郡佐敷村屋比久）	耳切り坊主（４）	ヘイヨーヨー　泣くなよ
伊計島（中頭郡与那城村伊計）	ヨーヒーヨ	ヨーヒーヨ　ヨーヒーヨ
伊良部島（宮古郡伊良部村佐良浜）	ハイユヌカーナス	ハイユヌカーナス　佐良浜ぬ
伊良部島（宮古郡伊良部村長浜）	弟がまよー	ホィヤホーイ　弟がまよー　ホイ

地域名	子守唄名	唄いだし
石垣島（石垣市石垣）	寺ぬ大札んが	寺ぬ大札んが
石垣島（石垣市白保）	こねまぬ泣くか	こねまぬ泣くか
石垣島（石垣市石垣・登野城）	こねまぬ名や	こねまぬ名や　何でどぅ給れる
石垣島（石垣市大川）	あがろーざ	東里ぬ　真中によ　ヨーイ
石垣島（石垣市大川）	月出ぬ花むぬ	月出ぬ花むぬ
石垣島（石垣市大川）	東からあーりおる	東からあーりおる　大月ぬ夜
石垣島（石垣市大浜）	こねまぬ父や	こねまぬ父や
宮古島（平良市）	我んが守り	我んが守り　ぷどぅわさば
宮古島（平良市下里）	東里真中	東里　真中んよ　ホーニャーホーイ
多良間島（宮古郡多良間村塩川）	汝から母ホィヤ	汝から母　ホィヤ
多良間島（宮古郡多良間村塩川）	我が守らぎ	我が守らぎ　うぇーがらしゃば
大神島（平良市大神）	仲屋ぬマブ	仲屋ぬマブ　とぅゆん主が
池間島（平良市池間）	ホイヤイマイヤイ	ホィヤヨーの　まいやゆぬ
竹富島（八重山郡竹富町竹富）	こねまぬ祝や	こねまぬ祝や　いーちどぅ祝しょーる
波照間島（八重山郡竹富町波照間）	波照間ぬ上なか	波照間ぬ上なか
西表島（八重山郡竹富町西表祖納）	我んちゃぬ母	我んちゃぬ母　何処かいど
与那国島（八重山郡与那国町祖納）	ハラルデー	ハラルデー　んくてぃやよ

＊参考資料　尾原昭夫・選曲『日本のわらべ歌（歌曲集全３巻）』（柳原出版、1994年）を参考にし、日本子守唄協会の調査による情報を加えた。

EDITORIAL STAFF

editor in chief
FUJIWARA YOSHIO

senior editor
KARIYA TAKU

photographer
ICHIGE MINORU

〔編集後記〕
■一年余り前、歌手の加藤登紀子さんとご一緒して、熊本の作家、石牟礼道子さんを訪ねた時のことだ。登紀子さんから同伴のギターリスト・原荘介さんを紹介された。丁度昼時で、近くの鮨屋に入った。隣席の原さんから、もう30年近く世界の子守唄を歌っていることを聞かされた。はじめはこの世の中には奇特な方も居るもんだと思って聞いていたが、その内「最近のことなんだが、大企業の偉い方々の前で子守唄の弾き語りをやったんだが、いつのまにかアチコチでハンカチを取り出して目頭を押えているんだ。これには本当にビックリしたな。やっぱり、いくらエラくなっても自分の原点を思い出すと懐しくなるんだろな。」と原さんがしみじみ語られるのを聴いて、何だかこちらも目頭が熱くなってきてしまった。酒も少々入ってはいたが、これは何かやらねばならないな、とその時痛切に思った。家庭崩壊、不登校の子の増大、家庭内暴力、親の子いじめ、子の母殺し……枚挙に暇がない程、ヒトの心は荒みきっている。寂しくて寂しくて堪らない。だけど誰もあったかく包んでくれない。
■東京に帰ってから、これは子守唄が、家庭から失くなってしまっているからではないかと思い、日本子守唄協会の西舘好子さんとお会いすることになった。好子さんから色々話を伺っている間に、子守唄は「いのちの讃歌」であること、その子守唄が歌われなくなってきていることが、生命《いのち》を粗末にする人間が増えてきていることにつながっているのではないか、と思った。本巻の企画は、こういう切なる拙の思いと日本子守唄協会代表の西舘さんの次世代の子らへの熱い思いがつながって誕生したものであることをご報告しておきたい。（亮）

《協力》NPO法人・日本子守唄協会
〒111-0053
東京都台東区浅草橋 1-33-6
浅草橋シティハイツ 201
TEL 03-3861-9160／FAX 03-3861-9418
http://www.komoriuta.jp/

《資料協力》尾原昭夫 氏

〈表紙図版〉喜多川歌麿「風流子寶合」
（提供＝尾原昭夫）

別冊『環』⑩
子守唄よ、甦れ

2005年5月30日発行

編集兼発行人　藤原良雄
発行所　株式会社 藤原書店

〒162-0041　東京都新宿区早稲田鶴巻町523
電話　03-5272-0301（代表）
FAX　03-5272-0450
URL　http://www.fujiwara-shoten.co.jp/
振替　00160-4-17013

印刷・製本　凸版印刷株式会社

ISBN 4-89434-451-3